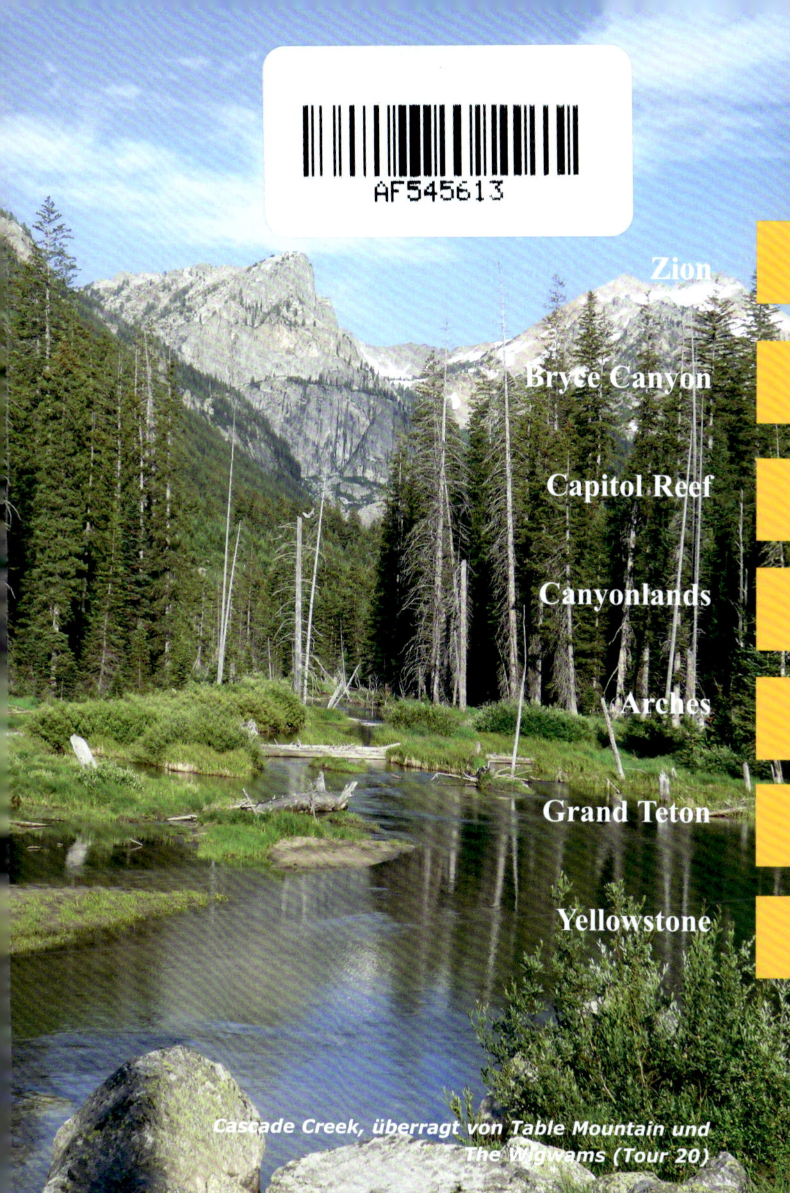

Cascade Creek, überragt von Table Mountain und The Wigwams (Tour 20)

USA Nationalparks II

Die Autorin und der Verlag sind für Lesertipps und Verbesserungen (besonders per E-Mail) unter Angabe der Auflagen- und Seitennummer dankbar.

Dieses OutdoorHandbuch hat 160 Seiten mit 81 farbigen Abbildungen, 36 farbigen Kartenskizzen im Maßstab 1:25.000/50.000 sowie 24 farbigen Höhenprofilen und einer farbigen, ausklappbaren Übersichtskarte. Es wurde auf chlorfrei gebleichtem, FSC®-zertifiziertem Papier gedruckt, in Deutschland klimaneutral hergestellt und transportiert und wegen der größeren Strapazierfähigkeit mit PUR-Kleber gebunden.

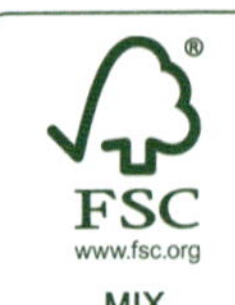

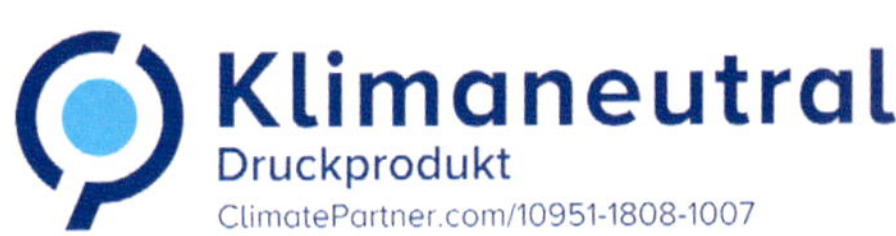

Dieses Buch ist im Buchhandel und in Outdoor-Läden erhältlich und kann im Internet oder direkt beim Verlag bestellt werden.

OutdoorHandbuch aus der Reihe „Regional“, Band 416

ISBN 978-3-86686-594-5 1. Auflage 2018

Text: Regina Stockmann
Fotos: Regina und Lars Stockmann
Karten: Heide Schwinn
Lektorat: Amrei Risse
Layout: Alexandra Sauerland

Gesamtherstellung: gutenberg beuys feindruckerei

Dieses OutdoorHandbuch wurde konzipiert und redaktionell erstellt vom:

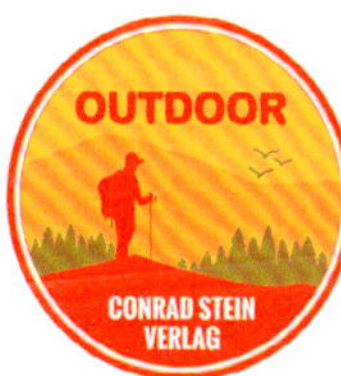

Conrad Stein Verlag GmbH, Kiefernstr. 6, 59514 Welver,
☎ 023 84/96 39 12, FAX 023 84/96 39 13,
info@conrad-stein-verlag.de,
www.conrad-stein-verlag.de

Besuchen Sie uns bei Facebook & Instagram:

www.facebook.com/outdoorverlag

www.instagram.com/outdoorverlag

Titelfoto: Sulphur Creek (Tour 11)

Inhalt

Vorwort

Nur wo du zu Fuß warst, bist du auch wirklich gewesen.
(Johann Wolfgang von Goethe)

Die Nationalparks im Westen der USA – für viele ein Traumziel der Superlative: Über Jahrmillionen formte die Natur Felsenlandschaften in unterschiedlichsten Farben und Formen, schuf tiefe, beeindruckende Schluchten und enge dunkle Slotcanyons, hoch aufragende Säulen und bizarre Mauern, weite Steinbögen mit faszinierenden Aussichten. Weiter im Norden lockt die Wildnis, schroffe Berge und scheinbar unendliche Wälder, farbenprächtige Thermalgebiete und frei umherziehende Tiere, die man bei uns nur im Zoo sehen kann.

Diese großartige Natur verleitet dazu, möglichst viel sehen zu wollen, schnell noch zum nächsten Aussichtspunkt zu fahren, möglichst viele der Nationalparks in möglichst kurzer Zeit zu konsumieren. Aber waren Sie dann wirklich dort? Haben Sie Fels und Geröll unter den Füßen gespürt und die Struktur der steinernen Wände ertastet, das Rauschen des Windes in den Felsformationen gehört, die Weite der Wüste gerochen, die kleine, in die Nische geklammerte Blume gesehen? Haben Sie die Wildnis erlebt, weil Sie sich hineingewagt haben? Sich auf das Tempo Ihrer Schritte eingelassen statt Kilometer zu kurbeln?

Mit diesem Buch will ich Sie ermutigen, die Perspektive zu wechseln. Werden Sie vom Betrachter zum Erlebenden, vom Konsumenten zum Teil der Sie umgebenden Natur. Machen Sie sich zu Fuß auf den Weg in die amerikanischen Nationalparks und schaffen Sie eindrückliche und bleibende Erinnerungen!

Dafür müssen Sie kein Wanderprofi sein. Bewusst sind die Touren in diesem Buch so ausgewählt, dass es zu allen Parks auch kurze, einfache Wanderungen gibt. Bringen Sie geeignete Schuhe mit, packen Sie eine Flasche Wasser ein und schon kann's losgehen! Und wenn Sie mehr wollen? Kein Problem! Lesen Sie sich die Wanderhinweise durch, planen Sie einen halben Tag Zeit ein und starten Sie auf die großartigen Touren in die Wildnis der amerikanischen Nationalparks. Lassen Sie sich einfangen von der Weite, der Ruhe, der beeindruckenden Natur. Für die längsten der Touren allerdings sollten Sie Wandererfahrung haben, denn mit diesen stellen Sie sich echten Herausforderungen!

Gemeinsam mit meiner Familie habe ich für Sie 25 Touren unterschiedlichster Längen und Schwierigkeitsgrade erwandert und beschrieben. Wir haben versucht, Ihnen die schönsten Landschaften des jeweiligen Parks zu zeigen, sowohl auf beliebten Strecken, als auch oft abseits von Touristenströmen. Alle Wanderungen liegen in der Nähe der Hauptziele der Parks, damit sie gut zu erreichen sind.

Bei meiner Familie bedanke ich mich sehr fürs Mit-Denken, Mit-Recherchieren und Mit-Wandern. Ihnen wünsche ich eine wunderschöne, erlebnis- und segensreiche

Reise durch die Nationalparks des amerikanischen Westens und das Gefühl, mit Ihren Wanderungen wirklich dort anzukommen.

Ihre Regina Stockmann

Reise-Infos

Anreise und Einreise

Die Anreise in den Westen der USA wird in aller Regel mit dem Flugzeug erfolgen.

Eine Rundreise durch die Nationalparks des Westens beginnt oft in Kalifornien, z. B. mit einem Flug nach Los Angeles oder Las Vegas. Für die in diesem Buch beschriebenen Nationalparks verkürzt der Flug ins östlich gelegene Las Vegas die Fahrstrecke um etwa 900 km hin und zurück (verglichen mit Los Angeles). Salt Lake City verfügt über einen großen internationalen Flughafen, der günstig zwischen den nördlichen und südlichen Parks liegt. Von dort sind es etwa 500-600 km nach Yellowstone bzw. 500 km nach Süden zum Zion.

Die Auswahl an Airlines ist vielfältig, u. a. fliegen American Airlines, KLM, Delta und British Airlines. Kosten beginnen bei sehr früher Buchung bei etwa € 500 (in der Nebensaison eventuell sogar noch günstiger) für einen Economy-Flug mit einem Zwischenstopp nach Los Angeles. Salt Lake City und Las Vegas sind in der Regel etwas teurer. ☝ Seit 2018 bieten viele der großen Fluggesellschaften die günstigsten Flüge als „Economy light" ohne aufzugebendes Freigepäck an, dieses muss extra bezahlt werden.

Für die Buchung von Flügen können Sie entweder ein Reisebüro aufsuchen oder die gängigen Internetportale nutzen, z. B. 💻 www.flugticket.de, 💻 flug.check24.de, 💻 www.travel-overland.de und die Websites der Fluggesellschaften.

Seit 2009 benötigen Bürger der Staaten, die am Visa-Waiver-Programm teilnehmen – dazu gehören auch Deutschland, Österreich und die Schweiz –, für eine Einreise bis 90 Tage Aufenthalt für touristische oder Geschäftsreisen kein Visum. Stattdessen wird die Einreiseerlaubnis online über ESTA (Electronic System for Travel Authorization, 💻 https://esta.cbp.dhs.gov/esta/) beantragt. Diese Erlaubnis muss für jeden Reisenden einzeln beantragt werden, sie kostet $ 14 pro Person. Dies gilt auch dann, wenn die Anträge als Gruppe gestellt werden („Group of Applications"), dann wird für mehrere Antragsteller nur ein Bezahlvorgang notwendig.

Sie benötigen dazu einen gültigen Reisepass (auch Kinder brauchen einen Reisepass, ein Kinderreisepass genügt nicht). Abgefragt werden außerdem Reise- und Kreditkarteninformationen sowie Sicherheitsfragen. Sie können die Sprache auf „Deutsch" stellen.

Die viel aufwendigere Beantragung eines Visums ist weiterhin möglich.

Vorsicht, im Internet bieten auch Vermittler die Beantragung an, oft aber mit zusätzlichen Gebühren.

Unterkünfte

Für viele USA-Reisende stellt sich die grundsätzliche Frage, ob die Reise über feste Unterkünfte wie Hotels oder Motels führen soll oder aber über Campingplätze, mit Zelt oder Wohnmobil. Mit Abstand am günstigsten ist sicherlich das Zelt, während die Wohnmobile in der Hauptsaison so teuer werden, dass sie in Kombination mit dem deutlich höheren Spritverbrauch und den zusätzlichen Campingplatzgebühren den Vergleich mit dem günstigeren Leih-Pkw und Motel verlieren könnten. Allerdings bieten Wohnmobile den Vorteil, dass Sie kostengünstig selbst kochen können.

Aber die Art der Reise ist nicht nur eine Kostenrechnung, sondern auch eine Frage, wie Sie reisen möchten. Wollen Sie gefühlt rund um die Uhr in oder ganz nahe an der Natur sein? Oder möchten Sie sich lieber mit einem gemachten Bett und einem gedeckten Tisch verwöhnen lassen?

Die Nationalparks sind so groß und vielfältig, dass Sie unabhängig von der Art der Reise versuchen sollten, dort mehr als ein paar Stunden zu verbringen. Idealerweise sollten Sie mindestens in einigen Parks eine oder mehrere Nächte bleiben, zumal die Fahrtzeiten von Unterkünften außerhalb schnell eine Stunde und mehr betragen.

Unterkünfte in den Parks, die auch ideale Startpunkte für Wanderungen sind, werden bei den jeweiligen kurzen Einführungen zu den Nationalparks angegeben. (Die Preise beziehen sich jeweils auf ein Zelt/Wohnmobil/Zimmer plus zwei Personen.) Denken Sie an eine möglichst frühzeitige Reservierung.

⛺ Nationalpark-Campingplätze liegen landschaftlich meist fantastisch und haben große Stellplätze. Sie verfügen in der Regel über Toiletten und Wasser, Duschen befinden sich in der Nähe, jedoch nicht in den kleinen Sanitärhäuschen. Stromanschluss gibt es nicht. Außerdem gibt es wegen des weitverbreiteten Gebrauchs von Einweggeschirr häufig keine Spülbecken. Gespült wird ernsthaft oft an den Frischwasserhähnen zwischen den Stellplätzen, Infos stehen jeweils an den Klohäuschen. Die Plätze können reserviert werden oder stehen als *first come, first served* jeweils den ersten Suchenden zur Verfügung.

Private Campingplätze sind bezüglich der Einrichtungen besser ausgestattet, Duschen und Stromanschluss gehören zum Standard und *full hook-up* bedeutet Strom-, Wasser- und Abwasseranschluss am Platz.

Für Abenteurer verfügen alle Nationalparks außerdem über *backcountry-camping*-Plätze. Hierbei handelt es sich um Plätze, die nur zu Fuß auf teils mehrtägigen Wanderungen und mit eigener Zeltausrüstung zu erreichen sind. Als Infrastruktur weisen sie in der Regel maximal ein Plumpsklo und Wasser aus dem nächsten Bach auf. Für sie wird eine Erlaubnis – *permit* – der Nationalparkverwaltung benötigt.

Verkehrsmittel

Wer die Nationalparks der USA bereisen will, mietet in der Regel ein Fahrzeug. Ob der nationale Führerschein ausreicht oder ein internationaler benötigt wird, hängt vom jeweiligen Vermieter ab.

Die Preise variieren extrem je nach Jahreszeit, steigen im Sommer zumindest für Wohnmobile auf fast das Dreifache des Winterpreises. Auch das Alter des Fahrers spielt eine Rolle. Für eine grobe Abschätzung sind im Folgenden einige ungefähre Preisbeispiele pro Tag für Juni angegeben.

▷ Ein Pkw der Kompaktklasse kostet ab $ 25, Pkws können ab Flughafen gemietet werden. 💻 www.billiger-mietwagen.de

▷ Für alle Wohnmobile muss man in der Regel bereits eine erste Nacht in den USA verbracht haben und die Fahrt in das Death Valley ist im Sommer (meist Juli/August) verboten.

JucyCamper vermietet umgebaute station wagons/große Kombi-Pkw mit eingebauter Küche und Dachzelt ab $ 80, über deutsche Portale auch ab $ 55 (ohne Freimeilen). 💻 www.jucyusa.com, 💻 www.camperdays.de

Escape Campervans vermietet umgebaute und bunt bemalte Transporter ab $ 100.
💻 www.escapecampervans.com

Cruise America, El Monte und Road Bear vermieten klassische Wohnmobile ab $ 160 (freie Meilen). 💻 www.camperdays.de, 💻 www.camperboerse.de, 💻 www.cu-camper.com

Das Vorankommen mit öffentlichen Verkehrsmitteln ist in den USA oft eher umständlich. Es gibt Busunternehmen, die gezielt die Nationalparks anfahren und sich auf meist junge Reisende spezialisiert haben. Bei Bundubus kostet z. B. die Fahrt von Salt Lake City nach West Yellowstone um die $ 100 (je nach Fahrtzeit), eine Yellowstone-Rundtour von dort aus $ 99, inkl. Grand Teton $ 135. Allerdings lassen die Stopps keine Zeit zum Wandern. Die Fahrtstrecken müssen rechtzeitig reserviert werden.
💻 www.bundubus.com

Im Zion- und im Bryce-Nationalpark ermöglichen kostenlose Shuttlesysteme eine gute Anbindung an Wanderwege und Highlights. Wenn es eine Shuttlebus-Anbindung zum Start/Ziel gibt, wird bei der jeweiligen Wanderung darauf hingewiesen.

Zwar gibt es auch Fernbusse, die u. a. von Greyhound oder Coach USA betrieben werden, doch diese steuern große Städte an. Von dort sind die Wege in die Nationalparks immer noch weit.

Geld und Währung

Die Währung der USA ist der US-Dollar. Als Reisender hat man in der Regel mit $-1 bis $-50-Banknoten zu tun, die im Gegensatz zu unserer Währung alle einheitlich groß und eher blass gefärbt sind. Dazu kommen kleinere Münzen, deren wichtigste der Quarter ist, eine 25-Cent-Münze, die oft für Waschmaschinen, Trockner und Duschen gebraucht wird. Der Wechselkurs des USD zum Euro schwankt seit einem Jahr um $ 1,15, aktuell liegt er bei $ 1,17 (August 2018).

Ansonsten ist ein fast unabdingbares Zahlungsmittel in den USA die Kreditkarte. Sie benötigen diese ohne Ausnahme für die Hinterlegung einer Kaution bei Anmietung eines Fahrzeuges. Auch sonst lässt sich das Allermeiste mit Kreditkarte bezahlen: Einkäufe, Restaurants, Hotels. Manche Nationalparktore akzeptieren nur Kreditkarte. *First-come-first-served*-Campingplätze müssen allerdings in der Regel bar bezahlt werden!

Informieren Sie sich vorher über Wechselkursgebühren und Gebühren für Barauszahlungen an Geldautomaten sowie unbedingt über das Kreditkartenlimit. Falls Sie dieses bereits mit der Kaution ausschöpfen, würden Sie ohne Bezahlmöglichkeit in den USA sitzen!

Auch das Geldabheben an Geldautomaten ist mit der Kreditkarte kein Problem, wenn Sie eine Geheimnummer haben. Dies funktioniert auch mit der EC-Karte, ist aber meist teurer. Die internationalen Flughäfen verfügen über Geldautomaten. Wenn Ihr

Sicherheitsbedürfnis das zulässt, ist es viel günstiger, vor Ort Geld abzuheben, als es zuvor in einer deutschen Bank zu besorgen.

Die Zeiten von Traveller-Schecks sind vorbei. Es gibt sie zwar nach wie vor, aber verglichen mit den modernen Zahlungsmitteln sind sie aufwendig einzulösen und werden nur noch selten akzeptiert.

Eintrittspreise

Alle Nationalparks erheben Eintrittspreise, die aktuell erhöht wurden. Für die beschriebenen Parks fallen für sieben Tage für ein privates Fahrzeug folgende Preise an: Zion $ 35, Bryce $ 35, Capitol Reef $ 20, Canyonlands $ 30, Arches $ 30, Grand Teton $ 35, Yellowstone $ 35. Dieser Eintrittspreis ist an den Wärterhäuschen bei der Einfahrt zu zahlen, bevorzugt per Kreditkarte.

Für die meisten USA-Reisenden lohnt sich der Kauf einer Jahreskarte. Der America the Beautiful Annual Pass kostet $ 80 pro Fahrzeug und erlaubt den Zutritt zu allen Nationalparks sowie vielen anderen nationalen Schutzgebieten für ein Jahr. Er kann ebenfalls an den Parkeingängen gekauft werden. Auch hier ist mit einer Preiserhöhung zu rechnen.

Klima und Reisezeit

Fünf der sieben in diesem Buch beschriebenen Nationalparks liegen auf dem Colorado-Plateau (Zion, Bryce, Capitol Reef, Arches, Canyonlands). Das Colorado-Plateau ist Teil des Great Basin, eines riesigen Wüstenbeckens, das sich zwischen der Sierra Nevada im Westen und den Rocky Mountains im Osten erstreckt. Im Regenschatten der Sierra Nevada gelegen, fallen hier durchschnittlich nur 15-40 cm Regen pro Jahr. Der Spitzname „Red Rock Country" – Landschaft der roten Felsen – charakterisiert die Region sehr treffend.

Das Klima der genannten Parks wird charakterisiert durch hohe Temperaturunterschiede, Winter mit sehr frostigen Nächten und vereinzelten Schneestürmen sowie extrem heiße, trockene Sommer, in denen es zu heftigen Nachmittagsgewittern kommen kann.

Die ideale Reise- und Wanderzeit liegt somit im Frühjahr und Herbst, wenn die Temperaturen angenehm sind, etwa Mitte März bis Mai und Mitte September bis Oktober. Während der Frühling wechselhaft sein kann, weist der Herbst in der Regel die stabilere Wetterlage auf. Wenn Sie im Sommer reisen, sollten Sie Ihre Wanderungen in die frühe Morgen- bis Vormittagszeit legen.

Mit Grand Teton und Yellowstone bereisen Sie Bergregionen mit völlig anderem Klima. Die Sommer von Mitte Juni bis Anfang September sind kurz und mild mit kalten Nächten. Der strenge Winter dauert von November bis Mitte April mit viel Schnee und teils heftigen Schneestürmen. Wer also nicht gerade das Schneeerlebnis in den Bergen sucht, sollte Mitte/Ende Mai bis Mitte September für einen Besuch dieser beiden Parks wählen. Die Verbindungsstraße zwischen Grand Teton und Yellowstone (Südeingang, Hwy. 191) wird in der Regel Mitte Mai geöffnet.

Einzelheiten zu den jeweiligen Parks finden Sie in den Einleitungen zu den Nationalparks.

Wanderinfrastruktur

Die Nationalparks verfügen über ein teilweise riesengroßes Netz kurzer und langer Wanderwege, angefangen vom asphaltierten Zugang zu einem Wasserfall oder Aussichtspunkt bis hin zu mehrtägigen Wanderungen in die Wildnis. In der Regel sind die Wanderwege beschildert, auf den Schildern ist der Name des Trails oder aber das nächste Ziel angegeben. Wo dies bei einzelnen Wanderungen nicht der Fall ist, ist es im Infoblock zur jeweiligen Tour vermerkt. Die Wanderwege sind meist gut ausgebaut und werden immer wieder instand gesetzt. Allerdings führen sie teilweise sehr steinig durch raue Berglandschaft oder aber über glatte Felsen, Stufen und Geröll. Feste Wanderschuhe, am besten mit Knöchelschutz, sind hilfreich bis unabdingbar. Für weniger sichere Wanderer oder zum Schutz von Knien und Rücken können Wanderstöcke nützlich sein. Ausreichender Wetterschutz – auch für umschlagendes Wetter – gehört unbedingt ins Gepäck.

Ein weiteres Merkmal ist der relativ lässige Umgang mit Steilabbrüchen u. Ä., die nur im direkten Umfeld der beliebtesten Aussichtspunkte mit Geländern geschützt sind. Berücksichtigen Sie dies vor allem, wenn Sie mit Kindern unterwegs sind.

Entlang der Wanderwege in den Nationalparks gibt es keine Einkehrmöglichkeiten und mit ganz wenigen Ausnahmen kein Trinkwasser. Sorgen Sie bitte entsprechend vor!

Außerdem sind Sie in der Regel auf sich selbst gestellt. Handys – auch mit amerikanischen SIM-Karten – haben auf Wanderwegen oft keinen Empfang, die nahe gelegene Ortschaft, in der man Hilfe holen könnte, gibt es nicht. Dafür werden Sie aber mit wunderschöner, einzigartiger Natur verwöhnt!

Im Infoblock zu jeder Tour sind wichtige Rahmendaten zu den Wanderungen angegeben, wie z. B. An- und Abstieg und Wegbeschaffenheit.

Bei vielen Wanderungen gibt es Tipps für Picknickplätze. Dies sind aber meistens keine Picknicktische, sondern schöne Plätze unter Bäumen, auf Felsen o. Ä., die sich für eine Rast anbieten.

➲ Einkehrmöglichkeiten gibt es in Zion, Bryce, Grand Teton und Yellowstone. Sie sind auf den Karten verzeichnet, die Sie bei Parkeinfahrt erhalten.

Der aktuelle Zustand eines Trails kann sich jederzeit durch umgestürzte Bäume, Erdrutsche oder andere Naturgefahren ändern. Klären Sie deshalb

Wegkonditionen sowie Wetterbedingungen vor allem bei den etwas längeren oder schwierigeren Wanderungen zuvor im Besucherzentrum (*visitor center*).

Biologische Bodenkruste – der essentielle Klebstoff der Wüste!

Weil sie so extrem wichtig ist und nicht überlesen werden darf, hier zuerst die Schlussfolgerung des folgenden Textes:

Bleiben Sie auf den bestehenden Wegen – auch wenn die Umgebung wie tote Erde wirkt, denn dort befindet sich eine wichtige und extrem fragile Boden-Schutz-Gemeinschaft!

In den Parks des Colorado-Plateaus werden Sie an vielen Stellen trockenem Boden begegnen, brüchiger Erde mit Sand und kleinen Steinen, scheinbar tot. Dieser Anschein jedoch ist ein völliger Irrtum! In den obersten Bodenschichten lebt eine Gemeinschaft verschiedener Organismen, u. a. Cyanobakterien (früher: Blaualgen), Flechten und Moose. Sie bilden die sogenannte „biologische Bodenkruste“ oder „cryptobiotic soil“, manchmal auch sehr treffend „desert glue“, Wüstenklebstoff, genannt.

Diese Organismen bilden eine oberste, feste Kruste, die für den Boden extrem stabilisierend ist. Sie verhindert vor allem die leichte Abtragung durch Wind und Regen und verbessert das Wasserhaltevermögen des Bodens. Außerdem binden die kleinen Organismen Kohlenstoff und Stickstoff und reichern den Boden dadurch mit Nährstoffen an. Sowohl Stabilität als auch Nährstoffe sind die Grundlage für die Ansiedlung höherer Pflanzen. Unter Kryptobiose versteht man dabei die Fähigkeit, Stoffwechselvorgänge den äußeren Bedingungen anzupassen und extrem zu reduzieren.

In den trockenen Regionen des Colorado-Plateaus bilden biologische Bodenkrusten bis zu 70 % des bewachsenen Bodens. Einmal zerstört, z. B. durch einen Fußtritt, dauert es unter idealen Bedingungen 5-7 Jahre, bis sich diese fragile Gemeinschaft erholt. Folgt auf die Zerstörung der schützenden Oberfläche jedoch auch Erosion, kann eine Erholung viele Jahrzehnte dauern.

Cyanobakterien gehören übrigens zu den ältesten Lebensformen und man geht davon aus, dass extrem dicke Schichten dieser Einzeller die ursprünglich sehr kohlendioxidhaltige Atmosphäre unserer Erde durch Fotosynthese mit Sauerstoff anreicherten und so die weitere Entwicklung des Lebens ermöglichten.

Naturgefahren

Wer durch die Nationalparks im Westen der USA reist, wird unweigerlich feststellen, dass die Natur viel ungezähmter ist als bei uns. Dies birgt neben aller Schönheit auch Gefahren.

So sind Schwarzbären in allen großen Wäldern Utahs heimisch, auch wenn Sie sie in den dortigen Nationalparks kaum antreffen werden. Maultierhirschen und wilden

Truthähnen dagegen begegnen Sie häufiger. Klapperschlangen warnen Ankommende durch schrill sirrendes Klappern, auch sie kommen in der Bergwüste häufig vor. Nicht ungefährlich sind außerdem die süßen Squirrels, kleine Nagetiere ähnlich unseren Eichhörnchen, die vielerorts auf Besucher warten. Mit ihren Bissen können sie gefährliche Infektionskrankheiten wie Pest und Hanta übertragen.

Mit Grand Teton und Yellowstone erreichen Sie dann „echte" Wildnis mit Grizzlys, Schwarzbären, Wölfen, Elchen, Bisons und Wapitihirschen. Nähere Infos zu Bären finden Sie unten im Infokasten. Halten Sie sicheren Abstand zu den Tieren, lassen Sie ihnen den Weg frei und füttern Sie niemals Tiere, auch keine kleinen, süßen!

Folgende Sicherheitsabstände sollten laut Yellowstone National Park unbedingt eingehalten werden:

▷ Bären und Wölfe: 91 m (100 yards)
▷ alle anderen Tiere einschließlich Bison und Wapitihirsch (*elk*): 23 m (25 yards)

Trotz dieser für uns ungewohnten Tierwelt kommt es extrem selten zu gefährlichen Zwischenfällen mit Menschen. Von Natur aus halten wilde Tiere Abstand zu den Menschen und weichen ihnen aus. Ranger patrouillieren regelmäßig und die Nationalparkverwaltungen reagieren auf alle Meldungen, sodass bei auffälligen Tieren frühzeitig Maßnahmen ergriffen werden können. Wenn Sie also ein paar Sicherheitsmaßnahmen befolgen, können Sie sich unbesorgt auf den Weg machen.

Sicherheit im Bärenland (aus den Internetseiten des Yellowstone-Nationalparks übernommen, gilt auch für Grand Teton)

▷ Informieren Sie sich im Besucherzentrum (visitor center) über Gebiete, in denen aktuell Bären aktiv sind, sowie über eventuelle Sperrungen.
▷ Kaufen Sie bear spray (Pfefferspray, $ 45-50, kann auch gemietet werden) und lassen Sie sich die Benutzung zeigen. (Wichtig: jederzeit griffbereit haben / in Windrichtung sprühen / beginnen Sie erst, wenn der Bär im Abstand von maximal 10 m vor Ihnen steht / sprühen Sie eine bodennahe Wolke zwischen den Bären und sich selbst / wenn der Bär näher kommt, sprühen Sie schräg nach unten auf seinen Kopf / nicht dauersprühen, sondern bei Bedarf weiter einsetzen / bear spray wirkt nicht bei Bisons!)
▷ Rechnen Sie mit Bären und machen Sie sich bemerkbar, z. B. durch Reden oder Rufen.
▷ Wandern Sie nicht allein, sondern in Gruppen (an den Trailheads im Yellowstone steht oft: in Gruppen von mindestens drei Personen, allerdings sind reisende Paare auch auf Wanderungen trotzdem meist zu zweit unterwegs).
▷ Rennen Sie nicht! Sie würden den Jagdinstinkt des Bären auslösen. Gehen Sie langsam rückwärts und versuchen Sie, den Bären nicht zu provozieren.
▷ Tot stellen, auf Bäume klettern und angreifen hilft nicht.

- ▷ Wenn Sie einen Konflikt mit einem Bären hatten, auch wenn er nur klein war, melden Sie ihn so schnell wie möglich einem Parkranger. Wo Sie Empfang haben, können und sollen Sie auch die 911 wählen. Das Leben anderer Menschen und des Bären kann von Ihrer Information abhängen.

Eine weitere Gefahr stellen Klima und Höhe dar. Weder die sommerlichen Temperaturen des Colorado-Plateaus noch die Höhenlage sind wir aus Deutschland gewöhnt. Passen Sie Ihre Ziele den aktuellen Wetterbedingungen und Ihren Möglichkeiten an, nehmen Sie immer ausreichend zu trinken und zumindest einen kleinen Snack mit. Denken Sie an guten Sonnenschutz (Creme, Kappe, Schultern bedeckt) und gleichzeitig an eine leichte Regenjacke, falls das Wetter umschlägt.

Auch die nachmittäglichen Sommergewitter bergen Gefahren für Wanderer. Blitze sind potentiell lebensgefährlich, vor allem wenn Sie sich auf ungeschützten Felsen oder am oberen Rand eines Canyons befinden. Rückwege können in starkem Regen schlammig und rutschig werden. In engen Schluchten kann es zu lebensbedrohlichen Sturzfluten, den *flash floods*, kommen.

Flash flood – gefangen im Canyon

Als *flash flood*, zu Deutsch Sturzflut, wird das plötzliche Überspülen von im Vergleich zur Umgebung niedrig liegenden Gebieten bezeichnet. Für Wanderer sehr gefährlich sind *flash floods* in engen Schluchten, da diese oft keine Möglichkeit zum Ausweichen bieten.

In den Wüstenregionen des Colorado-Plateaus kommt es immer wieder zu *flash floods*. Ein schwerer, regenreicher Sturm auf einem Hochplateau viele Kilometer entfernt, dessen Wasser kaum versickern kann und sich in den trockenen Creeks sammelt, kann zu schnell ansteigendem Wasser in einer Schlucht führen, über der weiterhin die Sonne strahlt! Solche Sturzfluten können zudem Äste, Stämme und Geröll mitführen.

Deshalb sollten beim Begehen von Schluchten Vorsichtsmaßnahmen berücksichtigt werden:

- ▷ **Informieren Sie sich vorher beim Besucherzentrum über die aktuellen Wetterbedingungen und Gefahrenhinweise für die Schlucht, die Sie begehen wollen.**
- ▷ Achten Sie auf den Wasserstand und das Wetter! Verlassen Sie die Schlucht so schnell wie möglich, sobald sich Gefahrenpotentiale zeigen, z. B. langsam ansteigendes Wasser oder aufziehendes Gewitter.
- ▷ Versuchen Sie bei schnell ansteigendem Wasser höher gelegenen Boden zu erreichen.
- ▷ Versuchen Sie nicht, einen anschwellenden Bach zu queren, die Strömung kann unberechenbar sein und Sie mitreißen.

Wandern mit Kind

Aufgrund der guten Wanderinfrastruktur sind die Nationalparks des Westens auch mit Kindern ein wunderschönes Wanderziel. Jedoch sollten Sie sich vor dem Wandern überlegen, wie viel Sie sich selbst und Ihrem Nachwuchs zumuten können, und dabei eine gute Sicherheitsreserve lassen. Auch sollten Sie die Zuverlässigkeit Ihres Sprösslings bedenken – wird er sich an Ihre Vorgabe halten, keine Faxen am Abgrund zu machen? Wenn Sie dann die Mitnahme von Getränken und (Lieblings-)Snacks in besonderem Maße berücksichtigen, steht schönen Familienwanderungen nichts mehr im Weg! Aus dem Infoteil und der Wegbeschreibung können Sie jeweils ablesen, wo eventuelle Gefahren lauern oder der Spaßfaktor besonders hoch sein könnte.

Wenn Sie mit kleinen Kindern reisen, bietet Ihnen eine Rückentrage größtmögliche Freiheit – je nach Vermögen des Trägers und Gewicht bis zu einem Alter von drei oder vier Jahren. Sie sollte von guter Qualität sein: gutes Tragesystem für den Träger und angenehme Sitzmöglichkeit für den Junior mit Fußstützen, idealerweise mit Schattendach. Mit einer solchen Trage können Sie die meisten der beschriebenen Wege in Angriff nehmen. Allerdings müssen Sie häufigere Pausen und Spielzeiten einkalkulieren und irgendwann hat wahrscheinlich auch das geduldigste Kind keine Lust mehr, sich tragen zu lassen.

Einzelne Touren können Sie auch zumindest abschnittsweise mit einem Buggy wandern, dies ist im Infoteil zur jeweiligen Wanderung vermerkt.

Wandern mit Hund

Grundsätzlich können Sie mit Hund in die USA fliegen. Allerdings müssen Sie die Einreisebedingungen des jeweiligen Bundeslandes sowie die Transportbedingungen der Fluggesellschaft berücksichtigen. Immer gehören eine aktuelle Tollwutimpfung sowie der Impfpass mit englischer Übersetzung dazu.

Mit Ihrem Hund können Sie auch in die Nationalparks reisen, allerdings sind Ihre Bewegungsmöglichkeiten dort dann sehr eingeschränkt. Hunde müssen ständig mit einer Leine nicht länger als 1,80 m angeleint sind. Den Hundekot müssen Sie immer aufsammeln! Auf Wanderwegen sind Hunde grundsätzlich verboten (Ausnahme: Teil von Tour 6). In Shuttlebussen und öffentlichen Gebäuden aller beschriebenen Parks sind Hunde verboten und dürfen auch nicht außerhalb angeleint werden.

Konkret gelten folgende Bestimmungen für die Mitnahme von Hunden:

▷ Zion: nur auf dem asphaltierten Pa'rus Trail erlaubt

▷ Bryce: erlaubt auf allen asphaltierten Oberflächen (☞ Tour 6 zwischen Sunset und Sunrise Point)

▷ Capitol Reef: erlaubt bis zu 15 m von der Mitte öffentlicher Straßen (Asphalt oder Schotter), auf Parkplätzen, in den nicht umzäunten Obstgärten, auf den

Wegen vom Fruita Campground zum Visitor Center und entlang des Fremont River bis zum Campingplatzende

- ▷ Arches: erlaubt auf allen Straßen, Parkplätzen, picnic areas, dem Devils Garden Campground, sonst überall verboten (auch auf Aussichtspunkten)
- ▷ Canyonlands: erlaubt auf asphaltierten Straßen, Parkplätzen, Campgrounds, sonst überall verboten (auch auf Aussichtspunkten)
- ▷ Grand Teton: erlaubt innerhalb von 10 m von asphaltierten Straßen sowie auf Booten auf dem Jackson Lake, verboten auf dem asphaltierten Vielzweckweg zwischen Jenny Lake und Jackson
- ▷ Yellowstone: erlaubt innerhalb von 30 m von Straßen, Parkplätzen und Campingplätzen, in Thermalgebieten verboten

Aktuelle Informationen erhalten Sie, wenn Sie im Internet nach dem Namen des Nationalparks und dem Schlagwort „pet" suchen. Sie finden dann immer eine Seite 💻 www.nps.gov/xxxx/planyourvisit/pets.htm, wobei „xxxx" für die jeweilige Abkürzung des Nationalparks steht.

Karten, GPS und Literatur

In den Nationalparks gibt es in den Besucherzentren Wanderkarten zu kaufen. Allerdings sind die beschriebenen Wanderungen gut beschildert, sodass es zumindest für die kürzeren Touren nicht unbedingt erforderlich ist, zusätzliche Karten zu kaufen.

Die GPS-Tracks zu den beschriebenen Wegen können Sie von der Internetseite des Verlags (💻 www.conrad-stein-verlag.de) herunterladen.

Außerdem empfiehlt sich der Kauf eines allgemeinen Reiseführers. Hier ist die Auswahl sehr groß. Als umfassend und empfehlenswert gilt der Reiseführer „USA – der ganze Westen" aus dem Reise Know-How Verlag (ISBN 978-3896627421).

☺ Ein paar der in diesem Führer beschriebenen Wanderwege laufen durch mehr oder weniger flaches Gelände ohne nennenswerte Höhenunterschiede. In diesen Fällen wurde auf die Darstellung eines Höhenprofils verzichtet.

Updates

Der Conrad Stein Verlag veröffentlicht Updates zu diesem Wanderführer, die direkt von der Autorin oder von Lesern des Buches stammen. Sie finden diese auf der Verlagshomepage 💻 www.conrad-stein-verlag.de. Der rechts abgebildete QR-Code führt Sie direkt zur richtigen Seite.

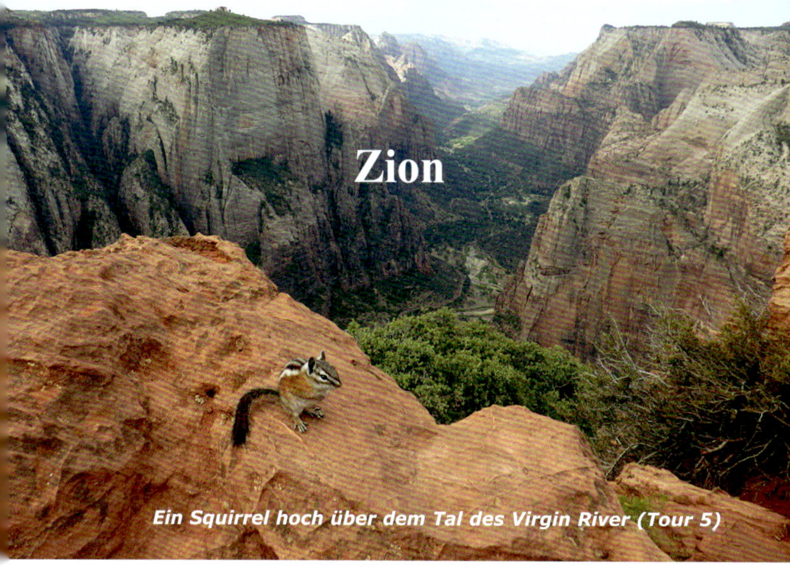

Zion

Ein Squirrel hoch über dem Tal des Virgin River (Tour 5)

Zion National Park – zwischen hohem Fels und Wasser

Dem Alten Testament nach ist Zion der Wohnsitz Gottes – welchen Eindruck muss das grüne Tal auf die Mormonen gemacht haben, die es in den späten 1850ern auf der Suche nach fruchtbarem Land entdeckten und benannten? Inmitten von wüsten Hochplateaus schafft der Virgin River hier eine grüne Oase, geschützt von hohen Sandsteinwänden. Allerdings wurden die Siedler enttäuscht, der Boden war wenig fruchtbar und die Erträge blieben gering.

Zum Zion National Park gehören das touristisch beliebte Gebiet des Zion Canyon und das viel einsamere des Kolob Canyon. Die Felsschichten des Zion Canyon entstanden größtenteils im Jura, als die Dinosaurier ihre erste große Blütezeit erlebten.

Die hohen Schluchtwände werden im unteren Bereich durch die wasserundurchlässige, rote bis violette Kayenta-Schicht aus Sandstein, Schluff und Schiefer gebildet. Auf ihr sammelt sich das Wasser, das durch das aufliegende Gestein gesickert ist, und tritt als Quelle zutage: Die vielen hängenden Gärten, ein Markenzeichen des Parks, haben hier ihren Ursprung.

Dann folgt der bis zu 700 m dicke, orangerote bis braune Navajo-Sandstein, versteinerte Dünen riesiger Wüstenflächen. Dieser erodiert leicht und ermöglicht durch seine sehr poröse Struktur das Versickern von Wasser.

Die obere Lage der Plateauberge bildet die Temple Cap Formation aus sehr verwitterungsresistentem Eisenoxidschlamm. Im Laufe der Jahrmillionen wurde das Eisenoxid in den darunterliegenden Navajo-Sandstein gespült und färbte diesen rot.

Bei der Anhebung der Sedimentschichten bildeten sich viele rechtwinkelige Risse und in einen von diesen schnitt sich der North Fork Virgin River ein. Er ist der Fluss mit dem größten Gefällegradienten in Nordamerika, entspringt außerhalb des Parks auf 2.700 m und überwindet auf den folgenden 320 km fast 2.400 Höhenmeter, ehe er in den Lake Mead und damit in den Colorado River fließt.

Die Erosion der Schlucht erfolgte vor allem bei sogenannten *flash floods*, starken Hochwasserwellen aufgrund von Gewittern. Abbrüche der Canyonwand durch Frostsprengungen taten ein Übriges, um die imposanten Wände zu schaffen, die am Eingang der Schlucht bis zu 610 m hoch, am Ende im Amphitheater vor den Narrows bis zu 910 m hoch werden. Ab den Narrows verengt sich die Schlucht für die folgenden 26 km aufwärts mehr oder weniger auf Flussbreite. Auch heute noch arbeiten Fluss und Frost an der Gestaltung und Änderung des Zion Canyon.

Wandern im Zion National Park

Zion liegt in der Wüstenregion des Great Basin und dadurch ist das Wetter bestimmt. Auf milde Winter mit viel Regen, wenig Schnee, aber teils schweren Schneestürmen, Nachtfrösten und Tagtemperaturen von 10-15° C folgen im Frühling warme, sonnige Tage im Wechsel mit stürmischen, regenreichen Tagen. Die Sommer sind sehr heiß mit Temperaturen bis 43° C und von Mitte Juli bis Mitte September ist vor allem nachmittags mit heftigen Sommergewittern zu rechnen. Im Herbst werden die Temperaturen wieder angenehmer und die Niederschläge geringer, dies ist die beste Reisezeit für Zion. Passen Sie Ihre Ausrüstung und Verpflegung den aktuellen Wetterbedingungen an und denken Sie an Schutz für umschlagendes Wetter.

Das Tal des Virgin River ist die Hauptattraktion Zions und von Februar bis November für Privatfahrzeuge gesperrt, mit Ausnahme der Durchfahrt vom östlichen Zugang durch den Zion-Mount Carmel Tunnel in Richtung des südlichen Zugangs/Springdale.

Zion verfügt über zwei Shuttlesysteme. Der Zion Canyon Shuttle hat neun Haltestellen im Nationalpark, an denen auch die Wanderungen starten. Er fährt etwa alle 10 Minuten vom Visitor Center am südlichen Parkeingang bis zum nördlichen Ende der Straße beim Tempel of Sinawawa/Zion Narrows. Am Visitor Center befinden sich große Parkplätze, die sich in der Hauptsaison von Mai bis Oktober oft schon vormittags füllen. Wer eine der längeren Touren plant oder einfach nur Ruhe auf seinem Weg haben will, sollte einen sehr frühen Start in Betracht ziehen. Im Sommer fahren die Busse in der Regel ab 6:00! Ab etwa 6:45 bilden sich Warteschlangen an der Bushaltestelle vor dem Visitor Center, was zwar nervig ist, an der Großartigkeit des Parks aber nichts ändert.

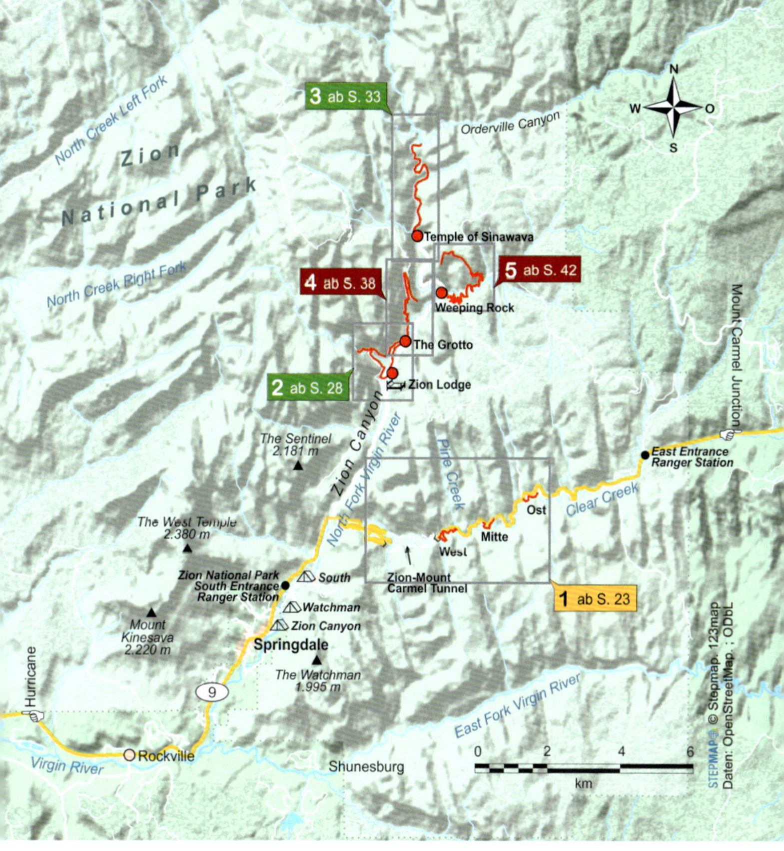

Ein zweites Shuttlesystem fährt durch Springdale bis zum Visitor Center. Dieses ist für alle interessant, die dort eine Unterkunft haben, und bietet Anschluss zu weiteren Parkmöglichkeiten, wenn die Parkplätze am Visitor Center voll sind.

Aktuelle Anfangs- und Endzeiten der Shuttlesysteme sowie Übersichtskarten finden Sie in der Parkzeitung, die bei Einfahrt in den Park ausgeteilt wird.

💻 www.nps.gov/zion/planyourvisit/shuttle-system.htm

Unterkünfte

Der Nationalpark selbst verfügt über zwei Campingplätze direkt am südlichen Parkeingang:

⛺ South Campground, 117 Stellplätze, zwei Wochen vor Ankunft zu reservieren, $ 20

♦ Watchman Campground, 176 Stellplätze, auch Stellplätze mit Strom, zwischen Februar und November bis zu 6 Monate im Vorhinein zu reservieren, $ 20-30
für beide: Die Campgrounds müssen sehr frühzeitig reserviert werden. 💻 www.recreation.gov, ☎ (001) 877-444-6777

Knapp 1 km weiter südlich am Ortsrand von Springdale liegt:

⛺ Zion Canyon Campground and RV Resort, 479 Zion Park Blvd., ☎ (001) 435 772-3237, 💻 www.zioncamp.com, März bis November, Zelt $ 39, Wohnmobil $ 49 plus tax, Plätze teilweise im Schatten großer Bäume, teilweise nackter Schotter, kleiner Pool, Zugang zum Virgin River

Die Zion Lodge liegt mitten im Nationalpark, gegenüber der Seitenschlucht der Emerald Pools.

🛏 Xanterra Parks & Resorts, ☎ (001) 303-297-2757, kostenlos in den USA: 888-297-2757, 💻 www.zionlodge.com, Hotelzimmer und kleine Cabins, ab $ 150 (2 Pers.)

Der Ort Springdale direkt am Südrand des Parks verfügt über mehr als 20 Hotels verschiedener Ketten von drei bis fünf Sternen. Auch diese sollten Sie unbedingt vorher buchen.

Weitere Infos erhalten Sie unter

💻 www.nps.gov/zion/planyourvisit/eatingsleeping.htm.

Eine grüne Flussoase, gesäumt von hunderte Meter hohen Felswänden: das ist Zion

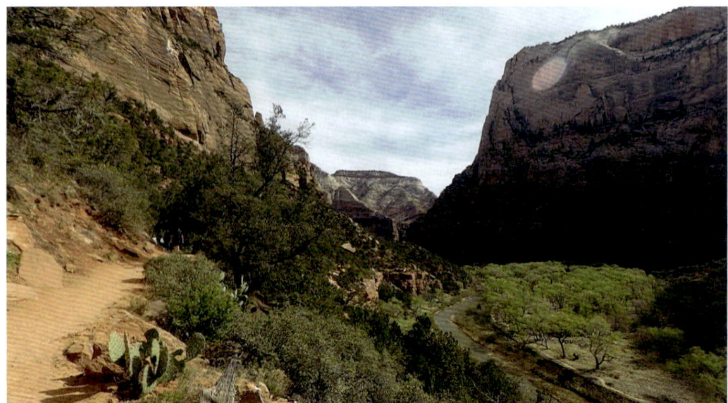

1 Clear Creek

WC

Tour für Schluchtenfans

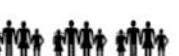

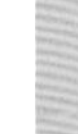

Zion ist nicht nur für den Zion Canyon und seine hängenden Gärten, sondern auch für seine Slotcanyons berühmt, wörtlich übersetzt „Schlitz-Canyons“, enge, felsige Klammen. Mit dem Clear Creek liegt ein kleiner Slotcanyon direkt zu Füßen der aus Osten kommenden, meist ahnungslosen Parkbesucher. Kaum dass Sie die Parkstraße verlassen, betreten Sie eine andere Welt, eine kleine, ruhige und wunderschöne Schlucht. Und auch wenn Ihnen der Abstieg in den engsten Teil zu wagemutig oder wegen des Wasserstandes versperrt ist, lohnt der Ausflug in andere Bereiche des Clear Creek: ein echtes Kleinod – wenn sich das bei bis zu 50 m hohen Felswänden sagen lässt – nah an der Straße und doch ganz weit weg!

⇆ Start/Ziel: verschiedene Einstiegsmöglichkeiten am Zion-Mount Carmel Hwy. 9 (östliche Parkzufahrt) an *pullouts* (verbreiterte Seitenstreifen als Parkmöglichkeit), z. B.
Start **West**, GPS N 37°12.889‘ W 112°56.369‘, Parkplätze oberhalb des Zion-Mount Carmel Tunnel für die jeweilige Fahrtrichtung, diese sind tagsüber oft voll, ☞ Tipp unten
Start **Mitte**, GPS N 37°13.046‘ W 112°55.428‘, kleinere *pullouts* für 4-5 Pkw direkt westlich des 2. Tunnels (vom East Entrance aus dahinter)
Start **Ost**, GPS N 37°13.318‘ W 112°54.884‘, großer pullout (auch für Wohnmobile), vom East Entrance aus gesehen 11. *pullout* auf der linken Straßenseite, von Westen kommend vom 2. Tunnel aus 2. *pullout* auf der rechten Straßenseite

1-10 km

1 Std. oder mehr

50 m/50 m (je nach Streckenlänge)

1.560-1.610 m

unmarkierter Weg durch ein sandiges, steiniges und felsiges Bachbett

WC Toilette am Start West, außerdem steht in den Sommermonaten am Start Ost in der Regel ein Dixi-Klo.

für Kinder eine abenteuerliche Entdeckungstour, deren Länge nach Lust und Laune definiert werden kann, bei Clear Creek West eine kleine Kletterpartie

P am Start/Ziel

Bitte beachten Sie die **Hinweise zu *flash floods*** im Kapitel „Reise-Infos/Naturgefahren“! Im Clear Creek sammelt sich der Niederschlag des gesamten oberen östlichen Zion.

Beachten Sie die Infos zur „biologischen Bodenkruste“ im Kapitel „Reise-Infos/Wanderinfrastruktur“.

Für alle Erkundungen: Prägen Sie sich Ihre Abstiegs-/Einstiegsstelle ein, damit Sie den Rückweg problemlos finden!

☺ Für den 1,8 km langen Zion-Mount Carmel Tunnel aus dem Jahr 1930 gelten folgende Befahrungsregeln: Große Fahrzeuge dürfen ihn nur tagsüber befahren, Ranger sperren den Tunnel dann einspurig: von 8:00 bis 16:30 (Winter) / bis 18:00 (05.-11.03., 28.09.-01.11.) / bis 19:00 (12.03.-29.04., 03.-27.09.) / bis 20:00 (30.04.-02.09.). Dies gilt für folgende Fahrzeuge: Breite einschließlich aller Aufbauten > 7 feet 10 inch / 2,40 m und oder Höhe > 11 feet 4 inch / 3,40 m. Das schließt Standardwohnmobile ein, Pkws und Campervans sind kleiner. Die Durchfahrt für Fahrzeuge > 40 feet ist komplett verboten.

💻 www.nps.gov/zion/planyourvisit/the-zion-mount-carmel-tunnel.htm

☺ Wenn sowieso Zeit für eine Mahlzeit ist, dann nehmen Sie doch einfach ein paar Kleinigkeiten mit in den Canyon, setzen Sie sich irgendwo auf ein paar Felsen und genießen Sie die Ruhe und die beeindruckenden Felsen, so nah und doch abseits des Touristenstroms. Selbstverständlich ist: Leave no trace – nehmen Sie alles mit wieder!

Theoretisch könnten Sie vom Start West (oder Ost) aus einmal durch die ganze Schlucht wandern (ein Weg: ➲ 10 km). Der Weg verläuft immer entlang des (meist) trockenen Bachbetts und ist nicht zu verfehlen. In der Praxis werden aber nur wenige Wanderer genug Zeit haben, um auch wieder 10 km zurück zum Ausgangspunkt zu wandern. Damit Sie den Clear Creek trotzdem nicht verpassen, beschreibe ich im Folgenden drei kürzere Abschnitte der Gesamtstrecke, die gut von der Straße aus zu

im engsten Bereich der Schlucht: faszinierend ausgewaschene Felswände in Clear Creek West

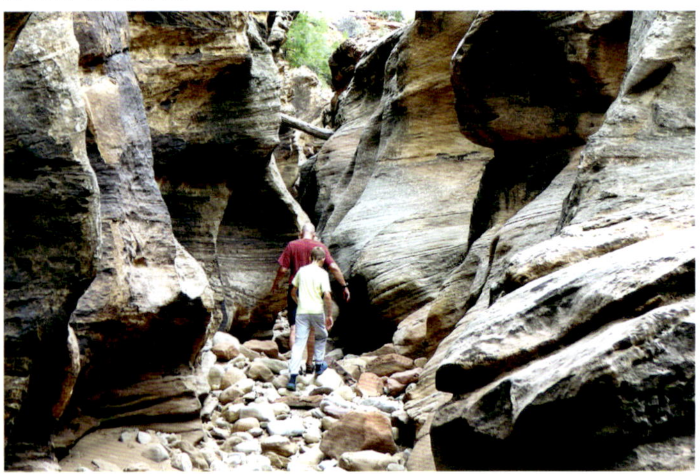

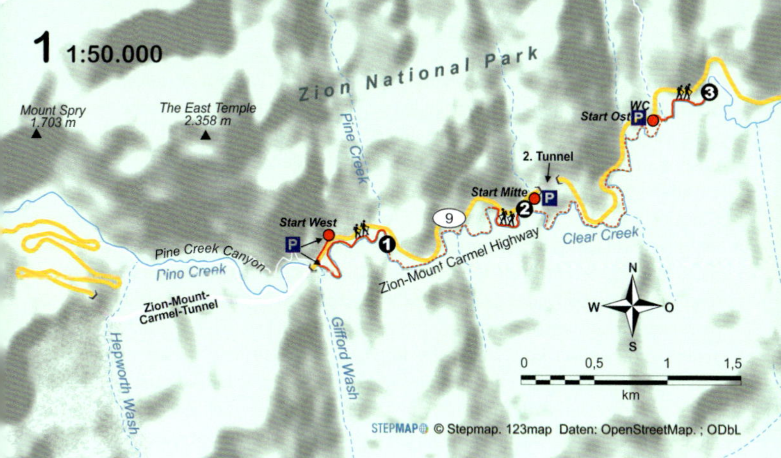

erreichen sind und trotzdem einen schönen Einblick geben. Sie können dann individuell entscheiden, wie weit Sie durch die Schlucht wandern möchten.

☺ Der bei Clear Creek West beschriebene Abstieg ist auch der Start der Canyoning-Tour durch den Pine Creek. Sie ist eine der beliebtesten und einfach zu erreichenden Canyoning-Strecken Zions und enthält mehrere Schwimm- und Abseilpassagen, wobei die letzte Abseilpassage mit 30 m auch die höchste ist. Zwar verleihen die Touranbieter in Springdale Ausrüstung, aus rechtlichen Gründen jedoch keine ausreichend lange Seile. Geführte Canyoning-Touren werden nur außerhalb der Nationalparkgrenzen angeboten. ♦ ZionGuru, 💻 www.zionguru.com, 792 Zion Park Blvd., Springdale, ☎ (001) 435-632-0432 ♦ Zion Rock & Mountain Guides, 1458 Zion Park Blvd., Springdale, ☎ (001) 435-772-3303, 💻 www.zionrockguides.com/zion-national-park-outfitting

Clear Creek West

✋ Dieser Weg führt in den engsten Bereich der Schlucht, die in diesem Abschnitt eigentlich Pine Creek heißt, aber immer der Clear-Creek-Wanderung zugeschlagen wird. Er beginnt mit einem steilen Abstieg, bei dem Sie über große Felsbrocken klettern müssen, und einer kleinen Felsstufe. Im Frühjahr und Frühsommer oder nach Niederschlägen kann der Weg durch den Slotcanyon durch verbleibende Pools versperrt sein.

Sie starten in Richtung Tunnel zum kleinen Parkplatz an der Straßenseite, an der die Fahrzeuge herausfahren, ein Zebrastreifen ermöglicht hier gefahrlos die

Überquerung der Straße. Dem Betonweg entlang des Parkplatzes folgen Sie einige Schritte vor den parkenden Autos entlang und an der Brückenmauer vorbei. An dieser weist ein Schild „River Access" hinunter. Diesem folgen Sie parallel zur Mauer hinunter zum Creek. Dazu müssen Sie über große Felsblöcke abwärtsklettern.

Unten befinden sich rechts nach etwa 50 m permanente Pools, hier beginnt die Canyoning-Route des Pine Creek (☞ Tipp oben). Sie wenden sich aber nach links in die enge Schlucht. Hier erwartet Sie nach einigen Metern eine etwa 1,50 m hohe, nicht ganz senkrechte Felsstufe, die sich aufgrund der rauen Oberfläche recht gut überwinden lässt. Dann erweitert sich das Bachbett zu einem sandigen Rund. Sie folgen dem Verlauf weiter aufwärts und erreichen den engsten Teil der Schlucht, einen echten Slotcanyon. Rote, in vielen Rundungen geschliffene Felswände mit Aushöhlungen und Gumpen umgeben Sie auf beiden Seiten, teilweise kaum 2 m voneinander entfernt. Dunkel und faszinierend ist dieser Abschnitt. Schließlich weitet sich die ungewöhnliche Schlucht und kommt bei der ersten Baumgruppe wieder in Straßennähe. Folgen Sie dem Bachbett weiter, so entfernen Sie sich wieder von der Straße. Nach insgesamt gut 1 km ab Abstieg in den Canyon und zwei Rechts- und zwei Linkskehren nach dem Slotcanyon laufen Sie in der dritten Rechtskehre auf eine Felswand zu. Hier kommt von links kaum sichtbar der Pine Creek aus den Bergen, erst ab jetzt heißt das Bachbett, in dem Sie unterwegs sind, offiziell Clear Creek. Mit der hohen Felswand beginnt eine weitere enge und dunkle Passage.

Clear Creek Mitte: ein wunderschönes Arrangement aus Fels und Bäumen, Schatten und Licht

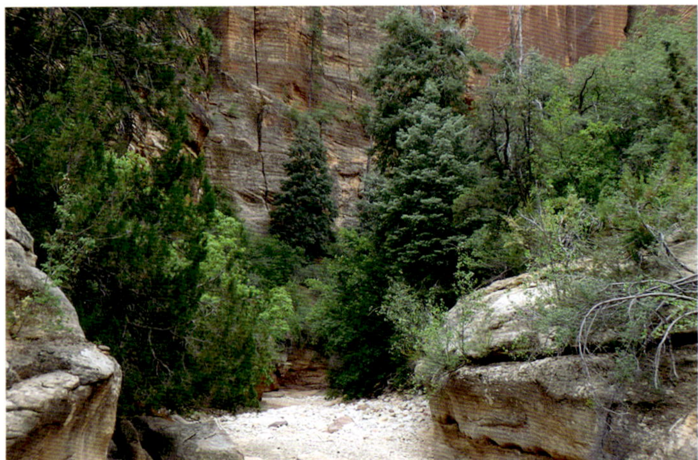

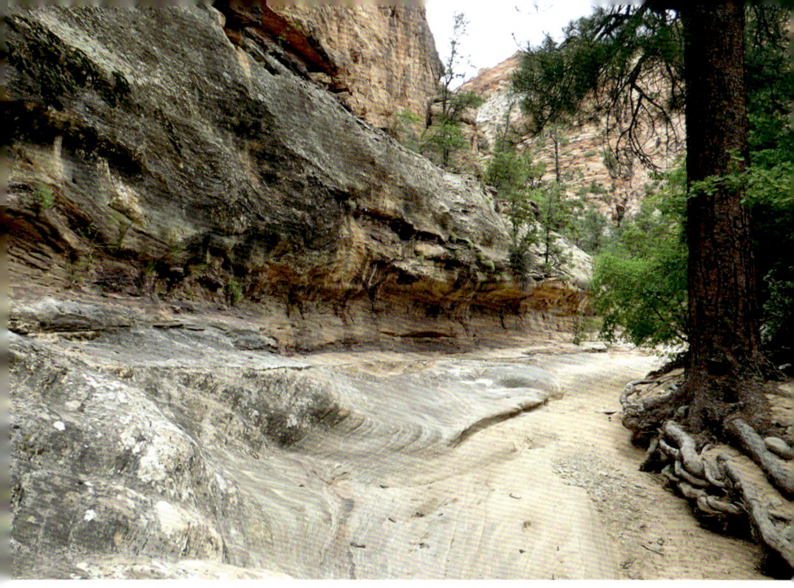

Clear Creek Mitte: hohe Wände, ausgewaschene Felsbänder und Wurzelwerk säumen das trockene Bachbett

Clear Creek Mitte

Vom creekseitigen *pullout* mit der Tunnelfelswand im Rücken folgen Sie dem schmalen Pfad, der Sie auf losem Kies etwas rutschig zu einem kleinen Seitencreek hinunterbringt. Diesem teilweise etwas überwachsenen und verwunschenen Bachbett folgen Sie für etwa 50 m und erreichen das Bett des Clear Creek. Merken Sie sich diese Stelle! Auch hier haben Sie die Qual der Wahl, zu beiden Seiten erwarten Sie faszinierende Einblicke in eine wunderschöne Schlucht. Vor Ihnen liegen steile Felswände, ausgewaschener Flussgrund und untergespülte Felskehren, sandige Passagen und viele Steine, Büsche und Bäume, die vom Wasser des Creeks zehren, auch schon mal ein quer liegender Stamm, der überklettert werden muss.

Clear Creek Ost

Am großen *pullout* wenden Sie sich mit der Straße im Rücken nach links. Kurz vor Ende des *pullout* führt ein deutlicher Trampelpfad schräg nach links hinunter in die kleine Schlucht. Nach etwa 60 m stehen Sie im sandigen Bett des Clear Creek. Diesen können Sie zu beiden Seiten erkunden. Wenn Sie unschlüssig sind, gehen Sie nach Osten (links), denn hier bleibt das Bachbett länger von der Straße entfernt. Vorbei an beeindruckenden Felswänden und einzelnen Bäumen erreichen Sie nach etwa 400 m eine enge Passage, wo die Felsen auf wenige Meter zusammenrücken.

❷ Emerald Pools

Tour für Felsenfans und Wasserfreunde

„Emerald", smaragdgrün, schimmern die Pools im Rund eines Seitentals des Zion Canyon unter bis zu 800 m hohen roten Felswänden. Eine grüne Idylle hat der Auslauf des Heaps Canyon hier geschaffen, dichte Vegetation und eine Abfolge dreier permanenter Pools, deren Wasser über rundgeschliffene Felsstufen zu Tal rieselt. Da sie leicht zu erreichen sind, sind die Emerald Pools ein wunderschönes und beliebtes Ziel. Statt jedoch wie die meisten Besucher auf demselben Weg zurückzugehen, wandern Sie auf dem Kayenta Trail weiter talaufwärts und genießen von dort die großartige Aus- und Übersicht auf den Virgin River in seiner grünen Flussaue, gerahmt von den beeindruckenden Sandsteinfelsen des Zion Canyon.

⇆ Start/Ziel: Busstopp 5 „Zion Lodge", GPS N 37°15.142‘ W 112°57.368‘

4,6 km

1 Std. 30 Min.

↑↓ 90 m/90 m

⇧ 1.300-1.390 m

zum Lower Emerald Pool betoniert, mit Stufen zum Middle Pool, steiler und felsiger zum Upper Pool, der weitere Rundweg bis zur Brücke meist erdig, eben und teilweise oberhalb von Steilabhängen, der Rückweg durch die Flussaue eben und nicht beschildert, Ausweichen über den beschilderten Grotto Trail auf der anderen Straßenseite möglich (> Hinweis in der Wegbeschreibung)

Steinbänke bei km 1,4, Felsen am Upper Pool bei km 1,9. Bei km 4,3 führt ein Trampelpfad ans Ufer des Virgin River.

WC Toiletten finden Sie am Start und bei km 3,7 (auf der anderen Seite der Straße beim Busstopp 6 „The Grotto").

Eine wunderschöne Wanderung für Kinder, sie ist nicht zu lang, kurzweilig und abwechslungsreich. Teilweise verläuft sie entlang kleinerer Steilabhänge.

Mit einem halbwegs geländetauglichen Buggy können Sie an der ersten Kreuzung nach dem Lower Emerald Pool nach rechts gehen. Es folgen 200 m Anstieg mit einzelnen Felsen im Weg, dann erreichen Sie den Kayenta Trail und wenden sich nach rechts.

zum Shuttlebussystem ☞ „Wandern im Zion National Park"

P zu Parkmöglichkeiten ☞ „Wandern im Zion National Park"

Wegen Vereisungen im Winter oder bei sehr hohem Wasserstand wird der Weg im Bereich des Lower Emerald Pool gesperrt. Dann können Sie nach der ersten Brücke über den Virgin River nach links gehen und an der nächsten Abzweigung rechts hoch auf einen Weg, der höher am Hang verläuft als der beschriebene. Er trifft beim Middle Emerald Pool bei km 1,5 auf die beschriebene Route.

Baden und Waten in den Pools ist verboten!

☺ In den Felsen oberhalb der Emerald Pools verstecken sich mit Heaps und Behunin Canyon beliebte Canyoning-Routen.

Zu den Emerald Pools hin und zurück zu laufen, ist ein Klassiker in Zion. Alternativ wandern Sie auf dem Kayenta Trail bis zur Brücke bei km 3,6, gehen dort zur Straße, überqueren diese und steigen an der Bushaltestelle No. 6 „The Grotto" wieder in den Bus – die Aussicht vom Kayenta Trail ist absolut fantastisch, der Weg wesentlich weniger überlaufen und weiter als der Klassiker ist es auch nicht.

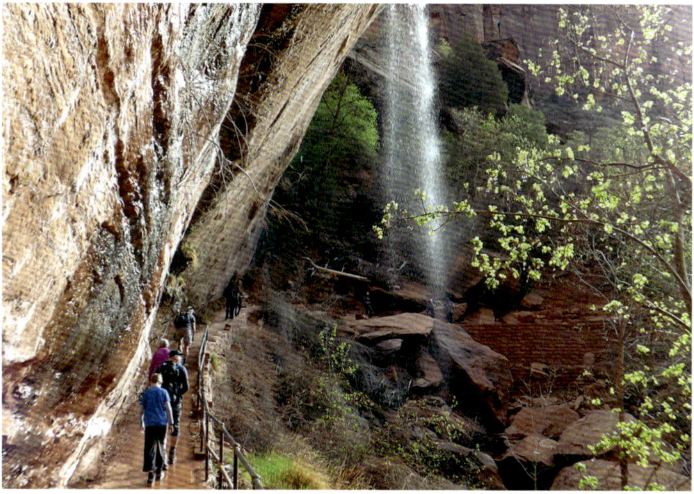

Unterhalb des großen Felsüberhanges bildet der Bach den Lower Emerald Pool

Mit der Bushaltestelle im Rücken wenden Sie sich nach links, folgen dem Bürgersteig für etwa 50 m und gehen dann in der Rechtskehre geradeaus auf den beschilderten, breiten Weg Richtung „Emerald Pools". Sie kommen an der Zion Lodge vorbei, überqueren die Parkstraße und erreichen nach 400 m die Brücke über den Virgin River. Dahinter wenden Sie sich nach rechts zu den „Lower Falls". Der betonierte Weg führt flussaufwärts und dann 300 m weiter nach links in den Heaps Canyon. Der Bewuchs wird jetzt dichter und Sie wandern im Schatten der Bäume gemütlich immer leicht aufwärts. Zurück ergeben sich schöne Blicke auf die farbenprächtigen Felswände des Zion. Bei km 1,3 ❶ erreichen Sie den Felsüberhang, vor dem sich der Lower

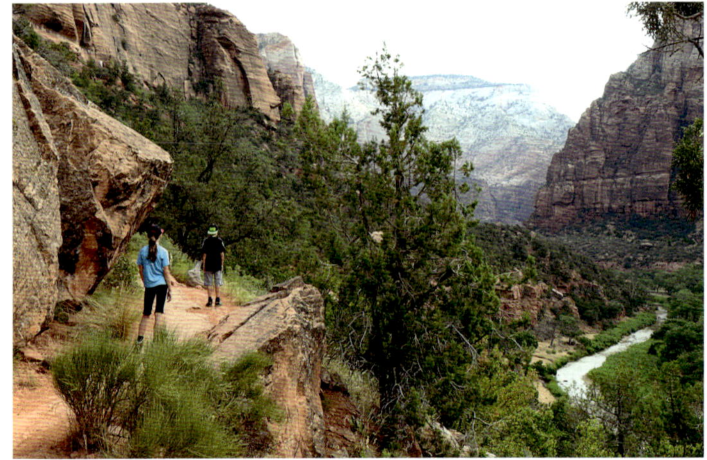

Fantastische Aussicht auf dem Kayenta Trail mit Blick nach Norden

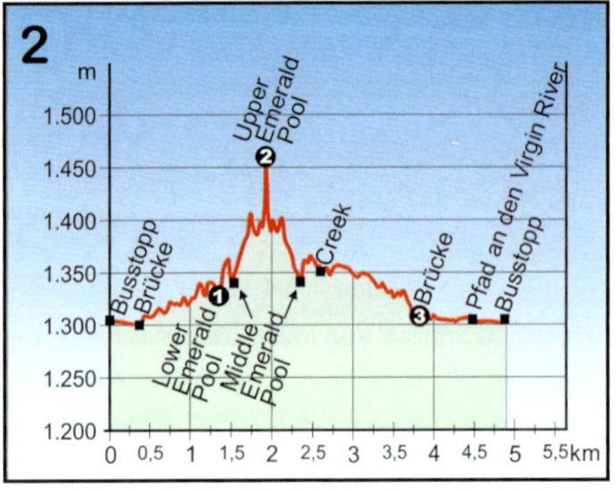

Emerald Pool befindet. Zwar schwankt der Wasserstand im Laufe des Jahres, doch werden die Pools und damit auch der Wasserfall ganzjährig durch Quell- und Sickerwasser versorgt. Der Weg führt durch den Felsüberhang und damit hinter dem tropfenden Wasser entlang.

Nach dem Überhang erreichen Sie ansteigend eine Kreuzung, an der Sie links hoch Richtung „Middle / Upper Pools" gehen. Wenig später laden zwei Steinbänke zu einer Rast mit schöner Aussicht ein. Einige Felsstufen leiten Sie durch zwei große Felsen hindurch. An der Verzweigung dahinter gehen Sie nach links Richtung „Middle / Upper Pools". Weitere Felsstufen bringen Sie zum Middle Pool. Sie befinden sich jetzt oberhalb des zuvor durchquerten Felsüberhanges. Sie queren das kleine Felsplateau des Middle Pool und wandern weiter bergauf. Jetzt wird der Weg steiler und schwieriger und führt sandig über viele Felsbrocken. Nach einem kurzen Slalom durch Felsen

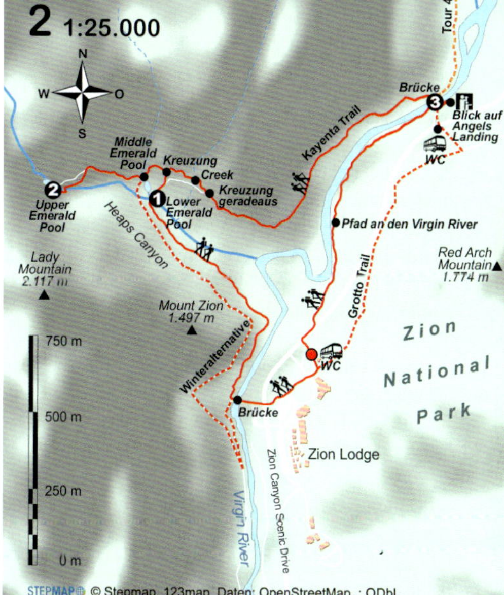

und kleine Baumstämme und einigen Metern bergab stehen Sie am sandigen Ufer des Upper Emerald Pool ❷. Eng wird die romantische Wasserfläche an drei Seiten von großen Felsblöcken umschlossen, darüber ragen die senkrechten Wände des Heaps Canyon in den Himmel. Am Rand dieser grünen Oase finden sich viele Steine für eine Rast, aber Vorsicht, hier leben viele Squirrels! Füttern Sie diese nicht und lassen Sie Ihren Proviant nicht aus den Augen!

Nachdem Sie diesen wunderschönen Platz genossen haben, machen Sie sich auf den Rückweg zum Middle Pool und wandern von dort abwärts bis zur Kreuzung oberhalb des Felsendurchganges. Diesen durchqueren Sie nicht, sondern gehen geradeaus Richtung „Grotto / Kayenta Trail". Es folgt ein kurzer Anstieg. Dann führt Sie der Kayenta Trail meist eben am Hang entlang. Die niedrige Vegetation ermöglicht fantastische Blicke auf die Felswände des Zion und zurück zu den Emerald Pools. Sind die Emerald Pools je nach Tages- und Jahreszeit ein echter Touristenmagnet und recht bevölkert, so können Sie ab jetzt viel mehr Ruhe erwarten!

Die prominenteste Gesteinsschicht des Zion Canyon, der Navajo-Sandstein, entstand im Jura, dem Zeitalter der Dinosaurier. Damals wurden durch starke Winde Sanddünen aufgetürmt und die Landschaft ähnelte denen der heutigen Ergs oder Sandmeere der Sahara. Von den Dinosauriern, die zu dieser Zeit hier unterwegs waren, wurden vor allem Fußspuren gefunden.

Der Weg führt Sie zurück ins Haupttal des Zion und oberhalb des Virgin River talaufwärts. Schließlich senkt er sich langsam und erreicht bei km 3,6 eine weitere Brücke über den Fluss ❸.

Nach Überquerung der Brücke sollten Sie sich für wenige Meter auf einen Trampelpfad nach links wenden. Sobald Sie aus den Bäumen heraustreten, öffnet sich der Blick auf den beeindruckenden Felsgrat von Angels Landing vor Ihnen.

Zurück vom kurzen Abstecher queren Sie den Hauptweg und wandern auf dem breiten Pfad durch die Flussauen des Virgin River abwärts.

↳ Bei hohem Wasserstand sollten Sie für den Rückweg den Grotto Trail wählen, denn der beschriebene Weg kann matschig und stellenweise überflutet sein. Dann folgen Sie dem Hauptweg zur Straße und queren diese. Hier wenden Sie sich nach rechts zur *picnic area* und folgen dem Grotto Trail dahinter nach rechts. Er bringt Sie durch ein waldiges und felsiges Stück, nur für etwa 250 m direkt neben der Straße, zurück zum Startpunkt.

In der Flussaue wandern Sie anfangs direkt oberhalb des Flusses, dessen Ufer hier teilweise mit Metallnetzen stabilisiert sind. Nachdem Sie ein Stück durch dichtere Büsche vom Fluss getrennt waren, erreichen Sie bei km 4,3 eine Stelle, wo Pfade ans hier sandige Flussufer führen.

Cottonwood trees, eine Art der Pyramidenpappeln, erheben sich hoch über die Auen des Virgin River. Sie werden bis zu 35 m hoch und bieten Rast- und Brutplätze. Im Frühjahr fliegen ihre Samen, umgeben von weißen, flauschigen Haarbällen, die der Baumart den Namen Cottonwood, „Baumwollbaum", einbrachten.

Rückblick vom Kayenta Trail auf die Emerald Pools in ihrem grandiosen Felsszenario

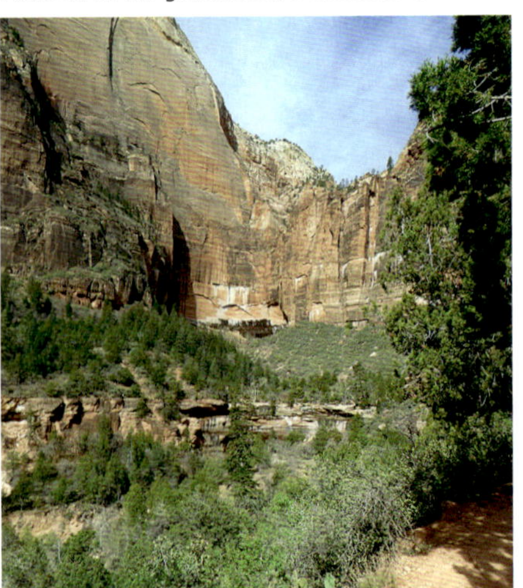

In der Folge erweitert sich das Flussbett, der Virgin River bildet zwei Kehren und auf der anderen Seite öffnet sich der Seitencanyon der Emerald Pools. An einer deutlichen Verzweigung, wo der Fluss nach rechts wegschwenkt, folgen Sie dem Weg geradeaus durch die Aue. Er führt Sie in Richtung Straße, die Sie über einige Stufen erreichen. Sie folgen ihr nach rechts und sehen 20m weiter beim Schild „Zion Lodge" auf der anderen Straßenseite einen kurzen Trampelpfad, der Sie zur Bushaltestelle bringt.

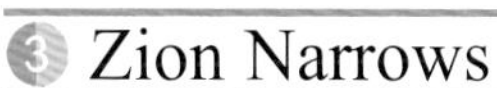

3 Zion Narrows

WC

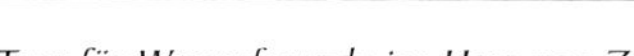

Tour für Wasserfreunde ins Herz von Zion , *Variante:*

Ab „Temple of Sinawava" geht es nur noch zu Fuß weiter – und das ist sehr lohnenswert! Erst wandern Sie 1,6 km neben dem Virgin River. Die immer enger zusammenrückenden roten Steilwände mit ihren aus Quellen gespeisten hängenden Gärten und der wunderschöne Kontrast zur grün bewachsenen Flussaue entschädigen vielfach für die Betonoberfläche des Weges. Und dann, wenn Wasserstand und Schuhwerk es zulassen, wird es nass und aufregend: Ab „The Narrows" bleibt nur noch der Weg durch das steinige Bett des Virgin River und auf schmalen Uferstreifen, ein ungewöhnliches und wirklich beeindruckendes Erlebnis. Einziger Haken: Dies ist eine der beliebtesten Touren Zions. Versuchen Sie deshalb sehr früh oder spätnachmittags zu starten, um mehr Ruhe für diese einzigartige Wanderung zu haben.

Start/Ziel: Busstopp 9 „Temple of Sinawava", GPS N 37°17.106' W 112°56.856'

3,1 km (bis The Narrows) bzw. 5,6 km (bis Narrows Alcove) bzw. 8,4 km (bis Orderville Canyon)

1 Std. bzw. 2 Std. 30 Min. bzw. 4-5 Std.

↑ ↓ 25 m/25 m bzw. 50 m/50 m bzw. 60 m/60 m

⇧ 1.355-1.380 m bzw. 1.355-1.405 m bzw. 1.355-1.415 m

betoniert bis The Narrows, dann über Steine und Kiesel und sandige Uferstreifen durchs Flussbett

150 m nach Start führt eine deutliche Wegverzweigung nach links ans Ufer, dort schöne Plätze.

WC am Start/Ziel

Bei niedrigem Wasserstand ein Riesenspaß für Kinder, solange das Ziel nicht zu weit gewählt ist.

Die Tour ist bis The Narrows ideal für Buggys.

zum Shuttlebussystem ☞ „Wandern im Zion National Park"

P zu Parkmöglichkeiten ☞ „Wandern im Zion National Park"

Am besten gehen Sie mit Turnschuhen. Knöchelhoch wäre ideal, aber es geht auch ohne. Wasserschuhe bieten auf dem teilweise groben Geröll zu wenig Schutz. Außerdem sollten Sie Wanderstöcke mitnehmen.

Bitte beachten Sie unbedingt die **Hinweise zu *flash floods*** im Kapitel „Reise-Infos/Naturgefahren"! Am Anfang des Weges gibt ein Schild die aktuelle Flutgefahr an, hierauf sollten Sie sich aber nur verlassen, wenn Sie nur kurz in den Canyon schnuppern wollen.

Um unnötige Zerstörung der Natur zu vermeiden, gehen Sie bitte im Fluss oder auf kiesigem Grund oder bleiben Sie auf den ausgetretenen Wegen.

Planen Sie Ihre Tour so, dass Sie auf jeden Fall im Hellen wieder aus den Narrows heraus sind, im Dunklen wird das Gehen im Fluss deutlich schwieriger.

Die Ausrüstung kann in Springdale geliehen werden, z. B. bei **ZionGuru**, $ 22 für knöchelhohe Canyoning-Schuhe, Neoprensocken und Wanderstock, $ 39 inkl. zusätzlicher Trockenhose in der kalten Jahreszeit,
www.zionguru.com, 792 Zion Park Blvd., Springdale, ☏ (001) 435-632-0432
Zion Rock & Mountain Guides, $ 20 für Schuhe, Neoprensocken, Stock, $ 35 mit Trockenhose, 1458 Zion Park Blvd., Springdale, ☏ (001) 435-772-3303,
www.zionrockguides.com/zion-national-park-outfitting,

Neben der aktuellen Gewittergefahr im Einzugsgebiet des Virgin River spielt der Wasserstand des Flusses die entscheidende Rolle dabei, ob der Weg in die Narrows möglich ist.

▷ Bei etwa 40-50 cfs (*cubic feet per second*) reicht das Wasser bei halbwegs geschickter Wahl des Weges einem Erwachsenen maximal bis gut Mitte Unterschenkel, einem Grundschulkind übers Knie, es erwartet Sie ein einfacher und angenehmer Spaß!
▷ Ab ca. 60 cfs ist der Weg aufgrund der teils starken Strömung für Kinder nicht mehr geeignet, das Wasser kann einem Erwachsenen bis Mitte Oberschenkel reichen.
▷ Ab 90-100 cfs sollten sich nur noch Canyoning-Erfahrene an die Erforschung der Narrows wagen, das stark strömende Wasser kann bis zur Hüfte reichen.
▷ Ab 150 cfs werden die Narrows von der Nationalparkverwaltung geschlossen.

Der Weg in die Schlucht des Zion River startet links neben dem Toilettenhäuschen an einer Infotafel. Nach wenigen Schritten erreichen Sie das Hinweisschild zur Gefahr von *flash floods*. Links von Ihnen windet sich der Virgin River durch den grün bewachsenen Talgrund, hier kaum noch 100 m breit, über Ihnen erheben sich die Felswände über 300 m fast senkrecht in die Höhe – ein beeindruckendes Szenario! Vorbei an hängenden Gärten und einem romantischen Pool und teils dicht an und unter den Felswänden geht es weiter flussaufwärts.

Die hängenden Gärten werden von Wasser gespeist, das durch den Sandstein der Canyonwände sickert. Auf der wasserundurchlässigen Kayenta-Schicht sammelt es sich. Wo es austritt, ermöglicht es ein dichtes Wachstum von Farnen, Blumen, Moosen und Gräsern. Hängende Gärten gibt es an mehreren Stellen in Zion, sie sind eines seiner Markenzeichen.

Kurz nach einer Verblockung des Flusses durch große Felsen endet der betonierte Weg ❶. Hier können Sie über ein paar Stufen ins Flussbett hinabsteigen. Üblicherweise geht es hier schräg flussaufwärts zur anderen Canyonseite, wo der Weg für vielleicht 50 m auf trockenem Grund fortgesetzt werden kann. Ab jetzt müssen Sie sich den besten Weg suchen, wobei der Fluss an den Außenseiten der Kehren oft am tiefsten ist. 400 m nach Beginn der Flusswanderung und in einer lang gestreckten Linkskehre fließen rechts die Mystery Falls über 40 m durch ein dichtes Moosbett aus einem Einschnitt hinunter.

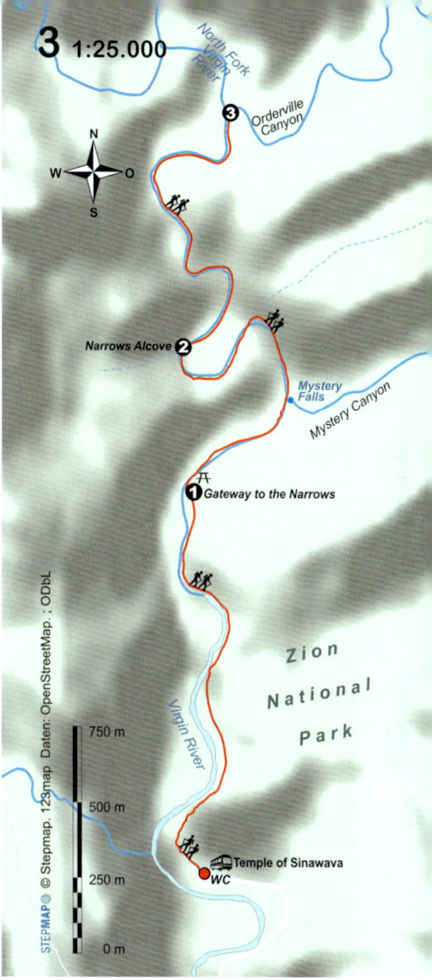

Oberhalb befindet sich der Mystery Canyon, eines der herausragenden ganztägigen Canyoning-Abenteuer Zions, deren zwölf begehrte Genehmigungen (*permits*) pro Tag per Lotterie vergeben werden. Auf der 8 km und 6-9 Stunden langen Strecke, die am East Mesa Trailhead startet, erwarten einen geheimnisvolle, enge und wundervoll ausgewaschene Felspassagen, 15 Abseilstrecken mit bis zu 40 m Höhe und viele kleinere Kletterpassagen.

Nur 800 m später bei km 2,8 – durch das langsame und anstrengende Gehen im Wasser gefühlt aber viel weiter – erreichen Sie Narrows Alcove, einen großen Überhang am Ende einer 180°-Rechtskehre ❷. Durch die nordöstliche Ausrichtung ist dies eine der Stellen, wo Sie morgens zuerst die Sonne in der engen, hohen Schlucht erwarten können.

Vorbei am Grotto Alcove erreichen Sie die Einmündung des Orderville Canyon bei km 4,2 ❸.

Wenn Sie noch weiter wandern möchten, haben Sie jetzt die Qual der Wahl: rechts (Orderville Canyon) oder geradeaus (Zion Narrows)?

▷ Zion Narrows, großartig, düster und beeindruckend: Ab hier heißt der enge Canyon sehr treffend „Wall Street". Der Fluss windet sich durch immer enger zusammenrückende Felswände, wenig Licht dringt nach unten, Flecken mit grünem Bewuchs wechseln sich ab mit hohen Engpassagen, stellenweise wird das zwischen die Felsen gezwängte Wasser deutlich tiefer. Besonders spektakulär wird es 1,5 km weiter bei nur noch etwa 5 m Schluchtbreite und 300 m hohen Wänden. Etwa 3 km bis Big Springs dürfen Sie als Tageswanderer ab der Einmündung des Orderville Canyon noch gehen.

▷ Orderville Canyon, einsamer und für Abenteurer: Zuerst erwartet Sie eine sehr enge Passage, der kleine Bach am Grund kann durch eingetragene Pflanzenreste schlickig und rutschig sein. Dann weitet sich der Canyon zu beeindruckend farbenprächtigen Wänden und wird danach abwechslungsreich mit tieferen Pools, durch die Sie eventuell schwimmen müssen, und kleinen Wasserfällen. Beim ersten helfen in den Fels geschlagene Tritte beim Aufstieg. Bedenken Sie auch in der Folge, dass der Abstieg immer schwieriger ist als der Aufstieg. Springen Sie nie in die Pools am Ende der Wasserfälle, sie sind nicht tief genug.

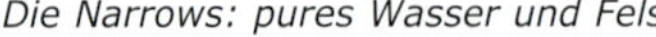

Die Narrows: pures Wasser und Fels

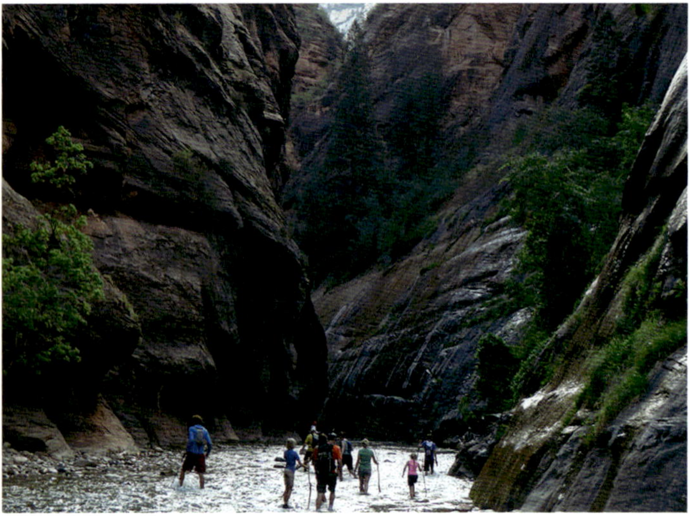

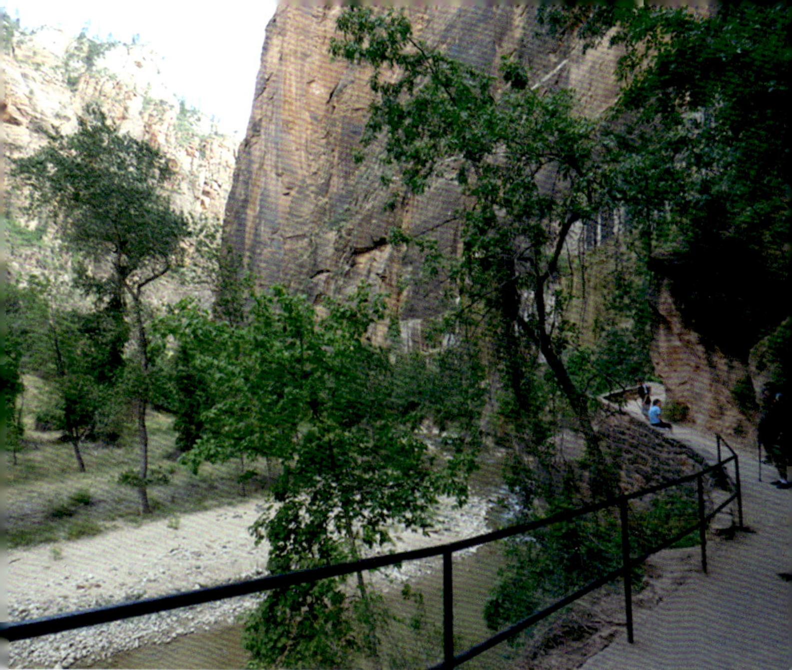

Frühmorgens auf dem Riverside Walk: links plätschert der Virgin River und auf der gegenüberliegenden Flussseite strahlen die hohen Felswände im Morgenlicht

Zurück aus den Zion Narrows gehen Sie auf demselben Weg, wobei Sie dabei in der Regel schneller sind als aufwärts.

☺ Die Zion Narrows können mit einer Übernachtung am Fluss auch von oben nach unten durchwandert werden, ein Abenteuer der besonderen Art, aber auch anstrengend, weil es für viele Kilometer über große Flusskiesel und durch Wasser geht. Der Start liegt auf der Chamberlain's Ranch nordöstlich von The Narrows am North Fork Virgin River. Bei ZionGuru kostet der Shuttle $ 150 (Kontaktdaten ☞ Tipp zur Ausrüstung oben). Für die Übernachtung am Fluss benötigt man eine Erlaubnis (*permit*).

♦ ➲ 26 km, 💻 www.nps.gov/zion/planyourvisit/narrowstopdown.htm

④ Angels Landing

Tour für Gratwanderer

Diese Wanderung gilt als die beliebteste im Zion – auch wenn „Wanderung" es nicht wirklich trifft. Die Tour ist eine überraschende Mischung aus steilen, betonierten Serpentinenanstiegen, einem unerwarteten romantischen Canyon und dem Weg über den Grat des Angels Landing: 450 m über dem Virgin River und oberhalb von fast 300 m hohen, senkrechten Felswänden sichert eine Kette den felsigen, teilweise nur gut 1 m breiten Weg. Das Wort „ausgesetzt" ist hier nicht übertrieben. Auf dem Plateau, auf dem früher nur Engel landen konnten, erwartet Sie eine grandiose Rundumsicht. Eine absolut beeindruckende und faszinierende Tour – für trittsichere, schwindelfreie und nervenstarke „Wanderer".

Start/Ziel: Busstopp 6 „The Grotto", GPS N 37°15.562' W 112°57.081'
7,3 km
3-5 Std.
460 m/460 m
1.300-1.765 m
betoniert bis Scout Lookout, dann felsig und ausgesetzt auf einem schmalen Grat, mit Kette gesichert
Scout Lookout (km 3 bzw. 4,3), Angels Landing (km 3,6)
WC am Start/Ziel
für sportliche und schwindelfreie Jugendliche in Begleitung nervenstarker Eltern eine spannende Herausforderung, für Kinder aufgrund der Absturzgefahr völlig ungeeignet
zum Shuttlebussystem ☞ „Wandern im Zion National Park"
zu Parkmöglichkeiten ☞ „Wandern im Zion National Park"
Der letzte Kilometer dieser Wanderung hat deutliche Ähnlichkeit mit einem Klettersteig!
Weil der Weg schattenlos und sehr beliebt ist, sollten Sie im Sommer sehr früh starten. Zur Hauptzeit kann es zu Stau an den Engstellen auf Angels Landing kommen.
Selbsterklärend ist, dass diese Tour nicht bei Regen, stärkerem Wind, Eis und Schnee oder Gewitter begangen werden darf.
☺ Die Aussicht am Scout Lookout zu genießen und dann umzukehren ist keine Schande! Lohnend ist es auch, von dort den West Rim Trail etwas weiter hoch zu laufen, um die Aussicht von einem höheren Standpunkt auf Angels Landing zu erleben.

Von der Bushaltestelle aus überqueren Sie die Parkstraße über den Zebrastreifen und folgen dem breiten Weg Richtung Virgin River. An einem Informationsschild über den Angels Landing Trail liegt der eigentliche Startpunkt der Wanderung. Die Brücke bringt Sie auf die andere Seite des Flusses und dort wenden Sie sich rechts auf den West Rim Trail. Für etwa 750 m folgt der betonierte Weg der Flussaue. Wo der Fluss von der Felswand des Angels Landing nach rechts gezwungen wird, führt Ihr Weg in Kehren weiter geradeaus auf den Einschnitt des Refrigerator Canyon zu.

Mit Erreichen der Wand folgt der erste steile Anstieg. In einigen Serpentinen windet sich der Weg durch die fast senkrechte Wand, teils in dieselbe geschlagen, teils von Mauern gestützt, und wird dabei im Verlauf immer steiler. Morgens sind Sie hier im Schatten unterwegs. Dann umrundet der Weg einen großen Felsvorsprung, wendet sich unvermittelt vor einer fast senkrechten Wand nach links, führt über eine kleine Brücke und erreicht den Anfang des Refrigerator Canyon ❶. Die enge Schlucht wird von der fast senkrechten Wand von Angels Landing zur Rechten und dem noch höheren Cathedral Mountain zur Linken gebildet. Sie ist erstaunlich dicht mit Douglasien bewachsen und hat ein ganz anderes Mikroklima als die exponierten Felswände.

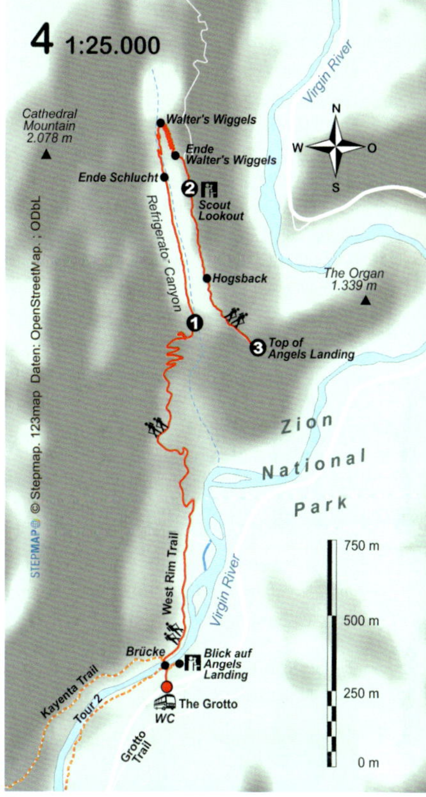

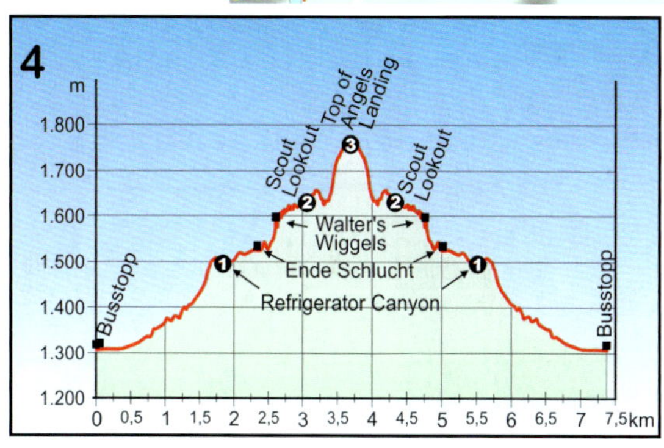

Durch diese Schlucht wandern Sie für gut 600 kühle und wenig ansteigende Meter. Dann öffnet sich die enge Passage und Ihr Weg beginnt am rechten Hang anzusteigen. Nur 200 m weiter stehen Sie vor Walter's Wiggels.

Der schmale Felsgrat, der den Virgin River zusammen mit den vorgelagerten Felsen von The Organ zu einer 180°-Kehre zwingt, galt lange als unbezwingbar. Seinen Namen erhielt er 1916 von Frederick Vining Fisher, einem Methodistenpfarrer, denn er dachte: „Only an angel can land on it". Als eine Begehung von 1923 in Zeitungen gepriesen wurde, kam die Idee auf, einen sicheren Weg zu bauen, um den Tourismus zu fördern. Dieser wurde u. a. von Walter Ruesch, dem ersten Leiter des Zion National Park, geplant und bereits 1926 fertiggestellt.

21 scharfe Kehren wurden in den schmalen, steilen Vorsprung gebaut. Als „Walter's Wiggels" tragen sie den Namen ihres Architekten.

Nachdem Sie diese Herausforderung bezwungen haben, erreichen Sie nach 3 km den Scout Lookout, einen schönen Platz zum Luftholen und für ein Picknick ❷. Bis hierhin war Ihre Tour nur kräftezehrend, ein Warnschild weist auf den nun folgenden nervenzehrenden Teil hin, der sich vor Ihnen erhebt.

Sie haben noch knapp 700 m vor sich, die Wegfindung ist im Prinzip einfach: immer entlang der Ketten, die nur wenige Meter nach Scout Lookout beginnen. An einer ersten Engstelle ist das Seil rechts direkt am Fels gespannt, nach links erstreckt

Tief unten liegt der Virgin River noch im morgendlichen Schatten, am Grat des Angels Landing strahlen Sonne und Wanderer um die Wette

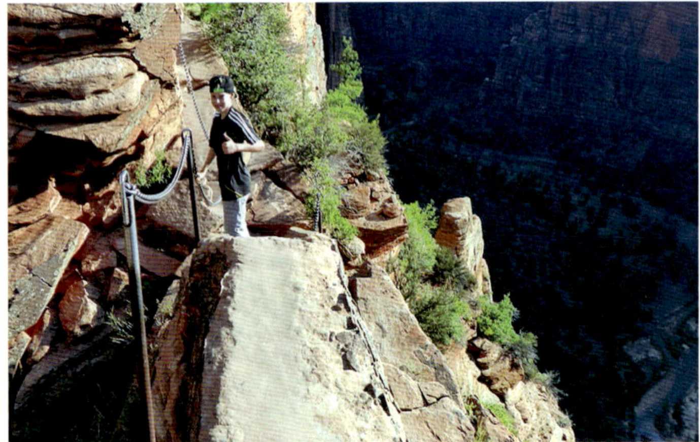

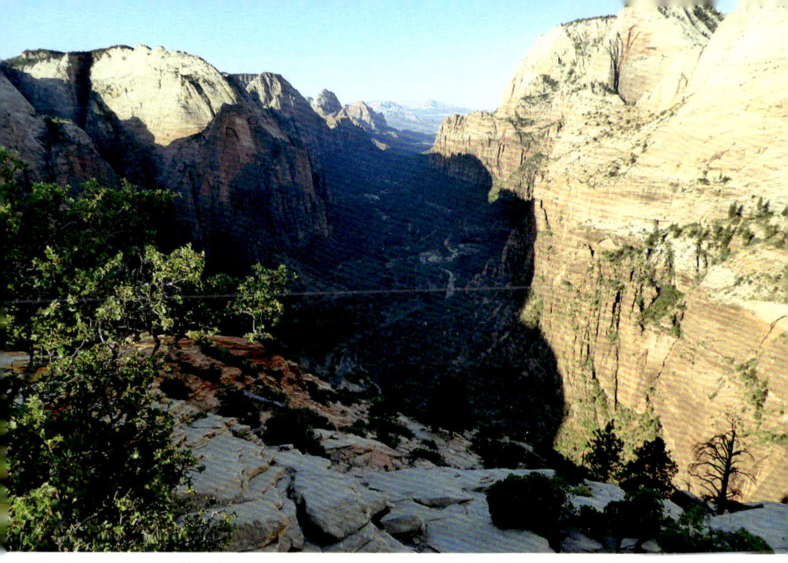

Der Lohn der Anstrengung: ein atemberaubender Blick über Zion, hier nach Süden

sich gut 1 m Weg, mit einzelnen kleinen Büschen begrenzt, daneben geht es senkrecht abwärts. Dann führt der Weg von der Felswand auf einen Grat mit dem treffenden Namen „Step of Faith" – hier ist Vertrauen gefragt. Wenn Sie diesen passiert haben, geht es steil aufwärts auf den „Hogsback", Schweinerücken. Ist anfangs zumindest auf einer Seite der Kette noch Fels, so erwartet Sie auf den letzten 100 m ein etwa 1,5 m breiter Felsgrat, gebildet aus schräg stehenden Felsplatten, an dem es auf beiden Seiten gut 300 m senkrecht in die Tiefe geht – nichts für schwache Nerven.

Dann stehen Sie auf dem Landeplatz der Engel, groß genug für eine gemütliche Rast ❸. Nach vorne fällt der Blick 500 m tief auf den Virgin River, der sich um die wie Orgelpfeifen abgestuften roten Felsen von The Organ windet. Eine alternative Erklärung des Namens lautet übrigens, dass der Wind, der durch die Felsstufen pfeift, den Klang einer Orgel hat. Im Südosten steht der riesige Felsklotz des Cable Mountain, südlich daneben erhebt sich der markante Tafelberg des Great White Throne mit seinen schräg zulaufenden Wänden 750 m über den Virgin River. Die dünne Schicht der erosionsstabilen Temple Cap Formation oberhalb der hohen Navajo-Sandstein-Wände ermöglicht die großen, ebenen Gipfelplateaus.

Richtung Nordosten blicken Sie hoch zum Observation Point und den Virgin River aufwärts in das Amphitheater des Sinawava Temple. Nach Westen erhebt sich der ebenfalls mit einem Plateau gekrönte Cathedral Mountain.

Von hier aus gehen Sie auf gleichem Weg zurück.

5 Observation Point

Tour für Liebhaber grandioser Aussichten und einsamer Wege

Wer die ganze Größe und Vielfalt von Zion ohne Menschenmassen genießen möchte, ist hier richtig! Auf guten Wegen ersteigen Sie steile Abhänge, durchwandern eine wunderschöne rote Schlucht, erhaschen Blicke ins Hinterland des Nationalparks und streifen durch die lichte Vegetation auf dem Plateau. Zum krönenden Abschluss stehen Sie so hoch über Zion, dass sich der Felsgrat des Angels Landing 200 m unter Ihnen auf der anderen Seite des Virgin River erstreckt. Für uns die schönste Tagestour im Zion, da sie neben allen landschaftlichen Vorzügen wegen der geringeren Besuchermengen auch Muße und Ruhe gibt, die grandiose Natur auf sich wirken zu lassen.

Start/Ziel: Busstopp 7 „Weeping Rock", GPS N 37°16.247' W 112°56.365'
12 km
4 Std. bis 5 Std. 30 Min.
660 m/660 m
1.340-1.983 m
gut ausgebauter, breiter Weg, erste 2 km betoniert, dann felsig-steinig oder festgetretener Sand, teilweise an steilen Abhängen, auf dem Plateau etwas sandig
Observation Point (km 6)
wegen der Länge und der Steigung nur für größere, wandererprobte und zuverlässige Kinder geeignet, nie ausgesetzt, aber teilweise direkt oberhalb steiler Abhänge
zum Shuttlebussystem ☞ „Wandern im Zion National Park"
zu Parkmöglichkeiten ☞ „Wandern im Zion National Park"
Nehmen Sie genug Getränke mit und starten Sie bei sommerlicher Hitze möglichst früh.

Von der Bushaltestelle folgen Sie der Straße etwa 10 m weiter talaufwärts und gehen dann rechts in den Wendehammer. Kurz vor dessen Ende biegen Sie nach rechts ab. Der Fußweg führt Sie über eine Brücke. Bei der Infotafel zum Weeping Rock gehen Sie weiter geradeaus.

An der Kreuzung führt der Weg nach links zum Weeping Rock. Der Weg endet nach 150 m unter einem großen Felsüberhang, der eine schöne Sicht auf das Tal bietet und vor dem ein Tropfenvorhang herabrieselt. Seine Wände sind grün bewachsen, ein hanging garden.

Wenig später zeigt eine Markierung an, dass Sie sich auf dem East Rim Trail befinden. Jetzt folgt der Anstieg in die vor Ihnen aufragende Felswand, auf den nächsten

1,5 km überwinden Sie fast 200 Höhenmeter. Auch wenn der Anblick es nicht vermuten lässt, ist der Weg breit und gut zu gehen. Bei km 1,2 passieren Sie den Abzweig zum Hidden Canyon ❶.

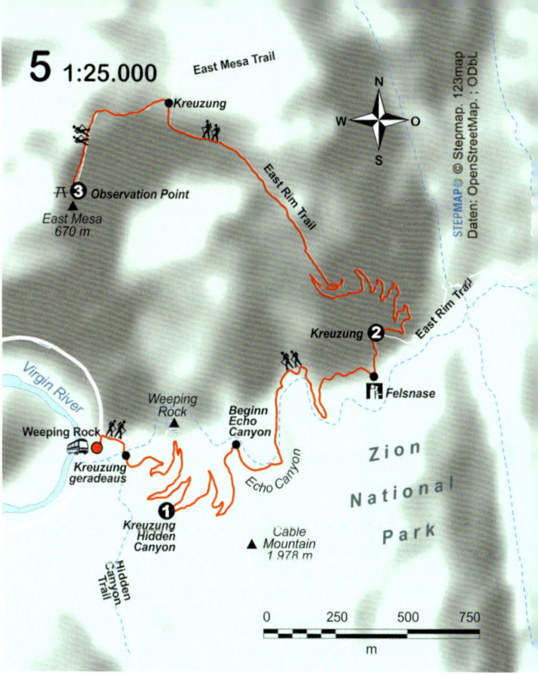

☞ Ein abenteuerlicher Seitentrail mit kleinen Kletterpartien führt in den Hidden Canyon. Ab dem Abzweig bei ❶ erklettern einige enge Serpentinen einen Grat. Entlang der Canyonwand und mithilfe einiger Ketten erreichen Sie auf der anderen Seite

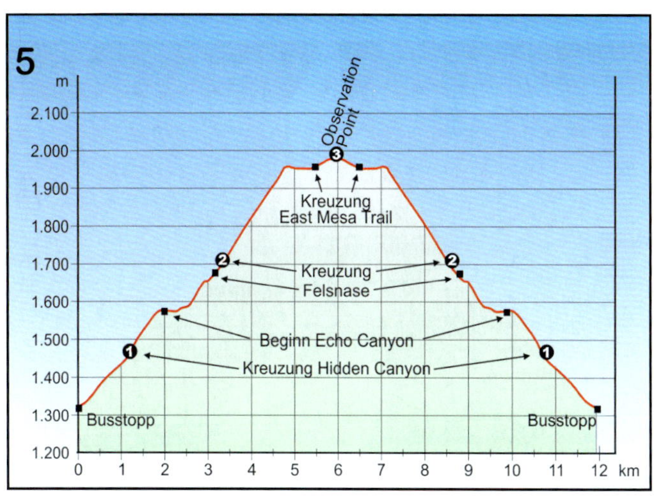

ein schattiges Tal. Hidden Canyon befindet sich hinter einem zweiten Felsgrat auf der Gegenseite. Der Anstieg erfolgt über in den Fels gehauene Stufen und ist mit Ketten gesichert, nichts für Menschen mit Höhenangst. Der offizielle Trail endet am Beginn von Hidden Canyon. Ab hier lässt sich der Canyon für weitere etwa 1,5 km erforschen. Wassergefüllte Felslöcher, ein Felsbogen, dicht bewachsene Passagen und farn- und moosbehangene Felswände im Wechsel mit offenen, sandigen Bereichen erwarten den Wanderer. Im Laufe des Weges nehmen die Hindernisse in Form von zu überkletternden Felsen zu. Die letzte, fast 10 m hohe Barriere bildet den Umkehrpunkt dieses Abstechers.

Weiter geht es bergauf, bis Ihr Weg nach einer langen Querung des steilen Felshanges bei km 2 in den Echo Canyon einbiegt.

Steile rote Felswände, die die Struktur der ursprünglichen Dünen offenbaren, erheben sich über Ihnen. Den Grund links von Ihnen hat der temporäre Creek wunderschön in runde Löcher und Wellen geformt. Dann quert der Weg das Bachbett und je weiter Sie in die Schlucht vordringen, umso enger wird sie.

Schließlich verlassen Sie dieses Wunderwerk der Natur und umwandern in zwei Kehren eine spitze Flanke des Cable Mountain, der sich südlich von Ihnen erhebt.

Bei km 2,7 und einer engen 180°-Kehre entfernt sich der Weg vom Talgrund und steigt am Hang empor. Vereinzelte Bäume am Wegrand bieten Schatten. 400 m weiter umrunden Sie eine Felsnase, die den Blick auf das beeindruckende Tal oberhalb mit

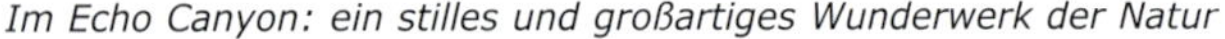
Im Echo Canyon: ein stilles und großartiges Wunderwerk der Natur

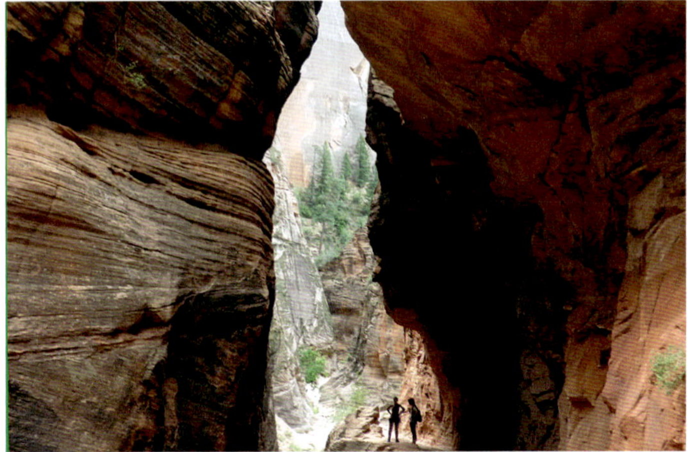

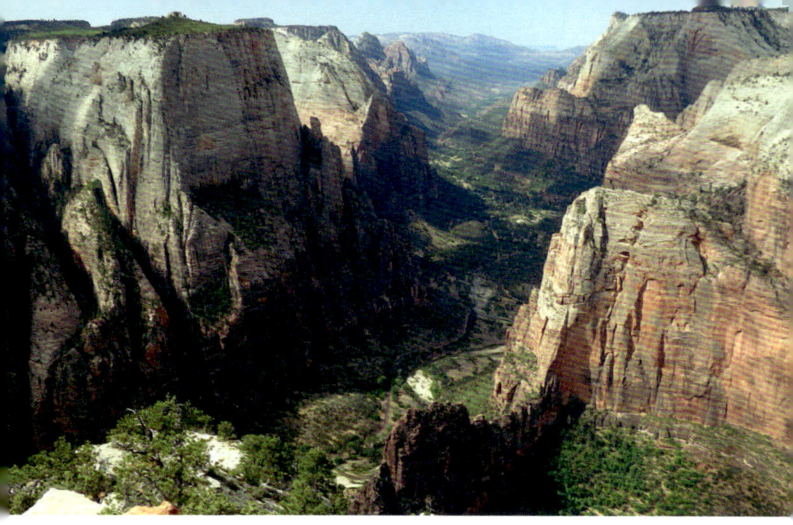

Am Observation Point: unglaubliche Größe, Weite, Tiefe - die beeindruckendste Aussicht von Zion!

seinen aus der weißen Temple Cap Formation geformten, mit grünen Vegetationsflecken besprenkelten Bergriesen freigibt. Gut 100 m weiter, direkt nach der Querung eines Felseinschnittes, gehen Sie an der Verzweigung mit dem East Rim Trail links bergauf zum Observation Point (km 3,3, ❷). 1,5 km mit 250 Höhenmetern liegen vor Ihnen: Auf betonierten Serpentinen wandern Sie an einem grün bewachsenen Hang hoch, dann führt der Weg um die Felsspitze und bringt Sie in zwei letzten Kehren die steile Felswand bergauf. Schließlich erreichen Sie das Plateau. Ab jetzt wird es zwar sandig, aber dafür weitgehend eben und einfach. Sie folgen dem breiten Pfad, der durch buschiges Grün führt. Bei km 5,5 gehen Sie an der beschilderten Kreuzung nach links Richtung Observation Point. Nur noch 500 m, dann erreichen Sie die südwärts gerichtete Spitze der East Mesa, 670 m über dem Talgrund des Zion Canyon ❸.

Ein Blick genügt und Sie wissen: Sie stehen am beeindruckendsten Aussichtspunkt über Zion. Von oben schauen Sie auf Angels Landing und seinen Ausläufer The Organ, dahinter erheben sich die Plateaus von Cathedral Peak und Mount Majestic, weiter südlich schiebt sich The Sentinel ins Bild. Die linke Talseite bilden Great White Throne, Deer Trap Mountain und die Ausläufer des East Temple, in der Ferne erheben sich die Berge der Canaan Mountain Wilderness. Dazwischen schlängelt sich der Virgin River durch seine grüne Flussaue. Hier ist der ideale Platz für ein Picknick auf Felsen.

Zurück geht es auf gleichem Weg.

Bryce Canyon

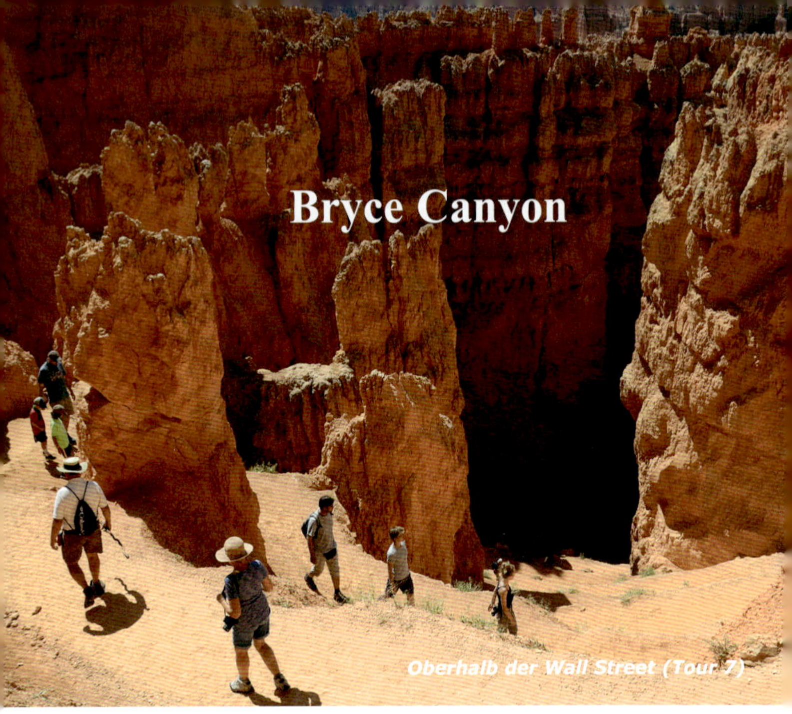

Oberhalb der Wall Street (Tour 7)

Grand Staircase – gigantische Treppe

Auch wenn die Übersetzung eher frei ist, trifft sie die Bedeutung: Als Grand Staircase wird eine gewaltige Abfolge von Sedimentgesteinen bezeichnet, die durch schräge Anhebung und anschließende Verwitterung „Treppenstufen" von mehreren Hundert Metern Höhe ausbildete. Der Geologe Clarence Dutton beschrieb diese erstmals in den 1870er-Jahren. Sie ist Teil des Colorado-Plateaus, befindet sich im südlichen Utah und nördlichen Arizona und beherbergt unter anderem die Nationalparks Grand Canyon, Zion und Bryce.

Die gesamte Sedimentfläche erstreckt sich vom Grand Canyon etwa 190 km Richtung Norden und ist etwa 240 km breit. Auf dieser Fläche begann die Ablagerung vor 525 Mio. Jahren und dauerte bis vor 50 Mio. Jahren an.

Dabei bildeten sich 5.000 m mächtige Sedimente, die in den damals hier wechselnd vorkommenden flachen Meeren, Flussdeltas oder Küstenregionen abgelagert wurden.

Vor 65 Mio. Jahren begann sich die Schichtfolge zu heben, um schließlich 1.500 bis 3.000 m. Dabei wurde sie teilweise verbogen und schräg gestellt. Im Süden (Grand Canyon) hob sie sich am stärksten. Gleichzeitig begann die Erosion der oberen Schichten, die im weiter angehobenen südlichen Teil deutlich umfangreicher verlief. Weiche Sedimentlagen wie Mergel und Ton erodierten schneller und bildeten Plateaus auf dem darunterliegenden harten Gestein. Harte Gesteine wie Sand- und Kalkstein brachen in Steilkanten ab, wenn das darunterliegende weiche Gestein fortgespült wurde. Gleichzeitig schnitten sich Flüsse in das Gestein und bildeten große Schluchten wie Grand Canyon, Zion und Paria Canyon aus.

Die Schichten des Grand Staircase decken eine für uns unvorstellbar lange Zeit ab. Zur Veranschaulichung hier zwei Beispiele: Vor 550 Mio. Jahren – der Zeit der ältesten Schichten – existierte der südliche Großkontinent Gondwana, vor 60 Mio. Jahren – zur Zeit der Ablagerung der jüngsten Schichten – waren die heutigen Kontinente deutlich sichtbar, wenn auch noch nicht so weit auseinandergedriftet. Evolutionär begann die Zeitspanne mit der Entwicklung der ersten primitiven Wirbeltiere, aalähnlicher Wesen mit Knorpel-Stützgerüst, es folgten der Landgang erster Amphibien vor 300 Mio. Jahren und die Herrschaft der Dinosaurier vor 230 Mio. Jahren sowie schließlich die Ausbreitung der Säugetiere vor etwa 66 Mio. Jahren.

Die ursprünglich fünf Stufen sind heute wesentlich weiter unterteilt, jedoch am ehesten für Laien in der Landschaft erkennbar. Die folgende Aufzählung beginnt im Süden und bei der ältesten der fünf „Treppenstufen“:

- Chocolate Cliffs – bestehen aus Moenkopi und Chinle Formation, 200-245 Mio. Jahre alt, bilden eher schwache Klippen, zu sehen zwischen Kanab und Fredonia und im Pipe Spring National Monument
- Vermilion Cliffs – gebildet aus Moenave und Kayenta Formation, 165-200 Mio. Jahre alt, erheben sich u. a. eindrucksvoll am Hwy. 89 bei Kanab und am Hwy. 89A zwischen Jacob Lake und Marble Canyon (*vermilion* bedeutet zinnoberrot).
- White Cliffs – bestehen aus Navajo Sandstone und Carmel Formation, 150-185 Mio. Jahre alt, formen bis zu 800 m hohe, steile Felswände, zu sehen im Zion National Park
- Grey Cliffs – Wahweap Formation, 90-130 Mio. Jahre alt, enthalten viele Fossilien, zu sehen nördlich von Kanab und entlang des Hwy. 89 zwischen Zion und Bryce Canyon
- Pink Cliffs – Claron Formation, 40-60 Mio. Jahre alt, treten im Bryce Canyon zutage

Neben den genannten Stellen bietet der Hwy. 89A ca. 22 km nördlich von Jacobs Lake in Richtung Fredonia einen grandiosen Blick über die lang gestreckten Felsstufen der Vermilion und White Cliffs.

Bryce Canyon – im Land der mythischen Felssäulen

Im Bryce Canyon begeben Sie sich ins steinerne Märchenland: unglaubliche und bizarre Felsformationen erwarten Sie, von strahlend weiß über gelb, orange, rosa bis tiefrot, geschaffen durch Erosion einer Kalksteinschicht aus der Zeit, als die Säugetiere sich rasant in viele unterschiedliche Arten entwickelten. Sie erzählen vom sinkenden Schiff, dem Palast der Feenkönige, einer magischen Waffe des germanischen Gottes Thor, dem Garten und Standbild von Königin Victoria, einer chinesischen Mauer und vielem mehr. Nach den Legenden des früher hier lebenden Volks der Paiute erinnern die Felssäulen an versteinerte Legendenwesen und übersetzt heißt „Hoodoo" nicht nur Felsenpfeiler, sondern auch Unglücksbote. Welcher dieser Aspekte Sie auch am meisten anspricht, faszinierend sind die Felstürme, Zinnen und Mauern allemal.

Tatsächlich bedeckte vor 40-60 Mio. Jahren ein riesiges, sich ständig verschiebendes und wandelndes System flacher Seen die Gegend und lagerte Kalkschlämme ab. In tieferen Gewässern waren diese sehr rein und bildeten weißen Kalkstein. Richtung Ufer nahmen Schlamm-, Sand- oder Kiesanteile mit Eisen- und Mangangehalt zu und sorgen heute für die orangerotbraune oder ins Lilarosa reichende Färbung. Diese Schicht, die Claron Formation, bildet die Pink Cliffs der Grand Staircase, die oberste und jüngste der riesigen Felsstufen der Grand Staircase. Im Bereich des Bryce Canyon bilden diese Klippen mehrere Halbrunde. Deshalb ist der Begriff „Canyon" eigentlich falsch, es handelt sich um Abbruchkanten des Paunsaugunt- und Aquarius-Plateaus. Wind, Regen- und Schmelzwasser sowie Frostbruch erodierten die Steilwand zu dem Meisterwerk, vor dem der staunende Besucher heute steht.

Besiedelt wurde das Gebiet in der Neuzeit vom östlich gelegenen Tal des Paria River aus. Mormonen betrieben Viehzucht und schickten den Zimmermann Ebenezer Bryce, um einen Zugang zum Plateau und zu den dortigen Holzvorkommen zu bauen. Er errichtete seine Hütte im Tal östlich des Sunset Point und versuchte wenige Jahre erfolglos, die Überflutungen nach Starkregen und langen Trockenzeiten mit Kanälen zu regulieren. Von ihm stammt der Ausspruch „A hell of a place to loose a cow", „Ein Höllenplatz, wenn man eine Kuh verliert" – eine wenig romantische, aber verständliche Sichtweise dieses Naturwunders!

Wandern im Bryce Canyon National Park

Bryce Canyon ist die Abbruchkante eines Hochplateaus und liegt auf etwa 2.400 m Höhe! Dadurch sind die Temperaturen insgesamt kühler als z. B. im Zion mit kaltem Winter, wechselhaftem Frühjahr, warmen Sommern mit bis zu 30° C und warmen bis

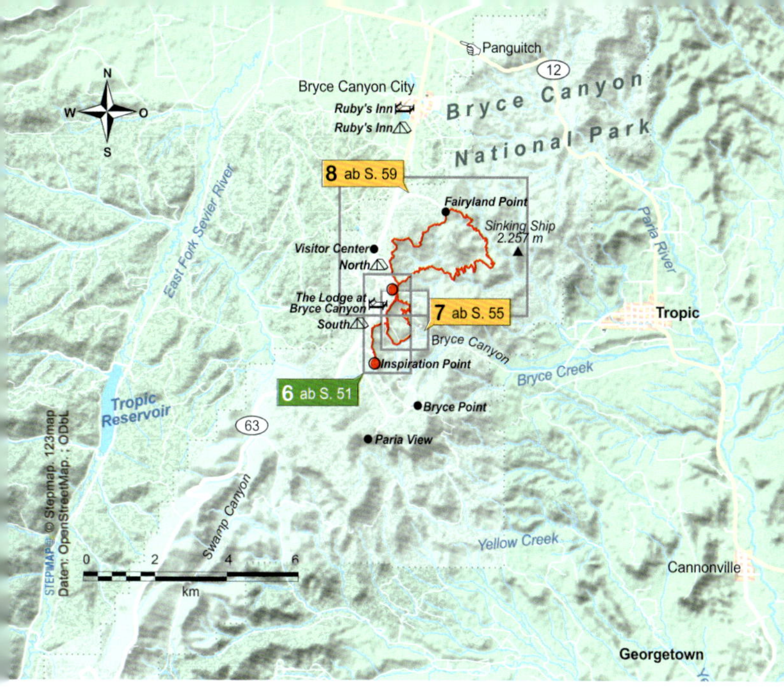

milden Herbsttemperaturen bis in den Oktober. Die Sonneneinstrahlung ist wegen der Höhe und der sehr klaren Luft ausgesprochen intensiv. Auch hier kann es im Sommer zu heftigen Nachmittagsgewittern kommen und ganzjährig zu Blitzeinschlägen. Wenn Sie den Donner hören, sind die Blitze nur noch maximal 16 km entfernt, verlassen Sie dann sofort alle ungeschützten oder freien Stellen, vor allem an der Abbruchkante, und suchen Sie zum Schutz Gebäude oder ein Fahrzeug auf.

www.nps.gov/brca/planyourvisit/lightning-safety.htm

Berücksichtigen Sie außerdem, dass jeder Weg runter vom Rim wieder hochgewandert werden muss und sich die Höhe dabei durchaus bemerkbar machen kann. Denken Sie an Wetterschutz und reichlich Getränke!

Für kleine Fahrzeuge ist der Park ganzjährig geöffnet. Für alle Fahrzeuge länger als 25 ft (Wohnmobile) gelten jedoch von April bis Oktober beschränkte Parkregelungen: Parken ist an der Shuttlebus-Haltestelle 5 km nördlich in Bryce Canyon City, im Overflow Parking gegenüber dem Visitor Center, auf den Campingplätzen nur für Camper, entlang der Sunrise Point Loop Road auf Parkplätzen parallel zur Straße und südlich der Zufahrtsstraße zu Inspiration/Bryce Point (mile marker 3) erlaubt.

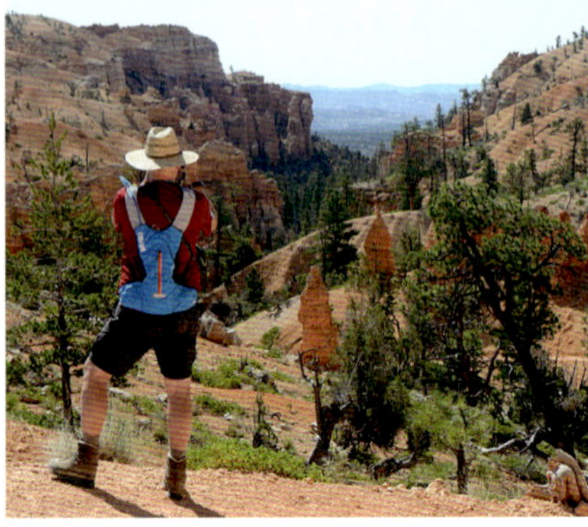
Blick in den Fairyland Canyon (Tour 8)

Von Mai bis Oktober fahren Shuttlebusse im Park. Sie operieren etwa viertelstündlich von 8:00 bis 18:00 bzw. im Sommer bis 19:00. Sie starten 5 km vor dem Parkeingang, wo sich ein großer Parkplatz und Unterkünfte befinden, und fahren das Visitor Center und die zentralen Aussichtspunkte an. Der Shuttlebus-Plan wird bei Einfahrt in den Nationalpark ausgeteilt. (Vorsicht: Auf dem Rückweg werden nicht alle Haltestellen angefahren!)

Unterkünfte

Im Nationalpark befinden sich zwei Campingplätze:

⛺ North Campground, ideal für den Fairyland Loop

♦ South Campground, auf der vom Canyon abgewandten Straßenseite südlich des Sunset Points
beide: first come, first served, schön unter Kiefern angelegt, füllen sich im Sommer nachmittags, Zelte $ 20, Wohnmobil $ 30

🛏 The Lodge at Bryce Canyon, Bryce Canyon National Park, Bryce, Utah 84764, nahe am Rim zwischen Sunrise und Sunset Point, ☎ (001) 877-386-4383,
💻 www.brycecanyonforever.com, Studio ab $ 170, Motelzimmer ab $ 200, Cabins ab $ 220

In Bryce Canyon City, einer kleinen Ansammlung vor allem von Hotels und Tourenanbietern, gibt es u. a.:

🛏 ⛺ Best Western Ruby's Inn, 26 South Main Street, ☎ (001) 800-780-7234,
💻 www.bestwestern.com, Zimmer ab $ 63, wird vom Parkshuttle angefahren
Dazugehörig: Ruby's Campground, ☎ (001) 866-878-9373,
💻 www.brycecanyoncampgrounds.com, Zelt $ 32, Wohnmobil ab $ 42

🛏 Außerdem wird das Best Western Plus Grand Hotel vom Parkshuttle direkt angefahren. 30 N 100 E, ☎ (001) 800-780-7234, 💻 www.bestwestern.com, Zimmer ab $ 80

⑥ Rim Trail

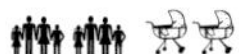

Tour für Panorama- und Felsenfans

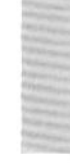

Unablässig scheinen sich die faszinierenden, vielfarbigen Felstürme von Bryce zu ändern, durch Licht und Schatten, Standpunkt und Perspektive. Vorsprünge, Bögen, Zinnen, Löcher, Hüte, Gesichter, Fabelwesen, der Fantasie sind hier keine Grenzen gesetzt. Machen Sie sich auf den Weg, um dieses faszinierende Schauspiel zu entdecken! Immer oben an der Abbruchkante entlang erfordert der Weg keine größeren Anstiege und gibt Zeit, dieses Wunderwerk zu bestaunen und die weite Aussicht zu genießen. Wer etwas mehr Einsamkeit braucht, wird vor allem den Abschnitt zwischen Inspiration und Sunset Point genießen.

→ Start: Busstopp 4 "Inspiration Point", GPS N 37°36.932' W 112°10.238'; Ziel: Busstopp 8 "Sunrise Point", GPS N 37°37.857' W 112°09.864'

3,1 km

1 Std.

↑↓ 45 m/160 m

⇧ 2.425-2.530 m

breit ausgebauter, fester Weg, etwas steiler hoch zum Inspiration Point, ab Sunset Point asphaltiert, kein Schatten

Bänke zwischen Sunset und Sunrise Point (km 2-2,8)

WC am Start (nur in der Saison), am Sunset Point (km 2, im inneren Rund des Parkplatzes), am Ende der Tour (hinter dem General Store)

Vor allem der erste, nicht asphaltierte Teil ist für Kinder schön. Vorsicht: Der Weg führt immer wieder nah an Abbruchkanten.

Der Anstieg zum Inspiration Point ist steil, der weitere Weg für geländetaugliche Buggys ohne Schwierigkeiten.

zum Shuttlebussystem ☞ „Wandern im Bryce Canyon National Park" (Der Bus von Sunrise Point fährt nur zum Visitor Center, dort ist es notwendig, auf einen in den Park fahrenden Bus (Southbound) umzusteigen, um zurück zum Start zu kommen.)

P am Start oder Ziel, für Fahrzeuge ab 25 ft ☞ „Wandern im Bryce Canyon National Park"

Mit der Bushaltestelle im Rücken wenden Sie sich nach rechts und auf den befestigten Weg zum Rim. Nur 20 m und Sie stehen am Inspiration Point. Die Sicht ist großartig. Links erstreckt sich der dichte Wald von Felstürmen zu Füßen des Sunset Point, der sich auf dem ersten Vorsprung des Plateaus ins Amphitheater befindet. Es folgen die Hoodoos in Richtung Sunrise Point und leicht nach rechts versetzt der dominante Tafelberg der Boat Mesa, um den sich der Fairyland Loop windet. Dahinter erheben sich auf der anderen Seite des Tales die Ausläufer des Aquarius-Plateaus und im Tal dazwischen liegen die Ortschaft Tropic und der Ursprung des Paria River, der weiter flussabwärts mit dem Paria Canyon und seinen Seitenschluchten eine streng geschützte, faszinierende Schluchtenlandschaft bildet.

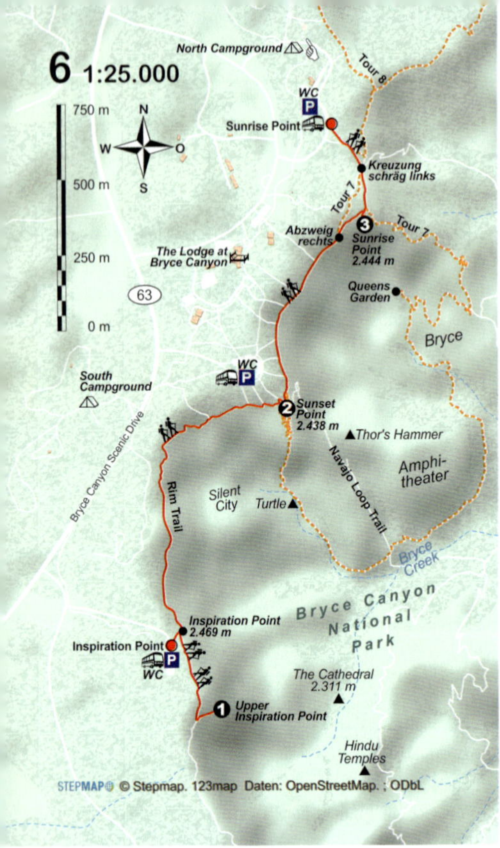

Auf dem breiten Rim Trail wenden Sie sich nach rechts. Durch die wirklich uralt werdenden Bristlecone Pines, Grannenkiefern, und vorbei am Middle Inspiration Point gehen Sie 400 m hoch zur Felsnase des Upper Inspiration Point ❶. Hier ist der Überblick noch beeindruckender und nach Süden können Sie den Vorsprung des Bryce Point sowie den vorgelagerten Felsrücken des „Alligator“ sehen.

Nachdem Sie die Aussicht genossen haben, wandern Sie zurück zum Start und folgen dem Rim Trail Richtung Norden bzw. Sunset Point. Der feste, breite Trail verläuft in leichtem Auf und Ab immer an der Abbruchkante entlang und ermöglicht schöne und wechselnde Perspektiven in das Amphitheater der Felsen. Da er relativ wenig begangen ist, können Sie den Bryce Canyon hier in Ruhe genießen.

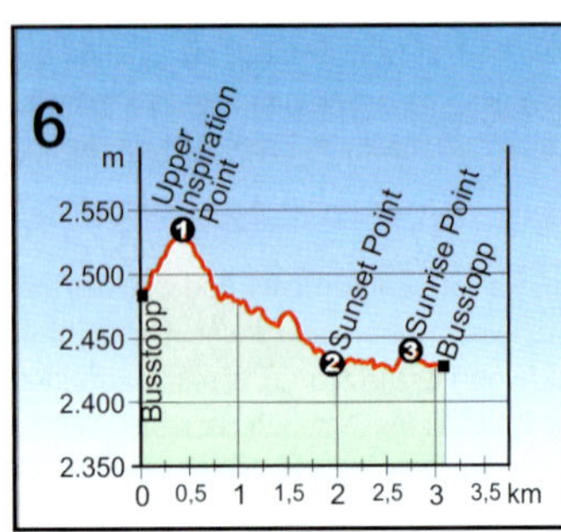

Mit Silent City erreichen Sie den Bereich, in dem die Hoodoos sich zu eng

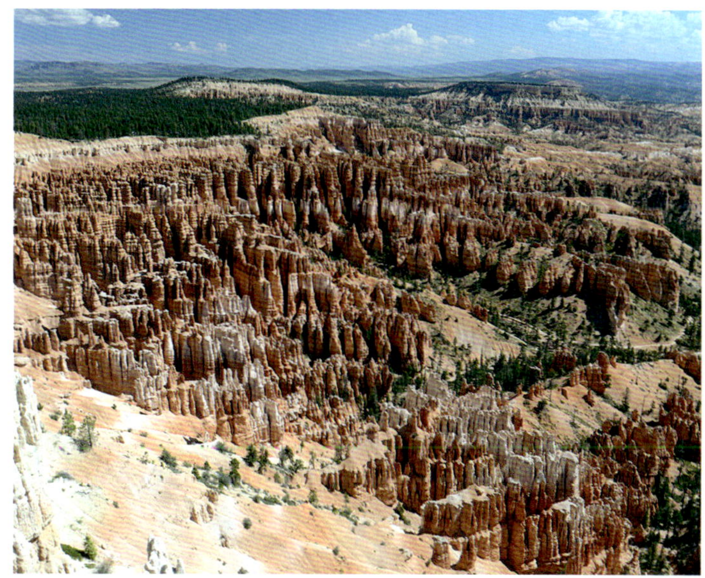

Das einzigartige Naturschauspiel von Bryce vom Inspiration Point aus gesehen – ein Ort für Fantasie und Legenden

stehenden Felswänden zusammenschließen. Erst kurz vor dem Sunset Point beginnen schützende Zäune und auch der Ansturm vieler anderer Touristen.

Am Sunset Point ❷ erheben sich die vielfarbigen Felstürme zu beiden Seiten und mit Thor's Hammer eine der bekanntesten Felsformationen. Faszinierend ist die Abfolge der abgelagerten Schichten, die man in den Felstürmen als Farbwechsel erkennt.

Weiter geht es auf dem Rim Trail, der jetzt aber einen völlig anderen Charakter hat: Breit wie ein Fahrweg und mit einer Asphaltdecke trägt er den vielen Besuchern in diesem Bereich Rechnung. Viele „Stay on trails"-Schilder bitten um den Schutz der Vegetation. Bänke rechts des Weges laden immer wieder zu einer Rast ein.

An einer Verzweigung bei km 2,7 halten Sie sich rechts und steigen noch gut 10 m zum Sunrise Point hoch ❸. Nordöstlich erheben sich Boat Mesa und rechts davon ein schräg gestellter Tafelberg, treffend benannt als „Sinking Ship".

Zurück vom Sunrise Point folgen Sie dem Rim Trail noch für etwa 150 m weiter Richtung Norden und treffen auf die Kreuzung mit dem asphaltierten Weg. Ab hier gehen Sie schräg links noch gut 150 m zur Bushaltestelle. Der General Store befindet sich von dort aus gesehen rechts.

Bryce Canyon ist berühmt für seinen nächtlichen Sternenhimmel, und das nicht ohne Grund: Der Nationalpark liegt hoch und weit weg von größeren Ansiedlungen. Das führt zu vergleichsweise geringer Verschmutzung durch Staub und Licht. Seit 1977 fällt der Park unter den Schutz des Clean Air Act, um die Luftqualität zu stabilisieren. Trotzdem haben natürlich sowohl weit entfernte Verschmutzungen als auch die Touristen, die z. B. Transportmittel und Licht brauchen, Einfluss. Regelmäßig werden abends Rangerprogramme zum Betrachten der Sterne abgehalten. Aktuelle Informationen gibt es in der Parkzeitung und im Visitor Center.

Silent City, ein dichtes Gewirr aus Säulen und Mauern, mit dem Inspiration Point im Hintergrund

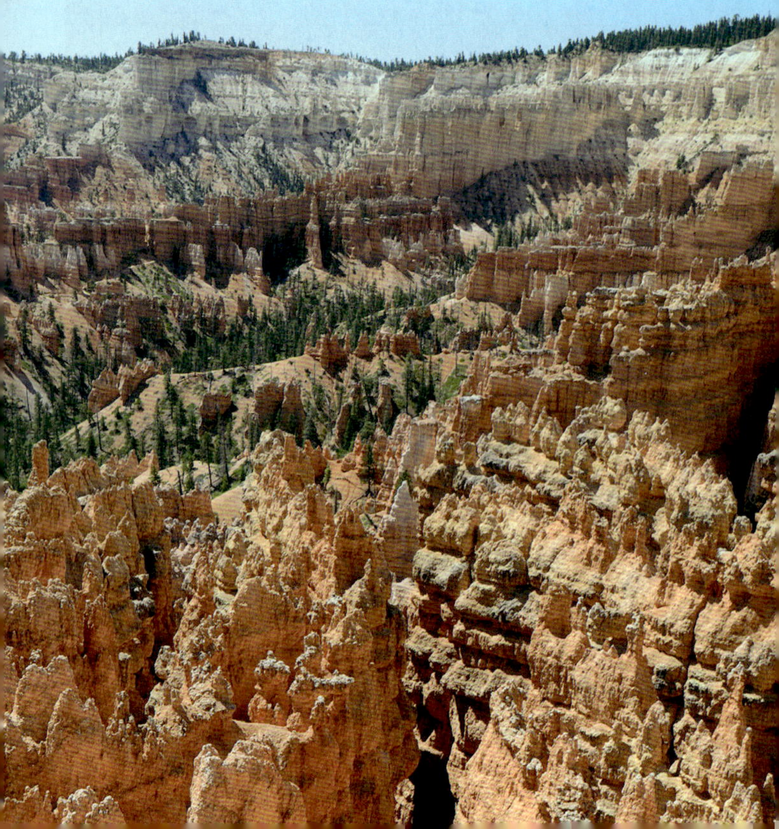

7 Queens Garden – Navajo Loop

Tour für Liebhaber der bunten Felstürme

Diese wunderschöne, aber auch beliebte Wanderung bringt Sie ganz nah an und in die Wunderwelt von Bryce. Allerdings gehören dazu zwar kurze, aber relativ steile Ab- und Anstiege. Türme, Mauern, Zinnen können Sie aus allen Perspektiven bestaunen, unter Ihnen, neben Ihnen und auch hoch über Ihnen in den Himmel ragend. Das Lichtspiel in den weiß-gelb-orange-roten Felsen ist immer wieder beeindruckend, der Kontrast zu den grünen Kiefern malerisch. Beim Passieren der Wall Street – Straße der Mauern – erklärt sich deren Name von selbst. Wenn Sie nicht so viel Zeit haben und Bryce doch hautnah erleben wollen, ist dies der perfekte Weg!

Start/Ziel: Busstopp 8, "Sunrise Point": GPS N 37°37.857' W 112°09.864'

5,4 km

2 Std. 30 Min.

200 m/200 m

2.260-2.440 m

fester naturbelassener Weg, breit und gut ausgebaut, steiler Anstieg von der Wall Street hoch zum Sunset Point, kaum Schatten (außer in der Wall Street)

Schatten bei Queens Garden (km 1,7) und entlang der Felswand bei km 1,9, Bänke zwischen Sunset und Sunrise Point (km 4,3-5)

WC am Start/Ziel (hinter dem General Store), am Sunset Point (km 4,3, im inneren Rund des Parkplatzes)

Kinder erwartet eine sehr abwechslungsreiche Tour mit spannenden Felsen und Durchgängen, einzig der letzte Anstieg ist anstrengend, aber kurz.

zum Shuttlebussystem ☞ „Wandern im Bryce Canyon National Park"

P am Start/Ziel oder am Sunset Point, für Fahrzeuge ab 25 ft ☞ „Wandern im Bryce Canyon National Park"

Bei nassem oder frostigem Wetter kann der Weg durch die Wall Street rutschig bzw. vereist sein, im Winter ist er in der Regel aus Sicherheitsgründen gesperrt. Dann sollten Sie auf dem Rückweg den östlichen Arm des Navajo Loop nehmen, d. h. bei der Kreuzung bei km 3 ❷ nach rechts gehen.

Bitte beachten Sie die **Hinweise zu *flash floods*** im Kapitel „Reise-Infos/Naturgefahren"!

Denken Sie trotz der kurzen Strecke an Getränke.

Mit der Bushaltestrecke im Rücken wenden Sie sich nach rechts und auf den Weg zum Sunrise Point, am Canyonrand gehen Sie schräg rechts. Nach insgesamt 400 m erreichen Sie das umzäunte Plateau des Sunrise Point. Vor dem Plateau führt ein

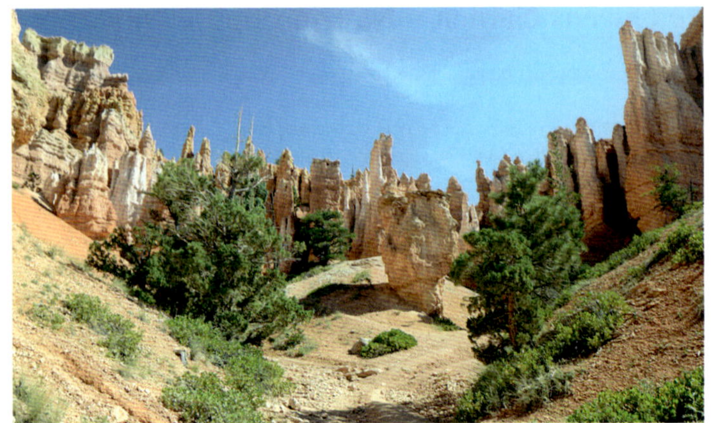

Queens Garden: beliebtes Fotomotiv, erster Umkehrpunkt oder auch ein Ort zum stillen Staunen

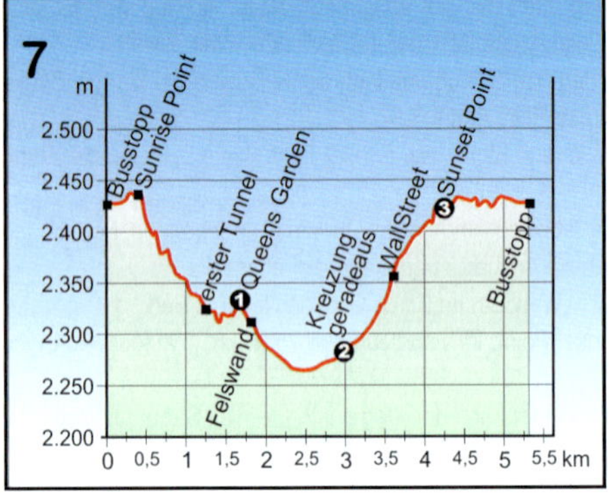

breiter, fester Weg links hinunter Richtung „Queens Garden". Ehe Sie hier hinabsteigen, sollten Sie allerdings einen Blick vom Sunrise Point auf das Szenario werfen, auf den prominenten Tafelberg Boat Mesa zur Linken, den schräg gestellten Tafelberg Sinking Ship schräg links, die faszinierenden Felsformationen vor und unter Ihnen und die Ausläufer des Aquarius-Plateaus, die sich 20 km entfernt erheben.

Zurück vom Aussichtspunkt wenden Sie sich jetzt nach rechts auf den Queens Garden Trail. Breit und gut ausgebaut führt er in Kehren und kurzen Serpentinen hinunter ins Land der Felstürme. Nach etwa 1 km und einem zweiten Satz von Serpentinen wird der Weg weniger steil und Sie umrunden eine Felsmauer. Auf der anderen Seite erwartet Sie ein erster kurzer Tunnel. Jetzt sind Sie mitten ins felsige Wunderland eingetaucht, neben, über und unter Ihnen erheben sich Felstürme, Felsspitzen, Felsgrate, Felsmauern.

Sie passieren einen zweiten Tunnel und halten sich an der Kreuzung bei km 1,6 nach rechts Richtung „Queens Garden". Dort, nur gut 100 m weiter, finden sich ein paar Schattenplätze unter Bäumen ❶. Queens Garden ist nach einem Felsturm benannt, der aussieht wie Königin Victoria mit Krone im weiten, langen Gewand. Sie stehen vor einem ansteigenden Halbrund mit besonders farbenprächtigen Felsformationen, die fantastisch mit einigen Kiefern und blauem Himmel kontrastieren.

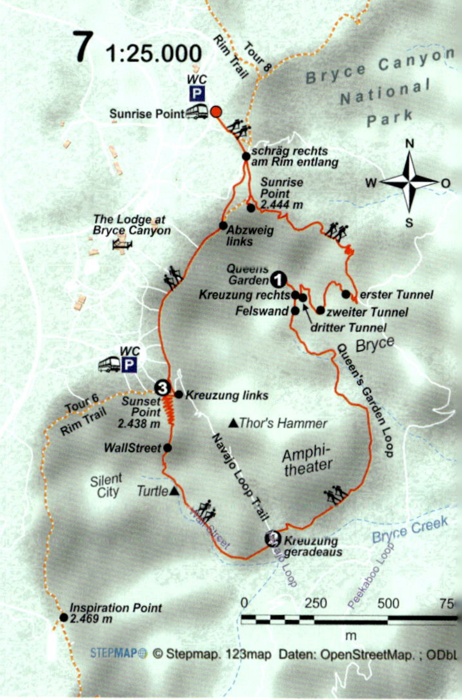

Sie gehen zuruck zur letzten Kreuzung und dort nach rechts Richtung „Navajo Loop / Sunset Point". Ab jetzt wird es ruhiger, weniger Menschen wandern auf diesem Verbindungsstück. Begleitet von einer Felswand zur Linken und Bäumen sowie dem trockenen Bett eines Creeks rechts wandern Sie weiter bergab. Hier finden sich Schattenplätze und eine Bank unter einem Überhang.

Weiter abwärts bringt Sie der Trail in das locker mit Kiefern bestandene Tal des Bryce Creek, ein wunderschöner, ruhiger Wegabschnitt.

Überall in Bryce begegnen Ihnen Kiefern. Sie sind Meister in der Anpassung an unwirtliche Lebensräume.

Die Bristlecone Pine oder Langlebige Grannenkiefer ist der älteste Baum der Welt. Das Alter von „Methusalem" in den White Mountains in Kalifornien wurde durch einen kleinen Bohrkern auf 4.765 Jahre bestimmt. Eine Besonderheit dieser Kiefer ist, dass die Borke bei alten Bäumen oft nur einen Teil des Stammes bedeckt und damit auch nur ein Teil des Baumes regelmäßig versorgt wird und grün ist.

Die Limber Pine oder Nevada-Zirbelkiefer wächst extrem langsam und tritt deshalb nur dort auf, wo andere, schneller wachsende Bäume nicht leben können, an hoch gelegenen, heißen Südwesthängen oder steilen Abbruchkanten. Beliebte Fotomotive sind die frei liegenden Wurzeln des Baumes, die sich an die ausgespülten Klippen des

Rim klammern. Der Stamm kann – wie in Bryce häufiger zu sehen – wie ein Korkenzieher gedreht sein.

Am Eingang zur Wall Street: eine Kiefer reckt sich zum Licht

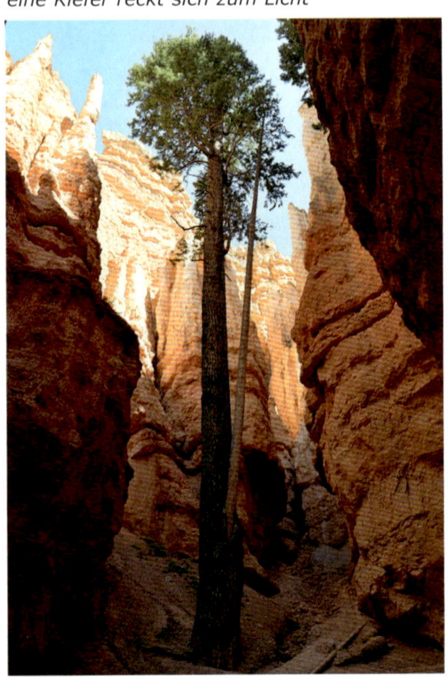

Oberhalb des Talgrundes und langsam wieder ansteigend erreichen Sie bei km 3 die Kreuzung mit dem Navajo Loop ❷ und treffen wieder mehr Wanderer. Sie gehen nach links und an der direkt folgenden Verzweigung nach rechts. So bleiben Sie am rechten Hang oberhalb des Bryce Creek und unterhalb roter Felsformationen. 500 m hinter der Kreuzung wandern Sie wieder direkt an den roten Felsen vorbei. Das Bachbett links von Ihnen zeugt von den Wassermengen, die hier nach Sommergewittern zu Tal rauschen.

Wenig später biegt der Weg nach rechts zwischen die Felswände unterhalb des Sunset Point ab. Jetzt folgt das faszinierendste Stück dieser Wanderung: Die Felsen werden höher und rücken enger zusammen, zwei letzte Douglastannen recken sich hier hoch hinauf zur Sonne. Dann passieren Sie den Felssturz von 2006 über Stufen. Vor Ihnen liegt eine beeindruckende Schlucht mit hoch aufragenden Wänden, in die nur in den Mittagsstunden etwas Sonne fällt. Am anderen Ende dieses Naturwunders erwarten Sie Serpentinen, die Sie über 16 Kehren hoch zum Sunset Point bringen. Nach einem Felsdurchgang direkt unterhalb des Aussichtspunktes treffen Sie auf den anderen Arm des Navajo Loops und gehen links bergauf. Es lohnt der Abstecher nach links auf den Sunset Point ❸, um zu bestaunen, wo Sie gerade noch unterwegs waren. Dann gehen Sie auf dem asphaltierten Rim Trail nach Norden in Richtung Sunrise Point. An der Verzweigung bei km 5 können Sie, statt nach rechts zum Sunrise Point zu gehen, links auf dem asphaltierten Weg bleiben, er bringt Sie zurück zum Start.

⑧ Fairyland Trail

ㅠ WC 

Tour für Felsenfans

Der Fairyland Trail, zu Deutsch Märchenlandweg, gilt als der schönste Weg in den Bryce Canyon. Zwar kann er nicht mit der Dichte an Felstürmen aufwarten, die sich unter dem Sunset Point erheben, und auch nicht mit engen Passagen wie der Wall Street, dafür aber erleben Sie hier Bryce abseits des Massentourismus und können in Ruhe erwandern und genießen, was diesen Nationalpark ausmacht: vielfarbige und -gestaltete Felsformationen, weiße und bunte, manchmal wie eine Mondlandschaft anmutende Sandsteinhügel, mit Kiefern bestandene Täler, Wiesen auf dem Hochplateau – wirklich ein traumhafter Weg durch eine märchenhafte Landschaft.

- Start/Ziel: Busstopp 8, "Sunrise Point", GPS N 37°37.857' W 112°09.864'
- 12,8 km
- 4 Std.
- 470 m/470 m
- 2.180-2.480 m
- feste naturbelassene Wege, nach Regen eventuell stellenweise etwas lehmig-rutschig, kein Schatten
- Bank am Fairyland Point (km 8,6)
- WC am Start/Ziel (hinter dem General Store)
- für Kinder durch die Länge eher ermüdend
- zum Shuttlebussystem ☞ „Wandern im Bryce Canyon National Park" (Der Fairyland Point wird nicht von den Shuttlebussen angefahren.)
- P am Start/Ziel oder am Fairyland Point
- ☺ Wer diese Tour vom Fairyland Point aus startet, muss keinen Parkeintritt bezahlen, da die Parkgebühr erst nach Abzweig der Fairyland Point Road fällig wird.
- ☺ Wer auf dem North Campground übernachtet, kann direkt von dort starten. Im südlichen Bereich des Campingplatzes führen Pfade zum Rim Trail.

Mit der Bushaltestelle im Rücken gehen Sie nach rechts und auf den asphaltierten Weg in Richtung Sunrise Point. Nach 100 m zweigt dieser schräg rechts ab und Sie gehen geradeaus weiter zum Rim Trail, den Sie am Rand des Amphitheaters erreichen. Hier wenden Sie sich nach links und 250 m weiter nach rechts auf den beschilderten Fairyland Trail. Durch die erstaunlich grüne, mit niedrigen Kiefern und Wacholder bewachsene Landschaft wandern Sie langsam abwärts. Dabei fällt der Blick weit nach Südosten und mit jeder Kehre ergeben sich neue Ausblicke auf die vor Ihnen liegende Felsenwelt, das schräg gestellte Plateau des Sinking Ship, das Tal des Ortes Tropic und die Ausläufer des Aquarius-Plateaus dahinter. Nach etwa 1,4 km verlassen Sie diese freundliche Landschaft und betreten eine Mondlandschaft. Erosionshügel in Weiß, Orange und Pink umgeben Sie und der Weg führt Sie durch und entlang einer unvermittelt in dieser bizarren Umgebung stehenden Sandsteinmauer. Vom Mauerdurchgang ❶ fällt der Blick auf die „Chinese Wall" oberhalb einiger bunter Sandsteinhügel. Auf über 100 m Länge erhebt sich dieses kunstvolle Felsgebilde, fast völlig weiß, erschaffen aus Türmen, Erkern, Fenstern und zinnengekrönten Verbindungsmauern, ein Zauberwerk der Natur. In Wegrichtung nach Nordosten blicken Sie auf die zerklüftete Wand der Boat Mesa mit ihren vielgestaltigen Felssäulen, die Sie umrunden werden. Weiter geht es hinab in die felsige Zauberwelt mit ihren Hoodoos, zu denen die Paiute ihre eigene Geschichte erzählen.

„Vor den Menschen lebten die Legenden-Wesen in dieser Gegend. Es waren Vögel, Eidechsen und andere Tiere, doch sie sahen aus wie Menschen. Aber sie waren nicht gut und taten schlimme Dinge. Deshalb erzürnte Gott Coyote so sehr, dass er sie eines Tages in Felsen verwandelte. Man kann ihre Gesichter sehen, mit roter Farbe bemalt, so wie sie waren, bevor sie versteinerten."

Deshalb verehren die Paiute diesen Ort, den sie „red painted faces" – Angka-ku-wass-a-wits – nennen, betreten ihn aber nur bei Zeremonien, um nicht selbst versteinert zu werden.

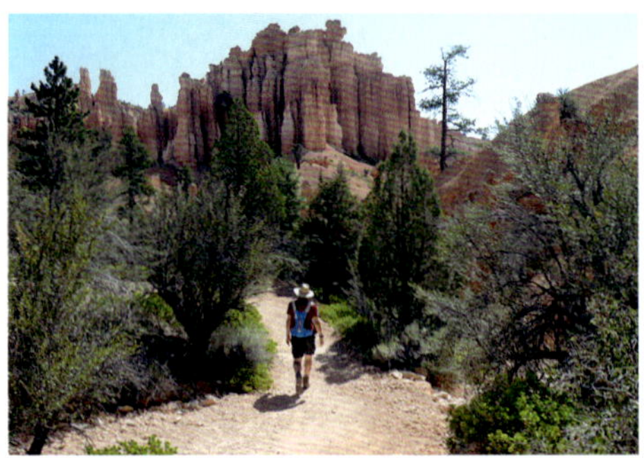

Auf einem märchenhaften Weg: umgeben von grüner Wüstenvegetation, überragt von bizarren Felsgebilden

Bei km 2,1 erreichen Sie den Campbell Creek und queren erst einen Nebenbach, dann zweimal das Bett des Creeks selbst. Die Pinien bilden hier einen wunderschönen Kontrast zu den roten Felswänden der kleinen Schlucht. An der Kreuzung bei km 2,6 ❷ führt ein Weg nach rechts zum Fuß der Tower Bridge. Folgen Sie dem Fairyland Trail weiter nach links, dann können Sie die Felsformation im folgenden Anstieg gut sehen. Ihr Weg umrundet jetzt die Boat Mesa um ihre Südostflanke in An- und Abstiegen, vorbei an Felssäulen und -skulpturen in immer neuen Perspektiven. Schließlich stehen Sie nach 5,1 km auf einem blanken Felssattel ❸, der den Blick auf das gesamte Areal des Bryce Canyon freigibt.

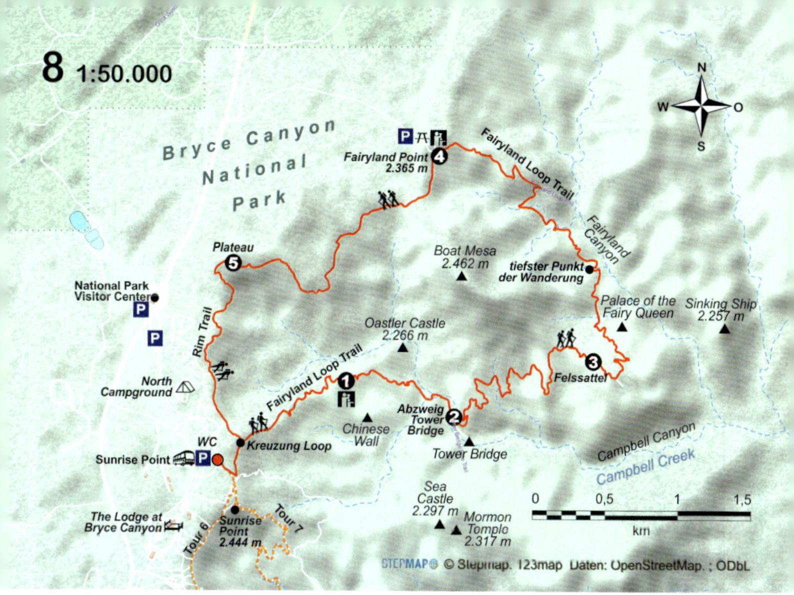

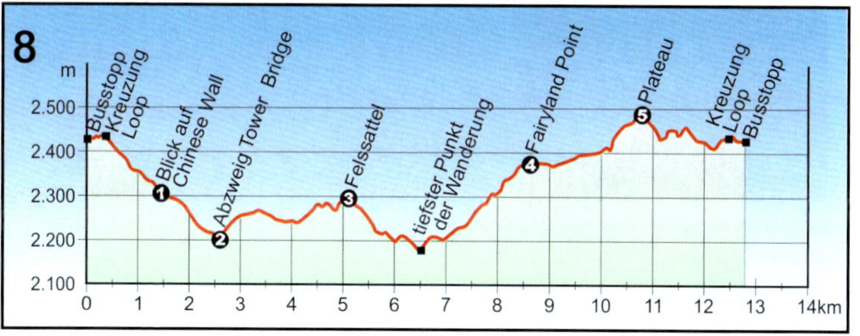

Bryce wird vor allem wegen seiner Felsen besucht. Aber der Park ist auch Heimat vieler Tiere. Die Chance, ihnen zu begegnen, ist auf dieser Wanderung wegen ihrer Einsamkeit am größten. Zu den hier heimischen, aber selten gesichteten Tieren gehören Schwarzbär und Puma sowie Wapitihirsch. Der Gabelbock mit seinem braun-weiß gemusterten Fell und den nach innen gebogenen Hörnern ist ebenfalls ein vorsichtiges Tier. Häufiger dagegen werden Ihnen die Squirrels – Goldmantelziesel – begegnen, die Sie nicht füttern dürfen, und seien sie noch so süß. Durchaus begegnen können Sie auch Klapperschlangen, die laut rasselnd auf sich aufmerksam machen und giftig sind. Bryce ist auch Heimat vieler Vögel, zu denen der Wanderfalke (peregrine falcon), der hübsche Diademhäher mit blau schimmernden Flügeln und Haube (steller's jay), Raben und Kalifornische Kondore gehören.

Der folgende Abstieg bringt Sie durch lichten Kiefernbestand in das Tal eines meist trockenen Creeks, der vom Fairyland Point nördlich der Boat Mesa herunterkommt und dem Sie aufwärts folgen. Gegenüber scheint das „Sinking Ship" seit Millionen von Jahren unterzugehen. Bei km 5,9, kurz vor der Überquerung eines Bachbettes, blicken Sie nach rechts auf den „Palace of the Fairy Queen", den Palast der Feenkönigin. Nach der Überquerung dreier Creek-Arme und eines weiteren, etwas breiteren Bachbett erreichen Sie bei km 6,5 den tiefsten Punkt der Wanderung. Es folgt ein langer, steiler Anstieg hoch zum Plateaurand, ab km 7,3 auf der rechten Talseite, vorbei an weiteren Felsformationen und durch lichte Kiefern, die neben dem Weg Schattenplätze für eine kurze Atempause bieten.

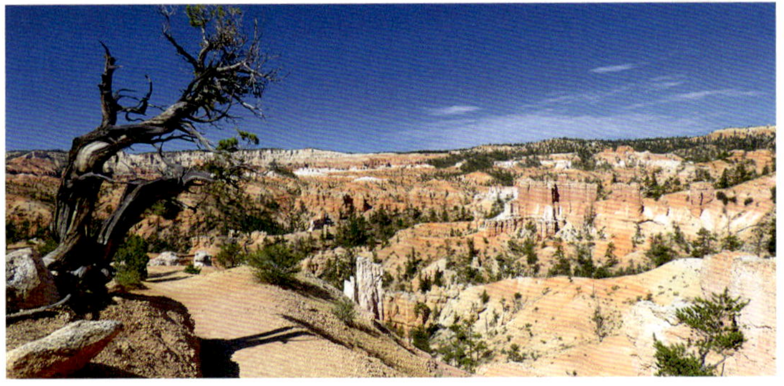

Seit Jahrhunderten überblickt diese uralte Kiefer Hoodoos und Finnen von Bryce Canyon

Schließlich stehen Sie bei km 8,6 wieder oben am Rim am Fairyland Point ❹. Hier gibt es Sitzplätze unter Bäumen und die Aussicht auf die tiefroten Felssäulen zu Ihren Füßen ist absolut großartig. Trotz des Parkplatzes hält sich der Besucherandrang in Grenzen.

Sie folgen dem Rim Trail direkt an der Abbruchkante entlang. Er führt anschließend rechts an der Kuppe der Boat Mesa vorbei. Fast 1,5 km laufen Sie entspannt durch mit Kiefern bestandenes Grasland. Dann geht es noch einmal recht steil knapp 100 Höhenmeter hoch auf ein mit trockenem Gras bewachsenes Plateau ❺ (km 10,8).

Nach einem kurzen Abstieg windet sich der Weg durch eine felsige Landschaft und mit Tiefblicken ins Amphitheater am North Campground vorbei und erreicht bei km 12,4 die Kreuzung und den Startpunkt der Runde. 250 m weiter biegen Sie nach rechts zur Bushaltestelle bzw. zum Parkplatz ab.

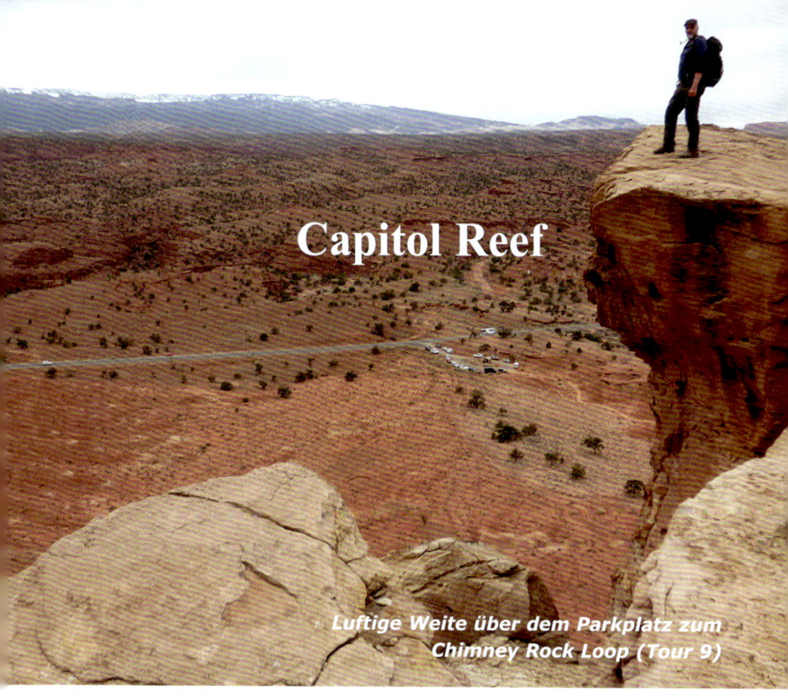

Capitol Reef

Luftige Weite über dem Parkplatz zum Chimney Rock Loop (Tour 9)

Das Colorado-Plateau, eine Felswüste der Superlative

Als Colorado-Plateau wird das Einzugsgebiet des Colorado River definiert. Es besteht aus mehreren durch große Schluchten voneinander getrennten Hochebenen, auf denen mit wenigen Ausnahmen Wüstenklima dominiert. Das Colorado-Plateau liegt in der Region The Four Corners – die vier Ecken –, wo Arizona, Utah, Colorado und New Mexiko zusammentreffen, und ist in etwa so groß wie Deutschland. Zu den wichtigsten Nebenflüssen des Colorado zählen Green, San Juan und Little Colorado River.

Ursache für diese weite Felswüste ist die aus geologischer Sicht weitgehende Stabilität der Region über die letzten 600 Mio. Jahre. So konnten sich in einem immer wieder überfluteten Becken Sedimentschichten von bis zu 6.000 m Dicke absetzen. In den letzten 250 Mio. Jahren kam es in verschiedenen Stufen zu Anhebungen der Region, die einerseits zur Ablagerung riesiger Sanddünen führten, andererseits Risse und Brüche erzeugten. Trotzdem blieb die grundsätzliche Sedimentschichtung erhalten. Weitere Anhebungen von bis zu 3 km, gleichzeitige Erosion von Kilometern von Deckgestein und die Kraft der Flüsse, die sich durch ihr zunehmendes Gefälle immer weiter in die Gesteinsschichten gruben, schufen die Landschaft, die wir heute vorfinden.

Die ältesten Gesteine finden sich mit dem Vishnu Basement Rock in der Inneren Schlucht des Grand Canyon und sind bis zu 2.000 Mio. Jahre alt. Die jüngsten, etwa 40 Mio. Jahre alten Sedimentschichten finden sich im Bryce. An einzelnen Stellen begannen vor 20 Mio. Jahren vulkanische Aktivitäten und schufen u. a. die La Sal Mountains und die San Francisco Peaks.

Ein Teil des Colorado-Plateaus, der eine einheitliche Sedimentfolge und keine größeren Verwerfungen aufweist, wurde als Grand Staircase (☞ S. 46) zum größten geologischen Lehrbuch der Geschichte.

Capitol Reef – eine faszinierende Verschiebung in der Erdkruste

Capitol Reef wirkt wie die schiere Herausforderung für die Sinne. Scheinbar wahllos scheinen hier ganze Bergzüge durcheinandergeworfen, anscheinend keiner

Cohab Canyon, vom Anstieg zum Overlook aus gesehen: ein beeindruckendes Spektakel an Formen und Farben

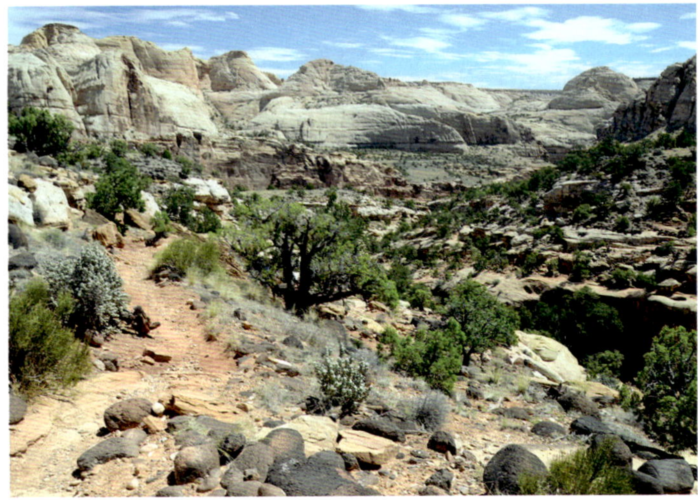

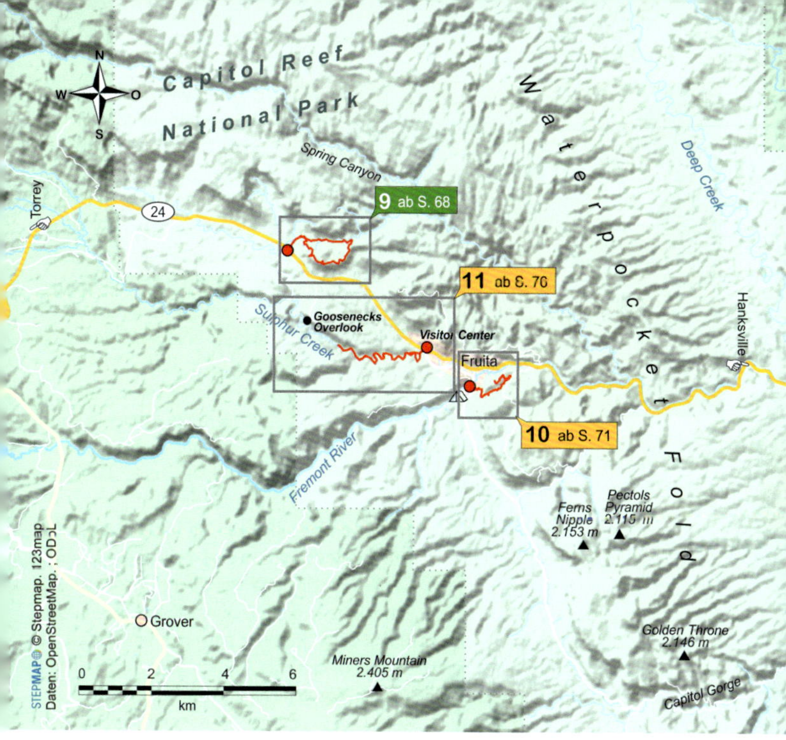

Gesetzmäßigkeit gehorchend, ein wildes Chaos unglaublich vieler Farben und Formen: weiße Dome, zerklüftete gelbe Wände, Schutthügel in den wildesten Farben, rote, geschichtete Felsen, schwarze Lavakugeln, nichts scheint sich an eine Richtung oder Orientierung zu halten. Capitol Reef widersetzt sich dem Begreifen und Verstehen – es sei denn, man könnte aus der Perspektive eines Adlers gucken.

Der Nationalpark schützt einen Teil der Waterpocket Fold, einer 150 km langen Verwerfungszone, die in Nord-Süd-Richtung verläuft. Vor etwa 50 bis 70 Mio. Jahren hoben sich die Schichten des Colorado-Plateaus um bis zu 2.000 m an und wurden in der Verwerfungszone gebogen und damit schräg gestellt. Die nachfolgende Erosion der oberen Schichten führte dazu, dass heute 19 verschiedene Sedimentschichten auf nur etwa 20 km Breite schräg gestellt und freigelegt sind. Von Westen nach Osten werden die Schichten immer jünger und liegen gleichzeitig niedriger über Meeresniveau. Sie repräsentieren 200 Mio. Jahre Erdgeschichte, die beinahe das vollständige Erdmittelalter oder Mesozoikum und damit die gesamte Zeit der Dinosaurier über Trias und Jura bis Kreide abbilden.

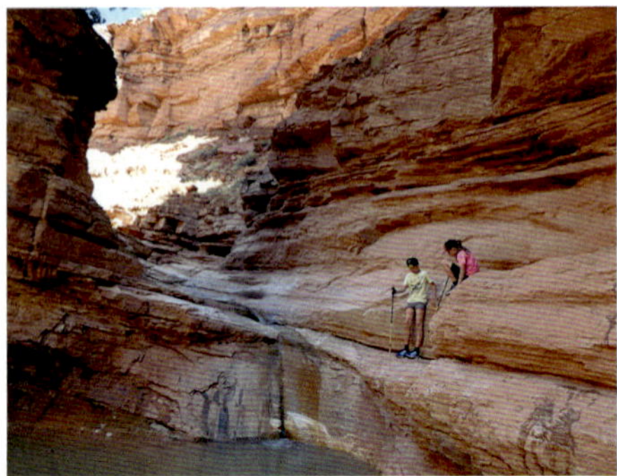

Wegsuche auf Felsbändern: am dritten Wasserfall des Sulphur Creek (hier Abstieg auf das erste Felsband)

Aufgrund der extremen Schrägstellung der Erdschichten bildeten sich viele stufige und zerklüftete Bereiche. Durch weitere Erosion entstanden dort rund ausgewaschene Löcher, in denen sich Wasser sammelt und oft noch bleibt, wenn die Creeks schon trockengefallen sind. Die „Wassertaschen" sind nicht nur Namensgeber der Verwerfung, sondern auch ein wichtiges Merkmal der Landschaft und für Tiere überlebenswichtig.

Obwohl heute vor allem die Felsformationen beeindrucken, so blickt Capitol Reef doch auch auf eine sehr lange Geschichte der Besiedlung zurück. Seit Tausenden von Jahren lebten hier Menschen im Schutz der Canyons und von ihren Ressourcen und Wasserreserven. Etwa ab 400 n. Chr. entwickelte sich die Fremont-Kultur, deren Menschen mit Lehmziegeln bauten, Mais, Bohnen und Kürbisse anbauten und jagten. Sie hinterließen viele Felszeichnungen, die im Park entdeckt werden können. Um 1880 kamen Mormonen-Pioniere. Sie siedelten am Zusammenfluss von Fremont River und Sulphur Creek, wo heute u. a. das Visitor Center angesiedelt ist, und legten ausgedehnte Obstgärten mit Äpfeln, Birnen und Pfirsichen an. Für die maximal 10 hier ansässigen Familien dienten die um die 3.100 Obstbäume zur Selbstversorgung und Vermarktung. 1969 zogen die letzten Siedler fort.

Benannt wurde der Nationalpark nach den weißen Felsdomen aus Navajo-Sandstein, die an die Kuppel des Kapitols in Washington erinnern, und nach den vielen zerklüfteten Felsstufen, die sich dem Reisenden wie ein Meeresriff in den Weg stellen.

Wandern im Capitol Reef National Park

Capitol Reef liegt in einer Wüstenlandschaft mit nur 200 mm Niederschlag pro Jahr, der Ort Fruita befindet sich auf 1.650 m Höhe. Dadurch ergibt sich das Wetterprofil: Ideale Wanderzeiten sind das Frühjahr von April bis Mai, wobei Anfang und Mitte April die Hauptblütezeit der Obstbäume ist, sowie der Herbst von September bis Oktober mit angenehmen Temperaturen. Im Sommer können die Temperaturen auf über 30° C steigen. Von Juli bis September ist auch hier Gewitterzeit, was zu heftigen Wolkenbrüchen, aber auch zu Gefahren durch *flash floods* (☞ Kapitel „Reise-

Infos/Naturgefahren") und Blitzeinschlag führen kann. Dafür darf in den Obstgärten die Ernte probiert werden (☞ unten). Die Winter sind kalt mit Tagestemperaturen im einstelligen Bereich und Nachtfrösten.

Capitol Reef ist deutlich weniger erschlossen als die viel besuchten Parks, Parkeintritt muss sogar erst südlich von Fruita bezahlt werden. Dadurch haben Sie gute Chancen, auch auf kurzen Wegen noch Ruhe und Einsamkeit finden. Im Gegenzug sind die Wanderwege kaum beschildert, an Abzweigungen stehen oft maximal kleine Holztäfelchen.

Blüte- und Erntezeit der Obstgärten

Die blühenden Obstgärten von Fruita sind ein wunderschöner Kontrast zur Felslandschaft, die sie umgibt. In der Regel blühen die Obstbäume wie folgt:

▷ März: Aprikosen (schwankt von Jahr zu Jahr)
▷ April: Kirschen, Aprikosen, Birnen, Pfirsiche, Äpfel
▷ Mai: Äpfel

Während der Erntezeit darf in nicht abgeschlossenen Obstgärten, an denen Hinweisschilder es erlauben, gepflückt werden. Was nicht sofort verzehrt, sondern mitgenommen wird, muss gewogen und bezahlt werden. Erntezeiten sind:

▷ ab Mitte Juni: Kirschen
▷ Juli: Aprikosen
▷ August: Birnen, Pfirsiche (bis Anfang September)
▷ September bis Mitte Oktober: Äpfel

Unterkünfte

⛺ Fruita Campground im Nationalpark, ☏ (001) 877-444-6777, 💻 www.recreation.gov, ganzjährig geöffnet, von März bis Oktober überwiegend zu reservieren, unter Obstbäumen, $ 20

Richtung Westen bietet der Ort Torrey mehrere Hotels und Campingplätze, z. B.

⛺ Thousand Lakes RV Park, 1 Meile westlich von Torrey am Hwy. 24, 6 Meilen westlich von Capitol Reef, 1110 W. SR-24, ☏ (001) 435-425-3500, 💻 www.thousandlakesrvpark.com, kleiner Pool, morgens leckere Muffins (vorbestellen!), $ 40

🛏 Days Inn Torrey Capitol Reef, 825 East SR 24, Torrey, ☏ (001) 435-425-3111, 💻 wyndhamhotels.com, ab $ 70, im Sommer ab $ 100

♦ Capitol Reef Resort, 2600 E Highway 24, Torrey, ☏ (001) 435-425-3761, 💻 capitolreefresort.com, ab $ 190

9 Chimney Rock Loop

WC

Tour für Weitblicker

Falls Sie eine Chance suchen, Capitol Reef wenigstens ansatzweise zu verstehen, wäre der Chimney Rock Loop eine gute Möglichkeit. Auf einfachen, wenn auch teilweise steilen Wegen erreichen Sie Aussichtspunkte, die eine gute Übersicht über Capitol Reef und einen Teil der Waterpocket Fold geben, eine überraschende und beeindruckende Landschaft. Der Rückweg schließlich macht Sie mit der schieren Größe der Landschaft und ihrer Felswände vertraut.

Start/Ziel: Parkplatz „Chimney Rock", 4,8 km westlich des Visitor Center an der UT 24, GPS N 38°18.930' W 111°18.249'

5,9 km

2 Std.

180 m/180 m

1.845-2.035 m

guter Weg mit festem Untergrund, kein Schatten

WC am Start/Ziel

für eine Wanderung mit Kindern geeignet, aber nicht so spannend wie Tour 10 und 11, Vorsicht an den Abbruchkanten

P am Start/Ziel

Alle Steilabbrüche sind ungesichert. Wandern Sie im Sommer nicht in der Mittagshitze und nehmen Sie genug Wasser mit.

In der goldenen Stunde vor Sonnenuntergang leuchten die Farben der Waterpocket Fold am schönsten.

Über die bunten Schutthügel der Chinle Formation zu Füßen der hohen Wingate Klippen geht es aufwärts

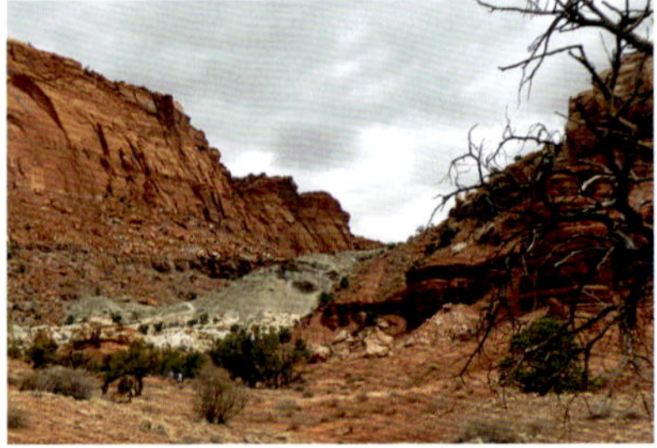

Vom Parkplatz aus folgen Sie dem breiten Weg Richtung Nordosten, der Sie durch die roten Hügel der Moenkopi Formation leicht aufwärts führt. Nach 400 m ändert sich die Farbe der Felsen schlagartig, Sie betreten die weiß-grau-grünen Felsen und Schutthügel der Chinle Formation. Nach weiteren 400 m recht steilen Anstiegs erreichen Sie eine Kreuzung 1 (km 0,8) und halten sich rechts. Weniger steil führt der Weg

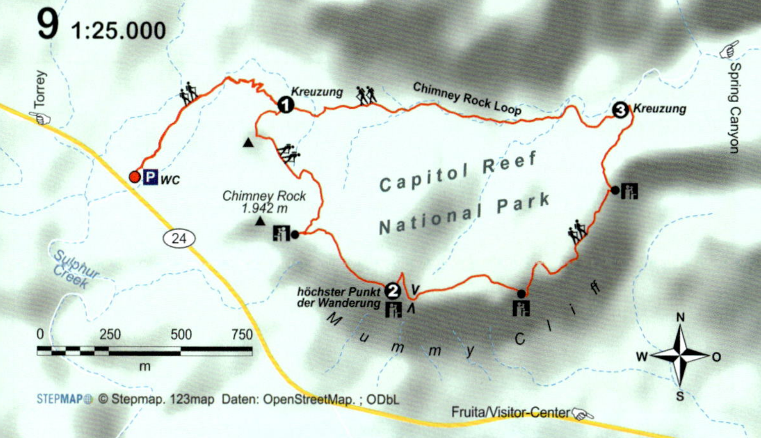

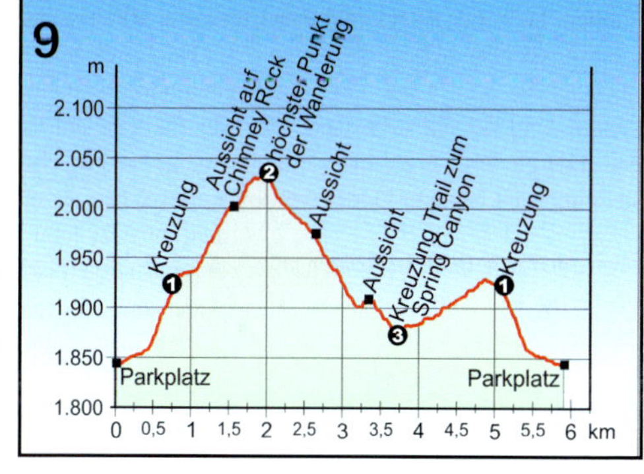

auf die Felsformation mit Namen „Mummy Cliff" an den Klippen entlang nach Süden. Der Weg ist deutlich mit Steinmännchen markiert oder mit Steinen begrenzt und ermöglicht weite Blicke Richtung Südwesten und auf den frei stehenden Chimney Rock vor Ihnen. Nachdem er sich vom Rand weggewendet hat und erneut steiler durch graugrüne Schutthügel angestiegen ist, erreicht er bei km 1,5 einen kurzen Abstecher an den Plateaurand. Vor und unter Ihnen erhebt sich der Chimney Rock, treffend Schornsteinfelsen benannt. Er besteht aus rotem Moenkopi-Sandstein und wird von einer erosionsstabileren Shinarump-Sandsteinkappe geschützt. Im Südwesten reicht Ihr Blick weit über die Schlucht des Sulphur Creek auf das vulkanische Plateau der Boulder Mountains.

Jetzt haben Sie den steilsten Teil der Wanderung geschafft und erreichen nach moderaten weiteren 500 m ein kleines, kiefernbestandenes Plateau und an seinem südöstlichen Ende den höchsten Punkt der Wanderung ❷ (km 2). Von hier blicken Sie auf die Waterpocket Fold. Sandsteinablagerungen aus Trias und Jura, durch die Verwerfung schräg gestellt, bilden die Klippen. Hier wird die Dimension dieser geologischen Besonderheit erkennbar. Außerdem erkennen Sie den Einschnitt des Sulphur

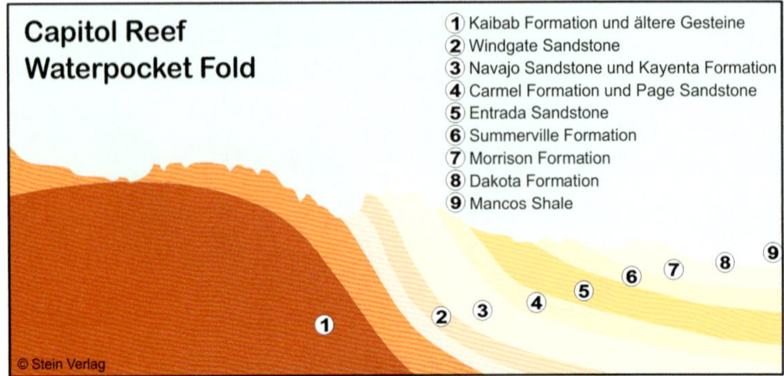

Creek mit dem Gooseneck, der Gänsehalsschleife, im roten Felsenland vor Ihnen. Ab hier führt der Weg abwärts, erst an Felsen entlang und zu einem Sattel zwischen zwei Kuppen. Links der Hügel geht es weiter leicht abwärts, bis Sie bei km 2,5 einen weiteren Aussichtspunkt auf die Waterpocket Fold erreichen. Zwei kurze Serpentinen mit Blick auf die UT 24 tief unter Ihnen leiten abwärts, dann wandern Sie durch lichten Kiefern- und Wacholderbestand. Der Weg führt Sie auf die faszinierenden Felsen auf der anderen Talseite zu, die von hohen gelborangen Felswänden aus Wingate-Sandstein überragt werden. Dort angekommen erreichen Sie einen letzten Aussichtspunkt bei km 3,2. Jetzt beeindruckt vor allem die schroff ausgewaschene Schlucht aus rotem Moenkopi-Sandstein vor und unter Ihnen.

Wandern mit Blick auf die Waterpocket Fold: hier steht alles schräg

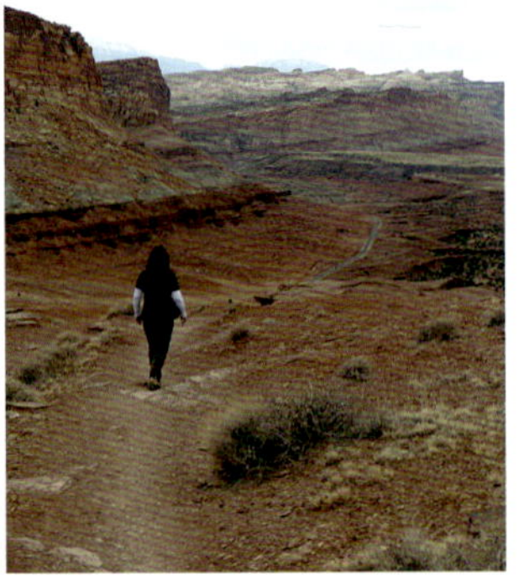

Ab hier wandern Sie dem Weg folgend nach Norden und bald durch einen Steinschlag aus riesigen orangegelben Felsen, die wunderbar mit dem dunkelgrünen Wacholder kontrastieren. Im flachen Tal bei km 3,5 ❸ treffen Sie auf die Kreuzung zum Spring Canyon, hier wenden Sie sich nach links. Sie folgen dem Weg, der mehrfach das meist trockene Bett des Creeks kreuzt, immer talaufwärts. Rechts überragen Sie die bis zu 200 m hohen Wingate-Sandstein-Wände, unter Ihren Füßen erstrecken sich Schutthügel in wechselnden Farben, Wacholder steuert dunkles Grün bei. Bei km 4,9 ❶ erreichen Sie die erste Kreuzung und folgen dem bekannten Weg abwärts und zurück zum Parkplatz.

10 Cohab Canyon

Tour für Canyonwanderer

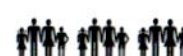

Noch eine Schlucht – und wieder ganz anders, ungeordnet, wild und überraschend, mit faszinierenden Farbkontrasten. Wabenartige gelb-rote Felswände, schwarze Lavakugeln, weiße Kuppen und Dome locken in diese Spielwiese der Geologie. Zwar ist die Schlucht kein Geheimtipp und Sie werden nicht alleine sein, aber Sie werden sich trotzdem oft so fühlen, denn im Capitol Reef herrscht wesentlich weniger Besucherandrang als in den bekannten großen Nationalparks. Dafür erwarten Sie schmale Fußpfade und das Gefühl, in die abgeschiedene Welt einer sehr ungewöhnlichen Schlucht einzutauchen.

⇆ Start/Ziel: großer geschotterter Parkplatz am Scenic Drive, GPS N 38°17.003‘ W 111°14.770‘

5 km

1 Std. 45 Min.

↑↓ 190 m/190 m

⇧ 1.655-1.790 m

Geröll, Steine und Sand, teils deutliche Pfade, im Canyon teilweise weglos, auf dem letzten Stück zur Aussicht etwas Orientierungssinn nötig

schöne Plätze zum Rasten bei km 1,6 und km 2,5

ein abenteuerlicher Entdeckungspfad für Kinder, einzelne ungesicherte Passagen

P am Start/Ziel, Anfahrt: knapp 2 km nach der Abfahrt vom Hwy. 24 in einer Linksrechtskehre auf der linken Seite

Der Aussichtspunkt über einer 80 m hohen Felswand ist nicht gesichert.

Wandern Sie aufgrund der Gefahr von Sturzfluten nicht bei einem Gewitter (☞ Hinweise zu *flash floods* im Kapitel „Reise-Infos/Naturgefahren“).

Bleiben Sie bitte, um Erosion zu vermeiden und die Vegetation zu schützen, auf den vorhandenen Pfaden.

Vom Parkplatz aus folgen Sie der Straße noch etwa 100 m weiter in Richtung der Campingplatzzufahrt, dann beginnt ein deutlicher Weg nach links den bunt-felsigen, mit schwarzen Felskugeln übersäten Abhang hinauf. In Serpentinen windet er sich aufwärts, bis er nach 500 m und 80 Höhenmetern unterhalb der hohen beige-roten Felswände ein Plateau erreicht und sich dort nach rechts wendet. Hier haben Sie eine fantastische Sicht auf die fast verwirrenden geologischen Formationen, die Sie umgeben.

Ihr Anstieg führte Sie über die vielfarbige Chinle Formation. Die schwarzen Steinkugeln, die hier und rund um das Tal des Fremont River verstreut liegen, sind vulkanischen Ursprungs. Sie entstammen Lavaströmen, die vor 20 bis 25 Mio. Jahren die 25 km entfernten Boulder und Thousand Lakes Mountains bedeckten. Durch Gletschermuren und Schmelzwasserfluten der letzten Eiszeit wurden sie rund geschliffen und in die Täler transportiert. Sie sind innen wie außen schwarz, aber oft von einer weißen Schicht aus Kalzit und Gips ummantelt.

Die steilen Felswände vor Ihnen bildet der Wingate-Sandstein.

Nach Norden fällt der Blick auf das grüne Tal von Fruita. Die Felswände dahinter erheben sich auch auf dem Geröllsockel der Chinle Formation und bestehen aus einer ersten hohen Stufe aus Wingate-Sandstein und einer zweiten, niedrigeren Stufe der Kayenta Formation, die als wasserundurchlässige Schicht im Zion für die Bildung der hängenden Gärten verantwortlich ist. Die darüber ragenden weißen Dome bestehen aus Navajo-Sandstein, der im Zion steile Wände bildet, aber aufgrund der fehlenden erosionsstabilen Deckschicht hier in Capitol Reef zu Domen verwittert ist.

Auf der gegenüberliegenden Seite der Parkstraße erstrecken sich die grauen Abhänge der Johnson Mesa, die durch Muren bzw. Schuttströme während der Eiszeit abgelagert wurden.

Richtung Südwesten erhebt sich der Miners Mountain 2.405 m hoch.

Am Eingang zum Cohab Canyon: wild, ungeordnet, wie zum Entdecken geschaffen

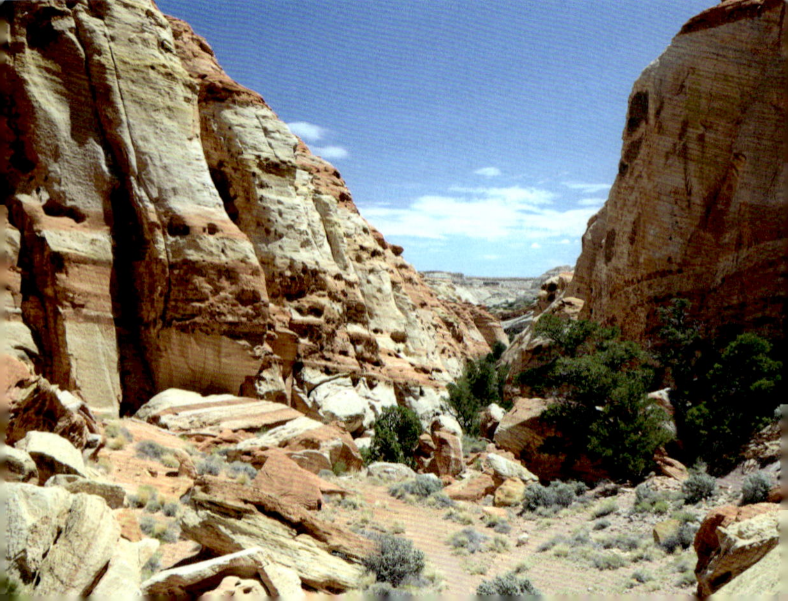

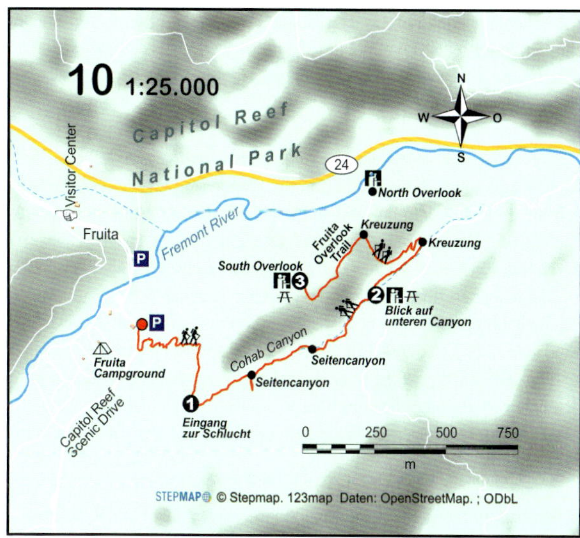

Im Verlauf nähert sich der Weg der Wand weiter an und nach 700 m stehen Sie am Eingang des Cohab Canyon ❶, der von zwei großen Felsen zum Tal begrenzt wird. Oft weht hier ein leichter Wind, der angenehm kühlt. Um die Felsen herum führt ein Pfad in die wilde Schlucht hinunter, der sich zwar teilt, aber auch wieder zusammenkommt. Sie betreten eine faszinierende Mischung aus wabenartigen Wänden, großen Felsbrocken und herabgestürztem Geröll mit grün leuchtenden Vegetationsflecken. Hier ist es oft ganz still. Die in verschiedenen Farben abgelagerten Schichten der Canyonwände, ihre teils ausgespülten Risse und viele Löcher faszinieren. Einen ersten der begehbaren, sehr schmalen Seitencanyons erreichen Sie 300 m weiter. Entlang von Rissen im Gestein entstanden diese hohen Felsspalten und diese erstreckt sich zu beiden Seiten der Schlucht. In der Folge kommen Sie an weiteren derartigen Felsspalten vorbei, die Sie nach Lust und Laune erforschen können.

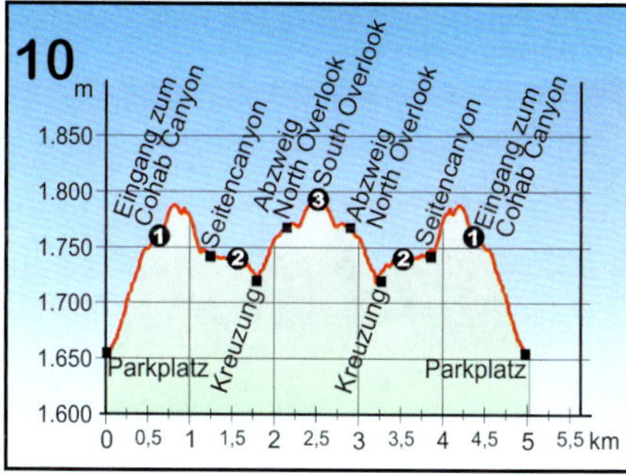

Auflösungshohlräume oder Wabenverwitterungen bilden sich nur an der Oberfläche des Sandsteins. Durch Wind, Eis und Wasser werden sie in Bereichen ausgewaschen, wo die Verbindung der Sandkörner durch Kalzit und Kieselsäure schwächer ist als im umgebenden Gestein.

Der Weg wird jetzt teilweise sehr sandig, nach zwei weiteren Seitenspalten bei km 1,2 weitet sich die Schlucht und die Wände werden runder und niedriger. Jetzt folgen Sie endgültig dem tiefsandigen Bachbett. 400 m weiter bei km 1,6 erreichen Sie das obere Ende eines Felsabsatzes ❷. Von hier aus blicken Sie in einen tieferen Bereich der Schlucht. Kiefern und Wacholder wachsen auf den Felsplatten, die die Seitenwände bilden und bereits zur gelbroten Kayenta-Schicht gehören. Am Ende der Schlucht erheben sich in fantastischem Kontrast strahlend weiße Dome aus Navajo-Sandstein. Wer sich den Anstieg zum Aussichtspunkt ersparen will, kann hier umkehren.

Der weitere Weg führt über die Felsplatte zur Linken, an deren unterem Ende ein deutlicher Pfad durch die Felsen auf der linken Schluchtseite beginnt. Die überall verstreut liegenden schwarzen Felskugeln erhöhen noch einmal die Farbfaszination dieser Felslandschaft.

Dann erreicht der Pfad eine Engstelle mit einer Kieferngruppe. Vor der nächsten Kieferngruppe weist ein kleines Schild links hoch zum „Fruita Overlook". Ein schmaler,

Die untere Schlucht des Cohab Canyon, überragt von weißen Domen aus Navajo-Sandstein

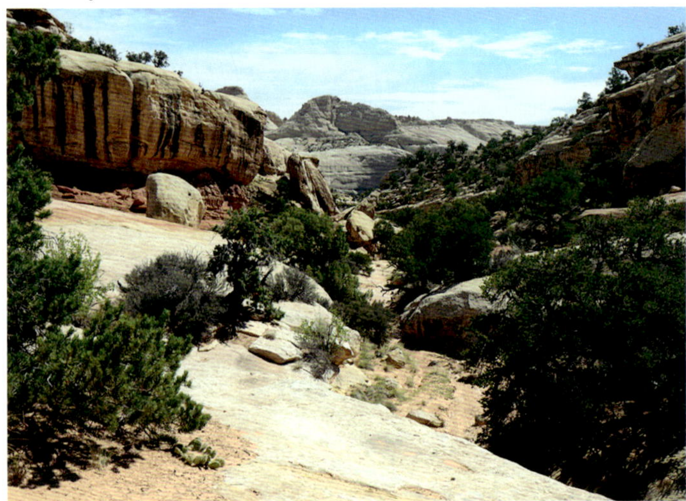

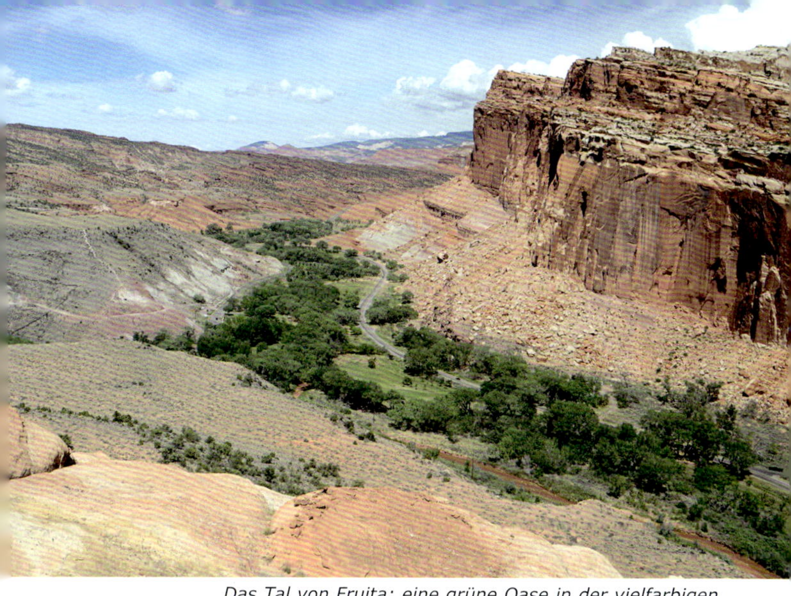

Das Tal von Fruita: eine grüne Oase in der vielfarbigen Felswüste von Capitol Reef

felsiger und gerölliger Pfad führt in Serpentinen aufwärts, auf Felsen am Abhang entlang, um 180° zurück und dann einige Stufen über Felsplatten hoch und wieder scharf nach links. Merken Sie sich diese Stelle, sie ist auf dem Rückweg etwas verwirrend. Anschließend leitet Sie der Weg oberhalb der Schlucht in einer langen Rechtskehre auf ein grasbewachsenes Plateau. Auf diesem stoßen Sie bei km 2,2 auf eine deutliche Kreuzung. 100 m weiter geradeaus liegt der North Overlook. Schöner, aber auch etwas schwieriger zu finden ist der South Overlook. Dazu wenden Sie sich an der Kreuzung nach links und achten ab jetzt besonders auf die mit schwarzen Steinen und Steinmännchen markierte Wegführung. Auf dem ersten felsigen Stück geht es vor der Kiefer links vorbei, dann quert der Pfad einen Einschnitt zum gegenüberliegenden Hang. Im Anstieg auf der Gegenseite halten Sie sich auf einer Felsplatte ganz leicht links, um wieder dem Pfad zu folgen. Er bringt Sie zu einem kleinen Absatz oberhalb eines tiefroten Felsenrundes, in das Sie über die steil geschichteten Felsplatten hinuntersteigen. Jetzt gehen Sie immer an den Felsen zur Rechten entlang und nachdem Sie diese umrundet haben, liegt Ihr Ziel vor Ihnen ❸. Hier haben Sie eine beindruckende Aussicht über das Tal von Fruita und die schräg gestellten Felsschichten von Capitol Reef!

Im Schatten der Felsen in Ihrem Rücken können Sie eine Rast einlegen und dann auf demselben Weg zurückgehen.

11 Sulphur Creek

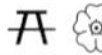

Tour für Schluchtenfans

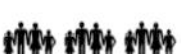

Wenig bekannt und doch eine der faszinierendsten Schluchten, die wir auf unseren Reisen durch den amerikanischen Westen entdeckten! Der Weg zu den Dritten Fällen wirkt wie ein wunderschönes Präludium: ein einsamer Bach, gesäumt von überraschend grünem Ufer und einigen Felswänden. Was dann folgt, ist ein Schluchtentraum in Rot: hohe, schroffe Felswände zu beiden Seiten, die teilweise eng zusammenrücken, dann wieder Platz lassen für weite, grüne Uferbänke, ausgewaschene Felsüberhänge in den Außenkehren, zu allen Seiten beeindruckend geformte Felsen! Vergessen Sie normale Wanderzeiten, hier ist vor allem Staunen angesagt!

- Start/Ziel: Parkbucht an der State Route 24 auf Höhe des Visitor Center, GPS N 38°17.521' W 111°15.720'
- 3 km zum Dritten Fall bzw. 7,3 km zur Engpassage
- 1 Std. bzw. 3 Std.
- ↑ ↓ 40 m/40 m bzw. 100 m/100 m
- ⇧ 1.680-1.710 m bzw. 1.680-1.770 m
- Sie wandern über unmarkierte Trampelpfade sowie im Bett des Sulphur Creek durch Wasser und auf Sand, Kies, Schlamm und Felsen. Die Überwindung der etwa 2,40 m hohen Stufe des Dritten Falles erfordert etwas Geschick, Wasser bis knietief, ab der Engpassage auch tiefer.
- Verlaufen ist aufgrund der Wegführung in der Schlucht kaum möglich.
- Überall in der Schlucht bieten sich Felsen für eine Rast an.
- WC am Visitor Center nahe dem Start/Ziel
- eine fantastische Entdeckungs- und Abenteuertour am Wasser für Kinder
- P am Start/Ziel
- Bitte beachten Sie unbedingt die **Hinweise zu *flash floods*** im Kapitel „Reise-Infos/Naturgefahren"!
- Bleiben Sie im Bachbett oder auf den deutlich erkennbaren Pfaden, um die Vegetation zu schützen.
- Das Wasser darf nicht getrunken werden.
- ☺ Turnschuhe, die genug Halt und Schutz geben, aber nass werden dürfen, sind hier ideal.

Von der Parkbucht aus überqueren Sie die Straße und gehen auf roter Erde auf die Seitenwand des Visitor Center zu. Kurz vor dem Gebäude erreichen Sie einen Trampelpfad und wenden sich nach rechts. Sie folgen ihm hinter den Gebäudekomplex und hinunter ins Bett des Sulphur Creek. Im Bachbett gehen Sie nach links auf die

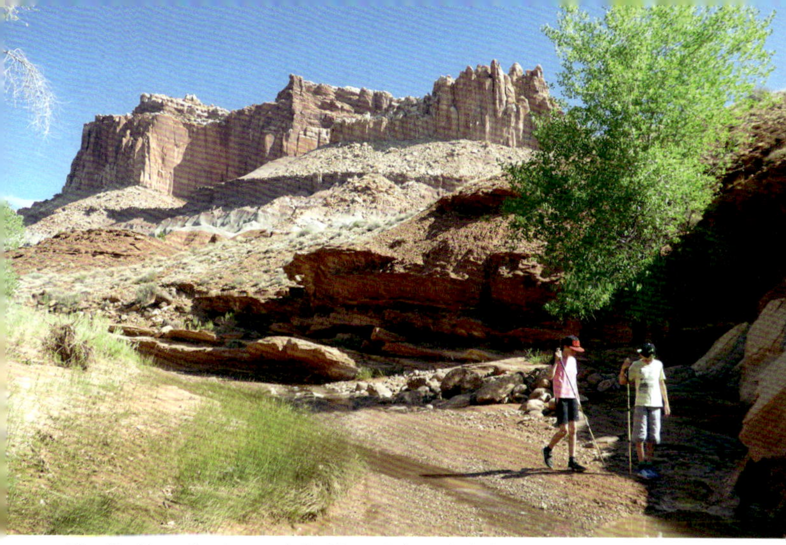

The Castle auf seinem vielfarbigen Felssockel überragt die noch niedrige Nordwand des Sulphur Creek

markant rote Felswand vor Ihnen zu. Tamarisken und Pappeln bilden einen wunderschönen Kontrast. Vor der Wand folgen Sie dem Creek durch die Rechtskehre. Noch bleibt das Tal weit und die Nordwand nur angedeutet, deshalb blicken Sie rechts auf The Castle.

Die zu schroffen Klippen und Türmen erodierten rötlich beigen Felsen von The Castle bestehen aus Wingate-Sandstein. Sie ruhen auf einem vielfarbigen Hügel aus den Sedimenten der Chinle Formation. Davor blicken Sie gegen die tiefroten, schräg gestellten Felsplatten der Moenkopi Formation.

Schon in der zweiten Rechtskehre erreichen Sie einen ersten Überhang und dann beginnt der Canyon sich zu schließen. Vor einer Linkskehre bei km 1 öffnen sich die Felsen nach links, hier hat ein unbenannter Nebencreek sein Bett gegraben. Dann werden Sie von fast 80 m hohen Canyonwänden umschlossen, nur an den Kurveninnenseiten bleiben hohe, bewachsene Sand- und Kiesbänke, über die meist Pfade zur Abkürzung führen.

Nach 1,5 km erreichen Sie den Dritten Wasserfall ❶ – so benannt, weil die klassische Schluchtbegehung von oben nach unten erfolgt, was aber zwei Fahrzeuge voraussetzt. Er stürzt aus einem Kessel über eine 2,40 m hohe Felswand – für den, der nicht mehr weiter möchte, ein schöner Platz für ein Picknick auf den Sandbänken und Wasserspiele von Kindern.

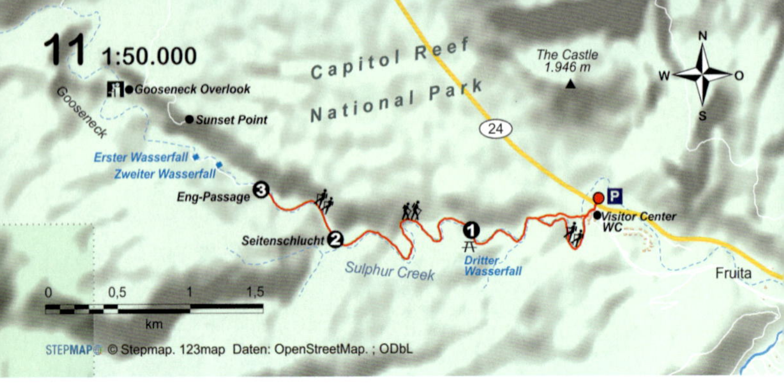

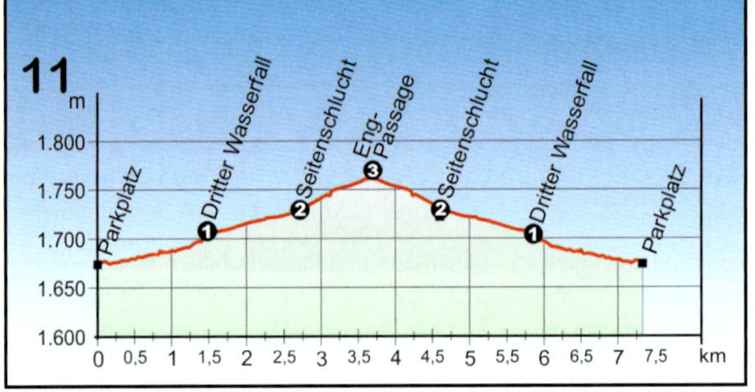

Um ihn zu überwinden, können Sie rechts einige Meter vor dem Wasserfall, wo die senkrechte Felswand endet, auf einen zweiten Felsabsatz hinauf und von dort auf halber Strecke zum Fall hinunter auf den schmalen ersten Absatz klettern.

Für die nächsten 50 m ist die Schlucht richtig eng, faszinierend hat der Sulphur Creek Rinnen und Becken in den felsigen Grund gegraben. Dann weitet sie sich wieder, ihre Felswände werden höher. Jede Kehre bietet neue grandiose Ausblicke, hohe, in Schichten aufgetürmte und in tiefes Rot getauchte Wände, Licht und Schatten, leuchtend grünes Laub, Überhänge und Felsen und dazwischen der Creek, der dies schuf.

Bei km 3 ❷, in der dritten, lang gestreckten Linkskehre nach dem Wasserfall, mündet von links eine weitere große Schlucht ein. Danach erheben sich die Felswände links über 200 m hoch.

Der obere Rand der Schlucht wird durch die Moenkopi Formation stabilisiert.

Schluchtaufwärts tritt darunter zuerst der Kaibab Limestone zutage, die gleiche Kalksteinschicht, die auch die obersten Klippen des Grand Canyon formt. Schließlich erreicht die Schlucht im Bereich des Goosenecks Overlook die noch ältere Schicht des White Rim Sandstone.

Mit diesen Gesteinen gibt der Sulphur Creek Einblick in die ältesten Schichten Capitol Reefs.

Zwei Kehren nach dem großen Nebencanyon erreichen Sie bei km 3,9 eine faszinierende Engpassage ❸, hier rücken die im unteren Bereich senkrechten Schluchtwände auf wenige Meter zusammen. Bereits hier können große wassergefüllte Löcher in den Flussgrund gespült sein.

300 m und 500 m weiter flussaufwärts kommen Sie zu zwei weiteren Wasserfällen, die jeweils auf ihrer linken Seite überwunden werden können. Allerdings bilden sich vor dem Ersten – aus Ihrer Sicht weiter entfernten – Fall nach Sturzfluten immer wieder große, tiefe Pools, die dann durchschwommen werden müssen.

Unglaublich aber wahr: so rot und so hoch, da kann man nur staunen!

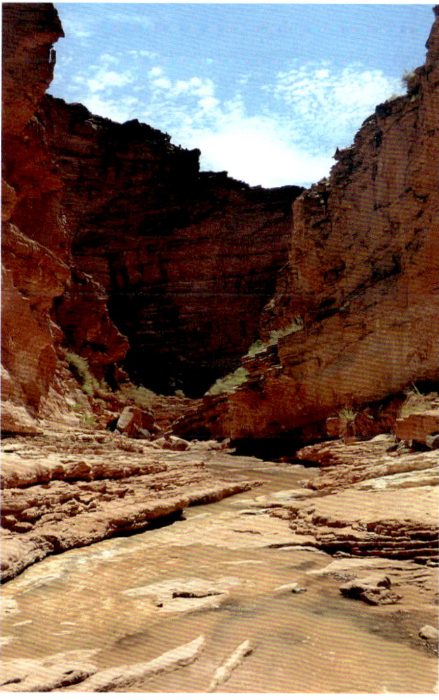

Wenn die Zeit für den Rückweg gekommen ist oder Sie genug gesehen haben, gehen Sie auf gleichem Weg zurück. Dabei können Sie auf dem Rückweg die letzte weite Kehre abkürzen, indem Sie dort, wo der Canyon sich öffnet, nach Westen auf den Pfad über die Böschung ausweichen. Ein kleines Hinweisschild zeigt Richtung „Visitor Center". Er führt vorbei an einem kiln, einem Gebäude, wie es die ersten Pioniere Fruitas errichteten. Über einen niedrigen Hügel mit Blick auf The Castle zur Linken bringt der Weg Sie zum Sulphur Creek und zur Rückseite des Visitor Center.

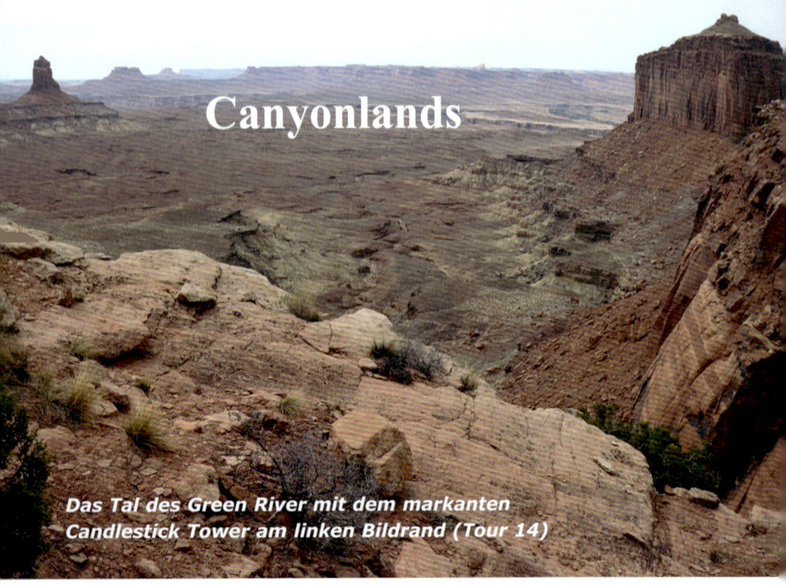

Das Tal des Green River mit dem markanten Candlestick Tower am linken Bildrand (Tour 14)

Felsschichten des Colorado-Plateaus

(Aufzählung ist nicht vollständig)

- **Entrada Sandstone**: gelbe Klippen und Finnen, 140-180 Mio. Jahre alt (Jura), besteht v. a. aus Wüstensand mit fast runden Sandkörnern, porös aufgrund der vielen Zwischenräume, bildet die Felsbögen im Arches NP
- **Carmel Formation**: Tonstein und Sand (mittleres Jura), sehr kleine Tonpartikel füllen die Löcher zwischen den Sandkörnern, dadurch dichter und weniger porös als Entrada Sandstone, Basis vieler Arches
- **Navajo Sandstone**: großes Farbspektrum von weiß bis rosarot, 170-190 Mio. Jahre alt (frühes Jura), bildet die Oberfläche des Island-in-the-Sky-Tafelberges, die Felswände des Zion Canyon, Kuppen im Capitol Reef
- **Kayenta Formation**: formt rotbraune, gebrochene Steilhänge, die die darunterliegenden Wingate-Klippen und den aufliegenden Navajo Sandstone deutlich trennen, 180-200 Mio. Jahre alt, Schluff- und Sandablagerungen eines Fluss-Systems
- **Wingate Sandstone**: beigerote, prominente Steilklippen, 200 Mio. Jahre alt (spätes Trias), vom Wind aufgetürmte, mächtige Dünen, z. B. Cathedral Rock in Capitol Reef, Schlucht bei Einfahrt in den Needles District

- **Chinle Formation**: gelbe, braunrote und graue Schichten aus Sandstein, Tonschiefer, Kalkgestein und vulkanischer Asche, entstanden vor 200-230 Mio. Jahren im Schwemmlandsystem eines Paläo-Flusses, formt farbenprächtige Schuttabhänge
- **Moenkopi Formation**: formt bunte Stufen und Schrägen aus Schluff und feinem Sandstein, 250 Mio. Jahre alt, Überreste eines riesigen Binnenmeeres, an manchen Stellen kann man die Wellenform des Meeresuntergrundes im Schluffstein sehen
- **White Rim Sandstone**: 270 Mio. Jahre alt (mittleres Perm), Dünen eines ehemaligen Meeresufers, sehr verwitterungsstabil, tritt als Teil der Toroweap Formation im Grand Canyon auf, bildet weißes Band bzw. weiße Dickschicht der inneren Schluchten Canyonlands
- **Cedar Mesa Sandstone**: ehemalige Küstendünen mit rot-weißen Streifen durch periodischen Eintrag eisenreicher, roter Sedimente aus dem sich erhebenden Uncompahgre-Plateau (Teil des Colorado-Plateaus), 250-290 Mio. Jahre alt (frühes Perm), häufigste Gesteinsschicht im The Needles District, bildet die Needles
- **Paradox Formation**: bis zu 2.000 m mächtige Salzschicht, 290-320 Mio Jahre alt, unter Druck stark plastisch verformbar, sorgte bei Hebung des Colorado-Plateaus für Bewegung und Risse in aufliegenden Gesteinen, bis zu 700 m tiefe Canyons von Colorado und Green River reichen stellenweise bis zur Paradox Formation herunter

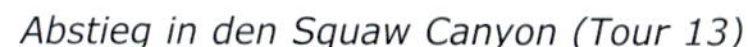

Abstieg in den Squaw Canyon (Tour 13)

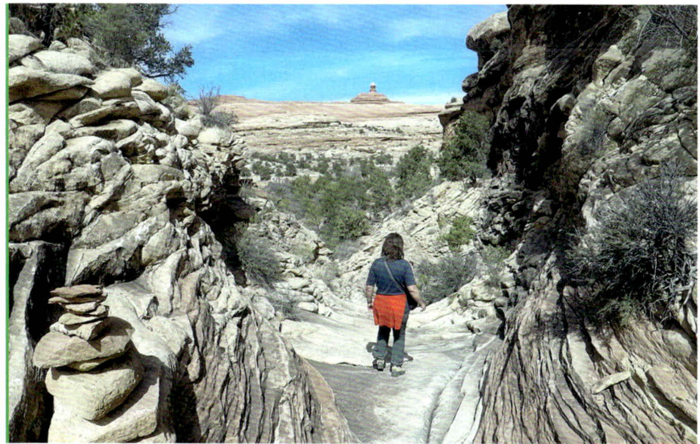

Canyonlands – einsame Schluchten-Wunderwelt

In Sedimente von Jahrmillionen gegrabene Schluchten, Felsformationen, die sich in fast grenzenlose Ferne erstrecken, weite Wüstenlandschaft, Farbenspiele roter Felsen mit blauem Himmel und grüner Vegetation, und doch meist einsam und still, das ist Canyonlands!

Auf den klassischen Reiserouten bleibt Canyonlands meist außen vor. Es ist wenig erschlossen, viele Straßen sind nur für Fahrzeuge mit Vierradantrieb geeignet. Das macht den Park zu einem Juwel für den, dem die beliebten Nationalparks zu überlaufen sind.

Hier haben der Colorado und der Green River weite Schluchten in das Colorado-Plateau gegraben und trennen es in drei Teile, den südlichen Distrikt The Needles, den nordwestlichen The Maze und den nordöstlichen Island in the Sky.

Island in the Sky – Insel im Himmel – ist der treffende Name für das Hochplateau auf fast 1.900 m Höhe. Durch eine asphaltierte Straße erschlossen, ermöglicht es an vielen, meist auf kurzen Fußwegen erreichbaren Stellen weite, faszinierende Aussichten in die Schluchten, die die beiden Flüsse geschaffen haben. Die Dimensionen der Landschaft sprengen hier die Vorstellungskraft, wobei es vor allem die Weite der Schluchtenlandschaft ist, die kaum fassbar erscheint.

Der südliche Distrikt The Needles – die Nadeln – ist nach seinen weiß-rot gestreiften Felszinnen benannt. Die Erosion hat hier vielfältige Gesteinsformationen geschaffen, bizarre Wände, Säulen, Bögen, Schluchten. Auch hier ermöglicht eine asphaltierte Zufahrtsstraße Zugang für „normale" Fahrzeuge.

The Maze – das Labyrinth – ist ein wahrer Irrgarten aus Schluchten, Türmen und Wänden. Den meisten Touristen bleibt dieser Bereich verwehrt, denn es gibt nur gravel roads – Schotterstraßen –, die geländetaugliche Fahrzeuge voraussetzen.

Wandern im Canyonlands National Park

Canyonlands befindet sich auf einem Hochwüstenplateau, das bedeutet heiße Sommer und kalte Winter mit starken Temperaturschwankungen. Die ideale Wanderzeit sind Frühling (Mitte März bis Mai) und Herbst (Mitte September bis Oktober) mit Tagestemperaturen zwischen 15 und 27° C und Nachtwerten im einstelligen Bereich. Im Sommer ist mit Höchstwerten bis zu 40° C und heftigen Gewittern zu rechnen, v. a. in dieser Zeit sollten Anstrengungen in der Mittags- und frühen Nachmittagszeit vermieden werden. Die Winter bringen wenig Schnee, sind aber kalt.

Wanderwege im Canyonlands haben oft wenig mit dem gemein, was in Deutschland allgemein darunter verstanden wird. Völlig selbstverständlich führen sie über

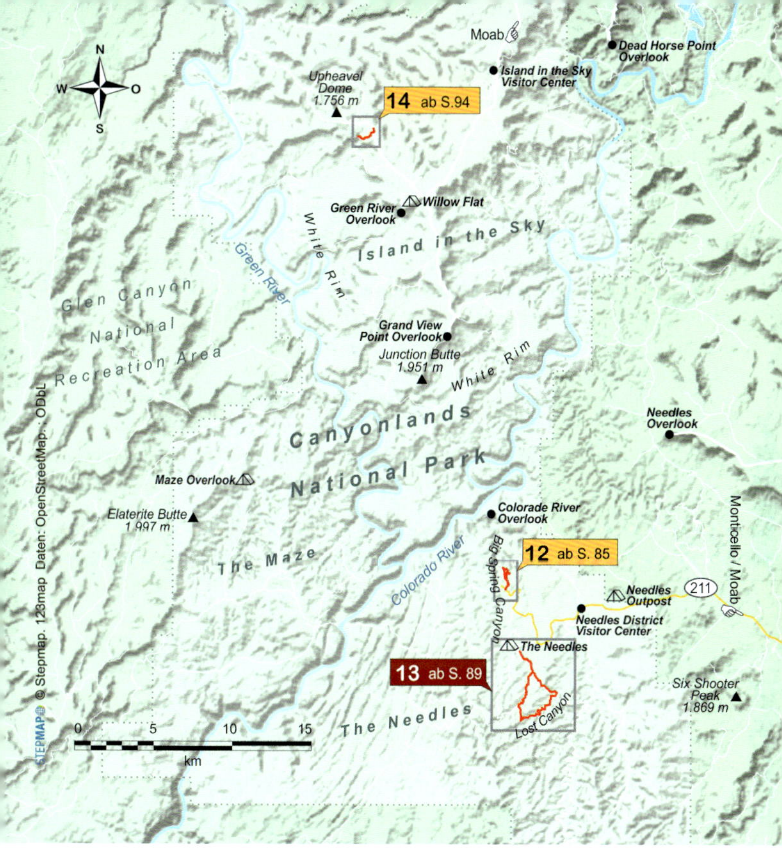

Felsflächen, auch wenn diese manchmal so steil werden, dass die Hände benötigt werden. Zwar sind sie an Verzweigungen mit Richtungstafeln markiert, aber ansonsten muss man sich anhand des offensichtlichen Pfades oder an Steinmännchen orientieren. Da Verlaufen im Canyonlands wegen der Unübersichtlichkeit, Hitze und Einsamkeit gefährliche Folgen haben könnte, sollten Sie sehr bewusst auf die Wegführung achten.

Unbedingt notwendig im Wüstenklima ist die Mitnahme von reichlich Wasser und Sportgetränken.

Außerdem sollten Sie ausreichenden Wetterschutz einpacken, sich wegen der Möglichkeit heftiger Gewitter über die Wettervorhersage informieren und den Himmel im Auge behalten.

Unterkünfte

Campingplätze im The Needles District:

- ⛺ The Needles (Squaw Flat) Campground, ☏ (001) 877-444-6777, 💻 www.recreation.gov, einige Plätze im Frühjahr/Herbst reservierbar, sonst *first come, first served*, keine Duschen, Trinkwasser nur saisonal, $ 20
- ♦ Needles Outpost, ☏ (001) 435-459-0777, 💻 www.needlesoutpost.com, privat, aber direkt an der Nationalparkgrenze, Duschen und Wasser, kleines Geschäft, Plätze liegen an Felsen mit sehr schöner Aussicht, ab $ 22

Campingplätze im Island in the Sky District:

- ⛺ Island in the Sky (Willow Flat) Campground, *first come, first served*, kein Trinkwasser, $ 15
- ♦ Horsthief Campground, betrieben vom BLM (Bureau of Land Management), auf der Zufahrtsstraße 16 km vor dem Visitor Center, Toiletten, aber kein Wasser, first come, first served, $ 15
- ♦ Kayenta und Wingate Campgrounds, 💻 www.reserveamerica.com, ☏ (001) 800-322-3770, 22 km vor dem Nationalpark im Dead Horse State Park, Wasser, keine Duschen, $ 40 inkl. Parkeintritt

Moab liegt knapp 1,5 Std. Fahrzeit entfernt von The Needles bzw. 45 Min. von Island in the Sky. Unterkünfte dort ☞ Arches

Schon die Zufahrt zum The Needles District beeindruckt mit mächtigen Wänden einer breiten Schlucht (Tour 12)

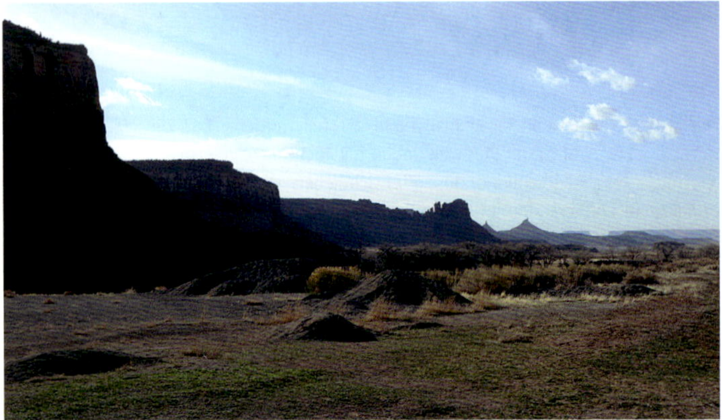

12 Slickrock Trail

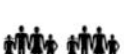

Tour für Felsenfans

Slickrock ist eine typische Landschaftsform in Utah und bezeichnet vom Wind blank gewehte Sandsteinfelsen. So führt diese Wanderung vor allem über Fels, genauer über ein Plateau aus Cedar-Mesa-Sandstein oberhalb der Einschnitte von Little Spring Canyon und Big Spring Canyon. Neben diesem ungewöhnlichen Untergrund ist vor allem die Aussicht zu den verschiedenen Seiten des Plateaus faszinierend. Diese Wanderung ist also aus gutem Grund beliebt, aber trotzdem nicht überlaufen und absolut empfehlenswert.

- Start/Ziel: breiter Parkstreifen „Slickrock Trail" 300 m vor Ende des Park-Highways, GPS N 38°10.618' W 109°48.873'
- 4 km
- 2 Std.
- 70 m/70 m
- 1.500-1.525 m
- überwiegend auf felsiger Oberfläche, kein Schatten
- Steinmännchen: Achten Sie auf diese, denn im Felslabyrinth ist die Übersicht schnell verloren!
- schöne Aussichts- und Schattenplätze am zweiten Aussichtspunkt (km 1,5)
- eine tolle, abwechslungsreiche Wanderung für Kinder, Steilabbrüche sind allerdings nirgendwo geschützt
- P am Start/Ziel
- Im Winter kann der Weg vereist sein. Im Sommer wird es sehr heiß, wandern Sie nicht in der Mittagshitze und nehmen Sie genug Getränke mit!
- Beachten Sie die Infos zur „biologischen Bodenkruste" im Kapitel „Reise-Infos/Wanderinfrastruktur".

Vom Parkplatz aus folgen Sie dem beschilderten Weg nach Westen. Er steigt zwischen einigen Felsen an und erreicht nach 100 m eine Kreuzung vor einer Felswand, an der Sie sich nach links wenden. Sie werden in ein natürliches Felsrund geleitet, in dem die weißen, roten und gelben Steinschichten mit völlig unterschiedlicher Struktur faszinieren. Eine Folge von Steinstufen bringt Sie auf ein Plateau. Nach insgesamt 500 m stehen Sie am ersten Aussichtspunkt. Auch wenn die Aussicht weiterhin fantastisch bleibt, bietet sich hier die beste Rundumsicht. In Richtung Nordosten erstreckt sich die rote, mit blaugrünem Beifuß gesprenkelte Sandsteinwüste von Canyonlands, oberhalb der in 14 km Entfernung gelb aufragenden Klippenwand aus Wingate- und Navajo-Sandstein verläuft die Needles Overlook

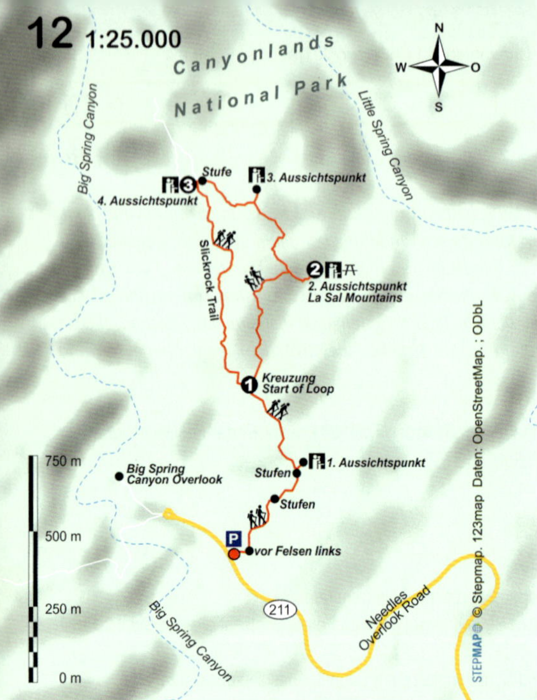

Road und dahinter erheben sich im Nordosten die vulkanischen La Sal Mountains.

Etwas südlich ragt der Six Shooter Peak in den Himmel, ein markanter Sandsteinkegel mit sechs ansteigenden Felsspitzen. Noch weiter südlich folgen die Abajo Mountains, ebenfalls vulkanischen Ursprungs.

Im Süden ist die dichteste Ansammlung von Needles, Felssäulen im Cedar Mesa Sandstone, zu sehen, sie erstrecken sich wie stumme Wächter entlang des Horizonts.

Die La Sal Mountains, zu deren Füßen Moab liegt, sind etwa 60 km entfernt und bilden mit dem 3.877 m hohen Mount Peale Utahs zweithöchste Gebirgskette. Entdeckt wurden die weißen Gipfel von einer Expedition im August 1776. Da die Forscher sich nicht vorstellen konnten, dass es in dieser Wüstengluthölle im Sommer Schnee geben könnte, vermuteten sie Salz – spanisch: *la sal* – auf den Kuppen der Berge. Auch heute noch sind die Berggipfel bis weit in den Juli hinein verschneit.

Die 40 km entfernten Abajo Mountains – deutsch: niedrige Berge – sind immerhin auch 3.465 m hoch. Sie sind dicht bewaldet und spielen wie die La Sal Mountains eine wichtige Rolle in der Wasserversorgung der Region.

Von hier aus folgen Sie weiter dem Pfad bzw. den Steinmännchen und erreichen ein Hinweisschild „Start of Loop" ❶ (km 0,9). Hier wenden Sie sich nach rechts. Ihr Weg führt am Plateaurand vorbei und gibt immer wieder den Blick auf die Szenerie östlich von Ihnen frei. Sie wandern über Felsplatten und vorbei an spärlichem Bewuchs, einzelnen Kiefern und Wacholdern, Kakteen und Erde in kleinen Mulden, die die typischen Strukturen der biologischen Bodenkruste (☞ S. 14) aufweist. Ein kleines Schild weist Sie auf den zweiten Aussichtspunkt hin ❷. Dort bringt Sie ein etwas steilerer Abstieg über Felsen auf ein kleines Plateau oberhalb des oberen Little Spring Canyon. Unter Ihnen erstreckt sich eine zerklüftete Schlucht, große Felsen laden dazu ein, sich in ihrem Schatten niederzulassen oder sie zu erklettern, um Landschaft und Aussicht zu genießen. Mit etwas Glück können Sie Dickhornschafe entdecken.

Sie gehen zurück zum Abzweig und folgen dem Slickrock Trail weiter Richtung Norden.

Beim dritten Aussichtspunkt stehen Sie oberhalb des unteren Little Spring Canyon. Zerklüftete dunkelrote und fast lilafarbene Gesteine bilden Wände und Terrassen.

Little Spring Canyon und Big Spring Canyon führen beide Wasser, auch wenn dies nur an einzelnen Stellen zu sehen ist und im Sommer ganz versiegen kann. Das Wasser entstammt den Abajo Mountains. Zusammen mit dem größeren Salt Creek münden sie in gut 3 km Entfernung in den Colorado River.

Ab hier wendet sich der Weg nach Westen über die hügelige Gesteinsoberfläche, Steinmännchen helfen bei der Orientierung. Richtung Norden erheben sich die Klippen

Little Spring Canyon, in der Ferne überragt von Junction Butte und dem Plateau von Island in the Sky

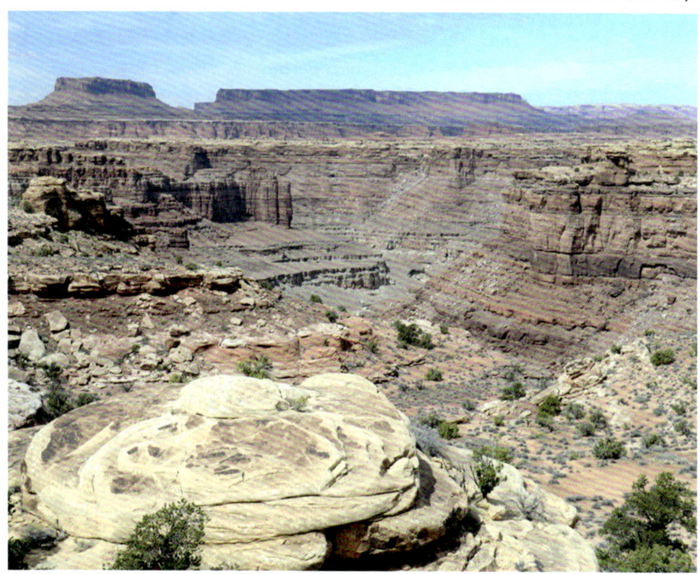

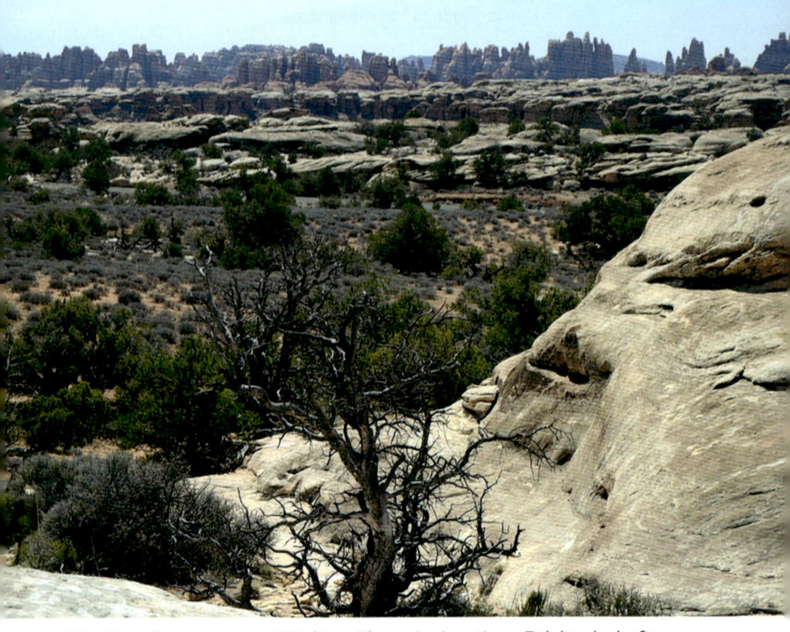

The Needles, stumme Wächter über einzigartiger Felslandschaft

des Island in the Sky District. Der frei stehende Tafelberg Junction Butte erreicht 1.951 m Höhe. Rechts davon befindet sich der Grand View Point, ein Aussichtspunkt mit Straßenanschluss, von dort schließt sich nach Osten der in Felsnadeln abfallende White Rim Overlook an. Das Bett des Colorado befindet sich in der Schlucht, die hinter dem Little Spring Canyon erkennbar ist. Die markante vielzackige Erhebung nordwestlich von Ihnen ist der 20 km entfernte und 1.997 m hohe Elaterite Butte im Maze District.

Eine Felsstufe bei km 2,3 können Sie rechts umgehen und erreichen 50 m weiter den vierten Aussichtspunkt ❸. Sie stehen über dem dramatischen Big Spring Canyon. Sein Grund befindet sich 200 m unter Ihnen und wird von beindruckend steilen, vielfarbigen Felswänden überragt. Dahinter schieben sich wieder die Needles vor den Horizont.

Weiter führt der Weg Sie jetzt am westlichen Plateaurand entlang nach Süden, vorbei an immer neuen Felsformationen, hügeligen Sandsteinflächen und auf Felsbändern. Bei km 3,2 erreichen Sie die Verzweigung ❶. Auch wenn die Beschilderung hier verwirrt, wenden Sie sich nach rechts und kehren zurück zum Parkplatz.

⑬ Lost Canyon

Tour für Schluchtenfans

Wandern in Canyonlands ist herausfordernd, so auch beim Weg zum und durch die „vergessene Schlucht". Aber die Mühe wird vielfach belohnt! Sie durchwandern verschiedene Landschaften, felsengerahmte Wüstentäler mit Fernblick, weite Felskessel in verschiedenen Gelb und Rottönen und eine wunderschöne, teilweise überraschend grüne Schlucht, die sich im Gewirr von Canyonlands verbirgt. Eine absolut lohnenswerte Tour, die ein bisschen Orientierungssinn und Trittsicherheit und Schwindelfreiheit an zwei Schlüsselstellen voraussetzt.

Start/Ziel: Parkplatz „Squaw Flat" 150 m vor Ende der Straße durch den Squaw-Flat-Campground-Bereich A, GPS N 38°08.613' W 109°48.223'

13,6 km

4-6 Std.

280 m/280 m

1.545-1.665 m

teils sandige Wege, teils über blanken Fels, zwei steile Felspassagen (km 2,7 und 7,9), von denen v. a. die zweite Trittsicherheit und Schwindelfreiheit erfordert

Hinweistafeln an Kreuzungen, sonst Steinmännchen

Schattenplätze auf Felsstufen bei ca. km 7,4

WC am Start/Ziel

nur für größere, sehr trittsichere Kinder, dann eine schöne Herausforderung

P Parkplatz am Start/Ziel. Vor allem im Frühjahr/Herbst füllt der Parkstreifen sich schnell, deshalb sollten Sie früh starten.

Im Winter kann der Weg in felsigen Abschnitten vereist sein. Wandern Sie in der warmen Jahreszeit nicht in der Mittagshitze und nehmen Sie genug Getränke mit!Im Sommer ist wegen der Hitze von dieser Wanderung dringend abzuraten.

Schwere Sommergewitter können zu massivem Anstieg des Wassers im Canyon führen.

Ihr Weg beginnt wenige Meter östlich des Toilettenhäuschens, an der Hinweistafel „Squaw Flat Trailhead" kommen Sie nach 25 m vorbei. Dann folgt sofort eine Verzweigung, an der Sie nach links in Richtung „Lost Canyon" wandern. Ihr Pfad führt Sie Richtung Südosten erst durch dünn mit Wacholder bestandene Wüste, dann im Wechsel auch über Felsplatten, von denen Sie eine schöne Aussicht auf die La Sal Mountains im Nordwesten haben (☞ Tour 12, Slickrock Trail). Knapp links davon erhebt sich der 1.664 m hohe, vielfarbig gestreifte Squaw Butte. Bei km 1,6 erreichen Sie eine weitere beschilderte Verzweigung ❶ und gehen links Richtung Lost Canyon.

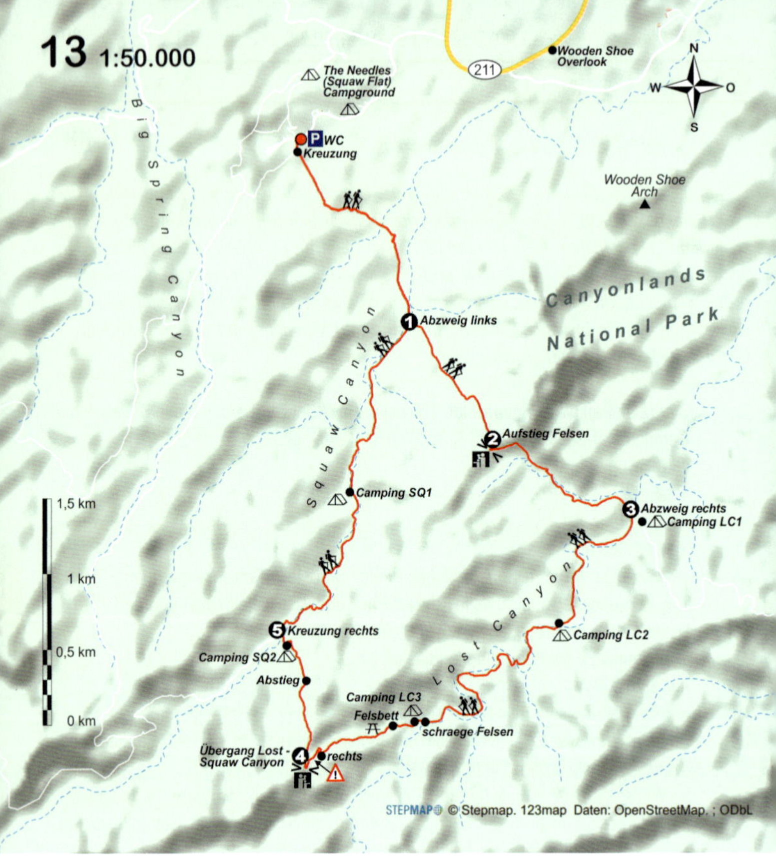

Ihr Weg hält jetzt auf das südliche Ende der markanten Felswand vor Ihnen zu. Er führt durch einen lichten Bestand an Kiefern und einigen Eichen, erklettert eine stufige Felswand und wendet sich auf ihrer halben Höhe nach links (Steinmännchen!). Über ein wacholderbestandenes Plateau erreichen Sie einen Sattel. Steinmännchen weisen den Weg bergauf, ein enger Einschnitt gibt ein bisschen Halt bei diesem kurzen, aber recht steilen Anstieg.

Oben angekommen ❷ (km 2,7) haben Sie eine fantastische Aussicht zu beiden Seiten. Nach Norden blicken Sie auf das weite Wüstenplateau, von Felsnadeln und -wänden gesäumt, durch das Sie gekommen sind, nach Südosten auf eine wilde Steinwelt, in die sich eine Nebenschlucht des Lost Canyon einschneidet.

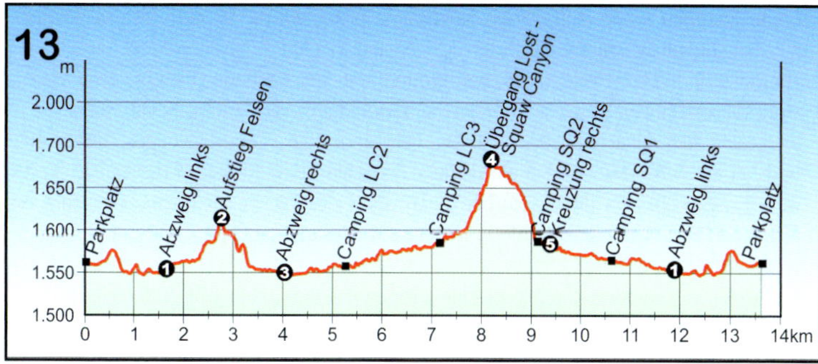

Auf der südlichen Seite des Sattels wenden Sie sich nach links und folgen einem breiten Felssockel leicht abwärts, steigen durch die Felsen eines großen Steinschlages und klettern eine kurze Leiter hinunter. Dann wandern Sie noch einige Meter auf einem schmaleren Felssockel weiter Richtung Osten und steigen schließlich eine stufige Felswand hinab in die Schlucht.

Dort folgen Sie dem Weg schräg links immer durch oder parallel zum trockenen Bachbett und ignorieren alle schmalen Nebencanyons auf der rechten Seite. Deutlich führt der Weg schließlich auf das Bankett zur rechten Seite und umrundet einen großen Felsvorsprung.

Bei km 4 erreichen Sie eine markierte Kreuzung ❸ im breiten, sandigen Bachbett des Lost Canyon, das mit Pappeln (*cottonwood*) mit silbern leuchtender Rinde bestanden ist. Hier wenden Sie sich nach rechts Richtung „Squaw Flat Campground". Ab jetzt folgen Sie der Schlucht aufwärts, mal wandern Sie im sandigen Bachbett, dann durch Pappelbestände, mal führt der Weg deutlich über das seitliche Bankett durch Gras, Beifuß oder Wacholder und Kiefern. Hohe gelbe Felswände, teils mit überragendem Deckgestein, teils rund ausgewaschen oder wild zerklüftet, begrenzen die Schlucht. Das

Aufstieg aus dem Lost Canyon wenige Schritte vor der Schlüsselstelle (links hoch)

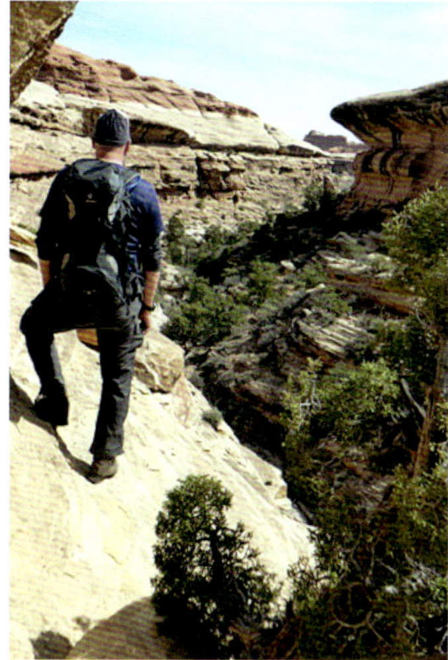

breite Bachbett sowie einige hohe Sandwände bezeugen die Wucht, die das Wasser hier bei starken Sommergewittern erreichen kann. Bei km 5,2 passieren Sie das kleine Hinweisschild „LC2" (wilderness campground). Ab km 5,8 finden sich bis etwa Mitte April Wassertümpel, gespeist aus den Abajo Mountains. Hier wächst Schilf, wenig später gesellt sich Schachtelhalm dazu. Die Felswände rücken spürbar enger zusammen und bei km 6,8 erreichen Sie ein dichtes Wäldchen, eine Rarität in der Wüste. Erst wandern Sie links an diesem vorbei, dann quert der Weg nach rechts. Bei einigen schrägen Felsen verlassen Sie die grüne Oase wieder und passieren 100 m weiter den *wilderness campground* LC3.

Ab km 7,4 wandern Sie teilweise im felsigen Bachbett. Hier gibt es Schattenplätze auf Felsstufen unter Kiefern und Wacholder, ideal für ein Picknick.

Jetzt folgt der Anstieg heraus aus dem Lost Canyon. Die Schlucht wird immer enger und Sie folgen ihrem Grund weiter bergauf bis zu einem Felsenüberhang. Hinter diesem (km 7,9) steigen Sie rechts hoch und wenden sich auf halber Höhe rechts auf das Felsplateau oberhalb des Überhangs (Steinmännchen!). Sie umrunden den Felsen zu Ihrer Linken, direkt dahinter geht es wieder aufwärts. Hier helfen nur zwei kleine Fußtritte im Fels, die letzten 2 m der schräg in den Canyon abfallenden Wand zu überwinden. Für diese Schlüsselstelle brauchen weniger Trittsichere eine helfende Hand.

Oben wenden Sie sich nach links und gehen auf erst schmalen, dann breiter werdenden Felsbändern auf den vor Ihnen liegenden Sattel zu. Von dort ❹ (km 8,2) haben Sie nach Osten eine fantastische Sicht auf den tief eingeschnittenen, grünen Lost Canyon, nach Westen blicken Sie in ein großes Felsenrund oberhalb des Squaw Canyon.

Felsen soweit das Auge reicht beim Blick vom Felssattel Richtung Squaw Canyon

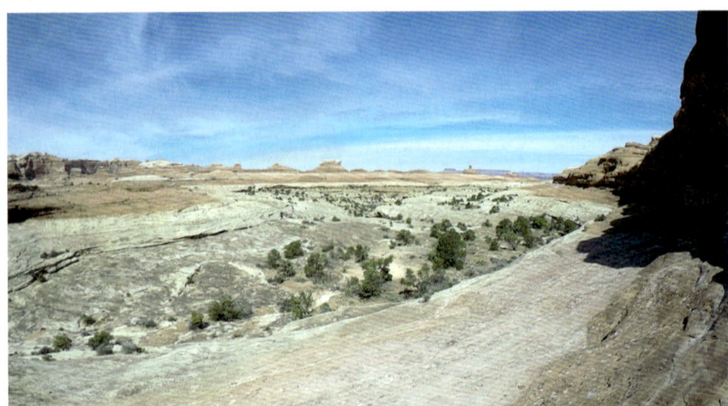

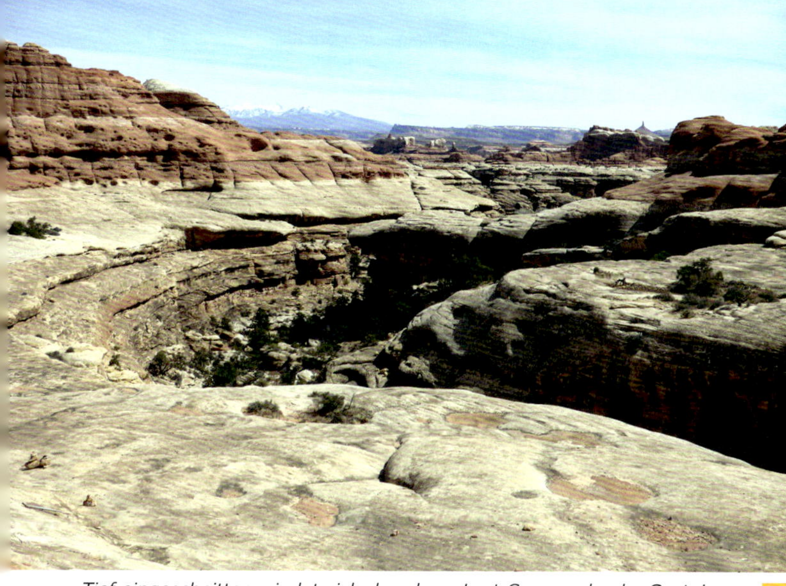

Tief eingeschnitten windet sich der obere Lost Canyon durchs Gestein, in der Ferne überragt von den La Sal Mountains

Diesem folgen Sie auf den schräg abfallenden Felsbändern unterhalb der Steinwände langsam absteigend nach Norden. Steinmännchen geleiten Sie zu einem stufig steil abfallenden Bachbett, es folgt ein wildromantischer Abstieg. Kurz vor Erreichen des Talgrundes wendet sich der Weg nach rechts, passiert *wilderness campground* SQ2, quert keine 100 m weiter das Bachbett des Squaw Canyon und erreicht bei km 9,2 eine Kreuzung ❺. Hier gehen Sie nach rechts schluchtaufwärts. Mehrfach wechselt der Weg die Talseite und führt durch lichten Kiefer-Wacholder-Bewuchs.

Bei km 10,3 queren Sie das Bachbett erneut an einer breiten, felsigen Stelle, 300 m weiter kommen Sie am *wilderness campground* SQ1 vorbei. Danach wird der Untergrund feuchter, hier wachsen Schilf und Büsche. Knapp 500 m weiter betreten Sie ein weites, fast ebenes Tal, das von roten Felsen und steinernen Champignons malerisch umrahmt ist. Diesem folgen Sie aufwärts und stehen bei km 12 wieder an der Verzweigung vom Hinweg ❶, an der Sie sich nach links wenden und auf bekanntem Weg zum Parkplatz zurückgehen.

☺ Das dichte Netz an Wegen rund um den Lost Canyon ermöglicht zwei- und mehrtägige Ausflüge in die Wildnis. Dazu benötigen Sie die entsprechende Ausrüstung und eine Erlaubnis *(permit)*.

💻 www.nps.gov/cany/planyourvisit/backcountrypermits.htm

14 False Kiva

Tour für Freunde weiter Felsenlandschaft

Auf keiner Nationalparkkarte markiert und von Rangern nur auf Nachfrage knapp beschrieben: der Weg zur False Kiva, einem riesigen Überhang in den Felsklippen der Island in the Sky Mesa, in dem sich eine archäologische Stätte befindet, ein Steinkreis unbekannten Ursprungs. Schon der Weg durch Wüstenlandschaft fasziniert, noch mehr die Aussichten in das weite Schluchtsystem des Green River.

Aber am eindrücklichsten ist die Größe der Felsenlandschaft, durch die diese Wanderung führt. Erst aus der Perspektive im Steilhang wird die riesige Dimension der Felswände deutlich, die den Wanderer umgeben.

Start/Ziel: Parkplatz „Alcove Spring", 1,9 km vor Ende der Upheaval Dome Road, GPS N 38°25.415' W 109°54.528'

3,1 km

1 Std. 30 Min.

160 m/160 m

1.590-1.730 m

600 m Straße, ansonsten sandig-felsig mit einigen Steinstufen

eine spannende Tour für größere, trittsichere Kinder

am Start/Ziel

Im Winter kann der Weg vereist sein. Im Sommer wird es sehr heiß, wandern Sie nicht in der Mittagshitze und nehmen Sie genug Getränke mit!

Es handelt sich um eine archäologische Stätte, behandeln Sie diese mit dem notwendigen Respekt und verändern Sie nichts!

In der False Kiva den Sonnenuntergang abzuwarten, ist ein beeindruckendes Erlebnis. Denken Sie an Taschenlampen für den Rückweg!

Vom Parkstreifen aus folgen Sie der Straße für 300 m Richtung Süden. Dabei ignorieren Sie kleinere Fußpfade, die nach rechts abzweigen. Erst etwa mittig in der langen Linkskehre, deren rechte Außenseite mit Totholz geschützt ist, um Parken zu verhindern, wenden Sie sich an einem Steinmännchen auf einen breiten Pfad nach rechts ❶.

Diesem sandigen Weg folgen Sie erst von der Straße weg, dann schräg auf das Ende der Felsenkuppe vor Ihnen zu. Er führt durch typische Wüstenvegetation mit erstaunlich unterschiedlichen Büschen, Blumen und Kakteen sowie der allgegenwärtigen biologischen Bodenkruste (☞ S. 14) .

Nach 800 m weisen Steinmännchen nach links über Felsen, über einige Stufen abwärts und wieder nach rechts. Auf diese Art umgehen Sie eine hohe Felsstufe im

Trockenbett. Ab jetzt führt der Pfad erst auf der linken Seite des Trockenbettes entlang durch lichten Bestand an Kiefern und Wacholder und wechselt dann nach rechts. Ab km 1,15 ❷ biegt er nach rechts ab und wird steiler, gerölliger und rutschiger. Gleichzeitig eröffnen sich großartige Blicke in die weite Schlucht des Green River. Wenig später laden glatte Felsen zum Verweilen und Staunen ein.

Unter Ihnen erstreckt sich das Holeman Spring Basin, das bis zum Green River reicht, dahinter erheben sich die Felswände des The Maze District. Links löst sich der frei stehende, 1.788 m hohe Candlestick Tower aus der vorspringenden Felswand.

Beeindruckende Felsformationen und Aussichten begleiten den Abstieg zur False Kiva

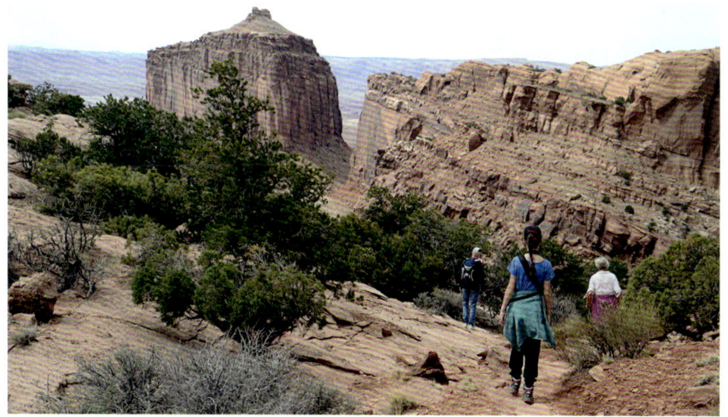

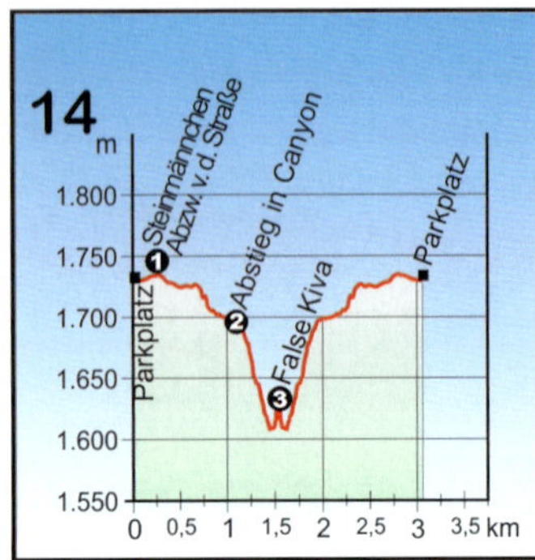

Nur wenig später können Sie den Überhang der False Kiva sehen. Von hier ist auch der Wegverlauf auf Felsbändern unterhalb des Überhanges und dann schräg zurück aufwärts gut zu sehen. Zuerst aber führt der Weg Sie zwischen großen Felsbrocken hindurch weiter abwärts, dann folgt fast eben ein teilweise etwas schmales Felsband entlang einer Felswand. Erst jetzt wird die Größe der Felsklippen ringsum deutlich – die Dimensionen scheinen sich zu ändern. Schließlich liegt die False Kiva hinter und über Ihnen. Achten Sie auf Steinmännchen, sie leiten rechts zurück und aufwärts. Am Ende müssen Sie eine schräge Felsplatte hochklettern, dann stehen Sie im riesigen Überhang der False Kiva ❸ (km 1,6). Von dort geht es auf demselben Weg zurück.

Das fast überirdisch wirkende Nachtfoto der Milchstraße aus der False Kiva gesehen von Wally Pacholka wurde am 29.09.2008 zum „Astronomy Picture of the Day" der NASA.

Bei der False Kiva treffen faszinierende Landschaft und historische Bedeutung aufeinander: ein außergewöhnlicher Ort!

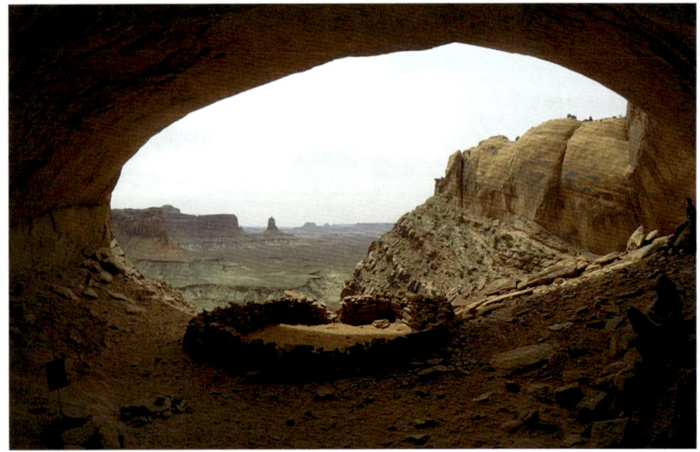

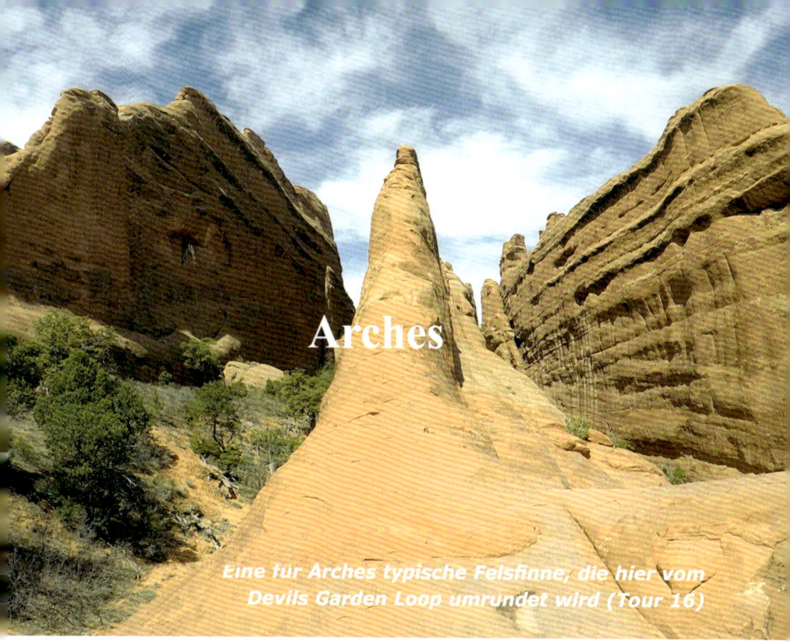

Arches

Eine für Arches typische Felsfinne, die hier vom Devils Garden Loop umrundet wird (Tour 16)

Arches – Felsbögen in weiter Felswüste

Landscape Arch mit 93 m Spannweite oder Delicate Arch, auf vielen Autonummernschildern in Utah zu sehen, sowie fast 2.000 weitere Felsbögen sind der Grund, Arches zu besuchen. Nirgendwo sonst auf der Welt gibt es eine solche Ansammlung von natürlichen Felsbögen! Was die Besucher allerdings zuerst oft erwartet, ist eine lange Blechkarawane vor dem Eingang des Nationalparks. Zwischen der Abzweigung vom Hwy. 191 und dem Eintrittshäuschen befinden sich 1,1 km Straße, und auf dieser staut sich der Verkehr zu Hauptzeiten so sehr, dass die Nationalparkverwaltung auf ihrer Internetseite extra darauf hinweist, dass Rückstaus auf dem Highway verboten sind. Wenn die Arches Entrance Road also voll ist, muss man auf dem Highway vorbeifahren! Da hilft in Ferien- und Feiertagszeiten nur, möglichst früh oder spätnachmittags in den Park zu fahren.

Ein weiteres Merkmal von Arches sind die vielen kurzen Stichwege zu Felsbögen oder anderen Attraktionen. Verglichen mit anderen Parks gibt es erstaunlich wenig längere Wanderwege.

Trotzdem sind und bleiben die Felsbögen beeindruckend. Sie entstehen, wenn Gestein erodiert und härtere Bereiche erhalten bleiben. Was so banal klingt, ist ein unglaubliches Wunderwerk der Natur und hat so etwa 100 Mio. Jahre gedauert. Auch heute noch geht die Umgestaltung der Landschaft weiter, Fels und Bögen erodieren, zerfallen, bilden neue Formen.

Für das Einfahrtsproblem in Arches werden übrigens zurzeit zwei Möglichkeiten diskutiert: ein Shuttlesystem mit großen Parkplätzen außerhalb des Parks auf der anderen Seite des Hwy. 191 und/oder ein Online-Reservierungssystem für den Zugang mit privatem Fahrzeug für Stoßzeiten.

Entstehung der Arches

Bei der Entstehung der Arches spielten viele Faktoren eine Rolle. Es fing damit an, dass die Paradox Formation, eine dicke Salzschicht weit unter den Sandsteinschichten von Arches, durch das Gewicht der aufliegenden Schichten verformt und verbogen wurde. Das verursachte Risse in den aufliegenden Gesteinen. Diese erodierten und so entstanden Finnen, schmale Steinwände. Durch glückliche Umstände bestehen die Finnen aus dem porösen Entrada-Sandstein und darunter aus der dichteren Carmel Formation.

Wasser drang in den Entrada-Sandstein ein, sickerte nach unten und sammelte sich auf der dichteren Carmel Formation. Dort löste es die Calzit-Bindungen der Sandsteinkörner des Entrada-Sandsteins. So entstanden durch Erosion Hohlräume, Frostsprengungen im Winter taten ein Übriges.

Finnen, oft eng zusammen stehend, sind die Basis für die Bildung der Arches (Tour 16).

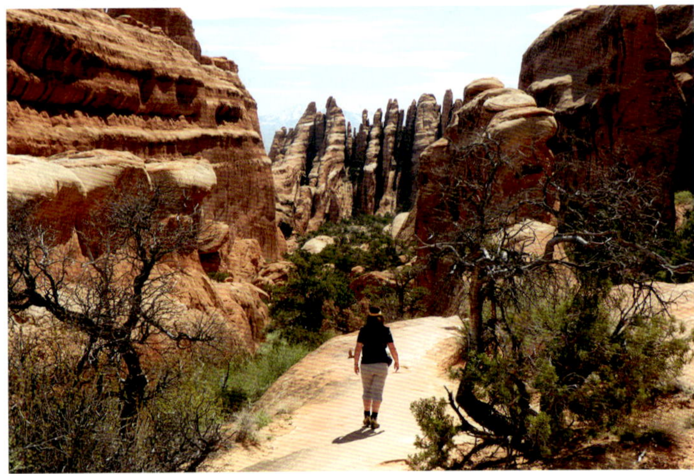

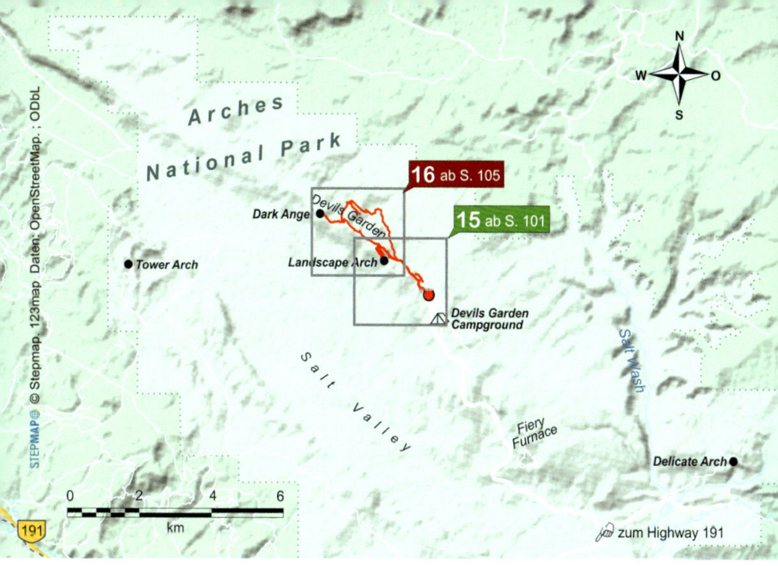

Damit aber wirklich Bögen entstehen konnten, war auch die Menge an Niederschlag bedeutend: genug für Erosion, aber nicht zu viel, sonst wären die Felsbögen gleich mit erodiert. Außerdem durften keine zerstörenden Erdbeben stattfinden.

Die Nationalparkverwaltung formuliert es so: Sie sind genau zur richtigen Zeit hier! Wären Sie vor einer Million Jahren gekommen, dann wären die Ebenen noch von einem Teil der ursprünglich 2,5 km dicken Deckschichten bedeckt gewesen, von Felsbögen weit und breit keine Spur. Kämen Sie in 100.000 Jahren, wären Entrada- und Carmel-Schichten ebenfalls erodiert. Was Sie dann erwarten würde, bleibt vorerst unbekannt.

Wandern im Arches National Park

Arches befindet sich auf einem Hochwüstenplateau, das bedeutet heiße Sommer und kalte Winter mit starken Temperaturschwankungen. Die ideale Wanderzeit sind Frühling (Mitte März bis Mai) und Herbst (Mitte September bis Oktober) mit Tagestemperaturen zwischen 15 und 27° C und Nachtwerten im einstelligen Bereich. Im Sommer ist mit Höchstwerten bis 40° C und heftigen Gewittern zu rechnen. Die Winter bringen wenig Schnee, sind aber kalt.

Wanderwege in Arches sind teilweise erstaunlich rustikal. Haben Sie die Kurzstrecken zur Hauptattraktion hinter sich, sind sofort Trittsicherheit und Orientierungssinn gefragt, denn die Wege führen auch über verschiedenste Felsflächen. Trotzdem sind Sie auch dort nicht so einsam unterwegs wie im Canyonlands.

Unbedingt notwendig im Wüstenklima ist die Mitnahme von reichlich Wasser und Sportgetränken.

Außerdem sollten Sie Wetterschutz einpacken, sich eventuell über die Wettervorhersage informieren und den Himmel im Auge behalten.

Unterkünfte

⛺ Devils Garden Campground im Nationalpark, ☏ (001) 877-444-6777, 💻 www.recreation.gov, Reservierungen für März bis Oktober ab 6 Monaten im Voraus, in der Regel schnell ausgebucht, Wasser, aber keine Duschen, $ 25

Das nahe gelegene Moab ist die nächste größere Stadt für Arches und Canyonlands und ein Eldorado für Offroad-Touren und sonstige Fun-Sportarten.

⛺ Der Ort verfügt über zwölf Campingplätze, davon sechs entlang des Hwy. 191 im Ort. Günstig und trotzdem relativ zentral am östlichen Ortsrand ist Pack Creek Campground, ☏ (001) 435-259-2982, 💻 packcreekcampground.com, einfach, aber ruhig und nett, saubere Sanitäranlagen, $ 30.

🛏 Hotels gibt es in allen Preisklassen, eine vollständige Liste mit ungefähren Preisangaben finden Sie unter 💻 discovermoab.com.

Außerdem gibt es im Umfeld, v. a. entlang des Colorado River, viele sehr einfache *first-come-first-served*-Campingplätze des Bureau of Land Management.

Nicht einsam aber trotzdem wunderschön: auf dem Weg zum Landscape Arch

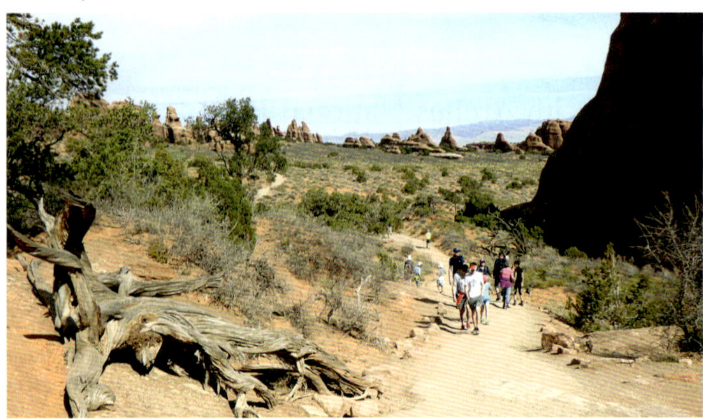

15 Landscape Arch – Five Arches

Tour für Felsenfreunde

Wer in den Arches-Nationalpark fährt, tut dies, um Felsbögen zu sehen. Zu einem der bekanntesten machen Sie sich bei dieser Tour auf den Weg, gemeinsam mit vielen anderen Menschen. Der Einblick in die Felsformationen ist trotzdem faszinierend! Wer sich aber auf den zweiten Teil der Wanderung vorwagt, wird einen großen Teil der Wanderer hinter sich lassen und kann die weiteren Bögen mit mehr Ruhe genießen.

Start/Ziel: Devils-Garden-Parkplatz am Ende der Devils Garden Road, GPS N 38°46.967' W 109°35.694'
3 km (bis Landscape Arch) bzw. 6,3 km (mit allen fünf Bögen)
1 Std. bzw. 2 Std. 30 Min.
70 m/70 m bzw. 170 m/170 m
1.570-1.595 m bzw. 1.550-1.660 m
bis zum Landscape Arch betoniert, nur am Ende sandig, dann über Felsen
schöne Stellen mit Schatten bei Navajo Arch (km 2,6) und Pine Tree Arch (km 5,4)
WC am Start/Ziel
kurz, abwechslungsreich, mit einigen Klettermöglichkeiten, also ideal für Kinder, Steilabbrüche sind nicht gesichert
bis 200 m vor Landscape Arch auch für Wanderer mit Buggy möglich
P am Start/Ziel
Beachten Sie die Infos zur „biologischen Bodenkruste" im Kapitel „Reise-Infos/Wanderinfrastruktur".
Nehmen Sie genug Getränke mit, im Sommer wird es sehr heiß.
Jegliches Einritzen von Initialen o. Ä. in den Sandstein untersagt sich von selbst! Leider müssen die Ranger immer wieder aufwendig diese Form von Vandalismus entfernen.
☺ Obwohl es sehr viele Parkplätze gibt, können diese in den Hauptzeiten zwischen etwa 9:00 und 16:00 völlig belegt sein. Starten Sie also am besten früh oder am späteren Nachmittag.

Ihre Wanderung beginnt am nordwestlichen Ende des großen Kreisverkehrs rechts neben den Toilettenhäuschen. Hier gibt es auch einen Wasserspender. Ein breiter Weg, teilweise etwas kiesig, aber zum größten Teil mit Beton befestigt, führt Sie durch hohe Felswände zu beiden Seiten.

Luftbilder enthüllen es: Sie wandern zwischen Felsfinnen hindurch, hohe, hier von Nordwesten nach Südosten ausgerichtete Felsmauern, die durch Erosion entlang von Rissen entstanden.

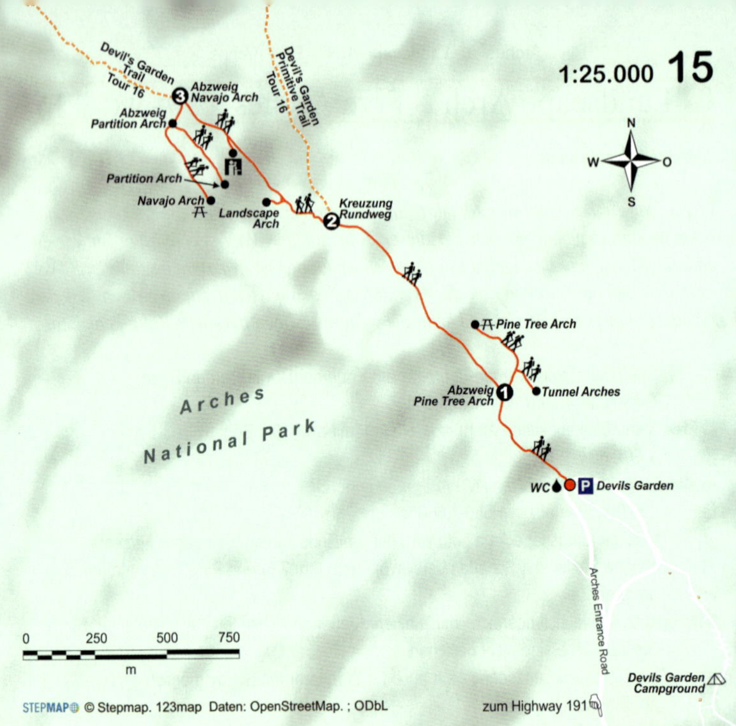

Schnell erreichen Sie ein kleines, grünes, von Felswänden gerahmtes Tal. Lücken in den Felsen erlauben eine weite Sicht nach Nordosten. An der beschilderten Verzweigung bei km 0,4 ❶ halten Sie sich links und wandern weiter in ständigem Auf und Ab zuerst noch durch Felsmauern, dann durch freie Landschaft.

Wo Sie bei km 1,3 wieder auf Felsen treffen ❷, erreichen Sie eine weitere Verzweigung, hier kommt von rechts der Rundweg. Sie gehen links weiter, ab jetzt auf sandigem Grund. Deutlich erhebt sich zur Linken der Landscape Arch und 150 m weiter führt ein eingezäunter Abstecher nach links zu einem guten Fotostopp.

Der Landscape Arch gilt als fünftlängster natürlicher Felsbogen weltweit. Er hat eine Spannweite von 93 m (Nationalparkangabe), ist an seiner dünnsten Stelle nur 2 m dick und gilt als der gefährdetste Felsbogen des Parks. Die letzten großen Felsstürze ereigneten sich 1991 und 1995, als Felsplatten von 22 m Länge bzw. 14 und 9 m Länge und damit Tonnen von Gestein herabstürzten. Seitdem ist der Wanderweg unter dem Felsbogen gesperrt.

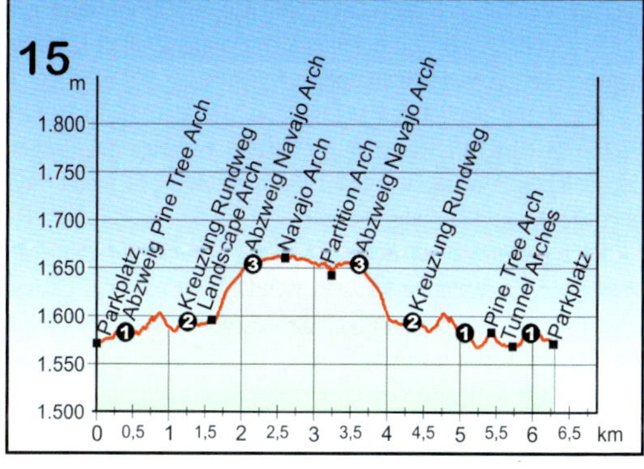

Ab jetzt wird der Weg etwas abenteuerlicher. Zurück am Hauptweg blicken Sie nach links und sehen den breiten, ansteigenden Felssattel zwischen Felswänden: Dies ist Ihr Weg. Er ist zwar etwas gewöhnungsbedürftig und steiler, aber trotzdem gut zu gehen. Oben angekommen können Sie auf der linken Felsmauer ein Stück zurückgehen und haben einen fantastischen Ausblick über ihren bisherigen Weg, die Felsfinnen und die La Sal Mountains im Hintergrund.

Dann folgen Sie dem jetzt wieder „normalen" Weg durch eine weitere Engpassage zwischen Felsen und stehen an deren Ende bei km 2,2 an der nächsten Verzweigung ❸.

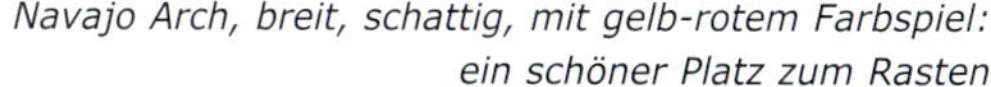

Navajo Arch, breit, schattig, mit gelb-rotem Farbspiel: ein schöner Platz zum Rasten

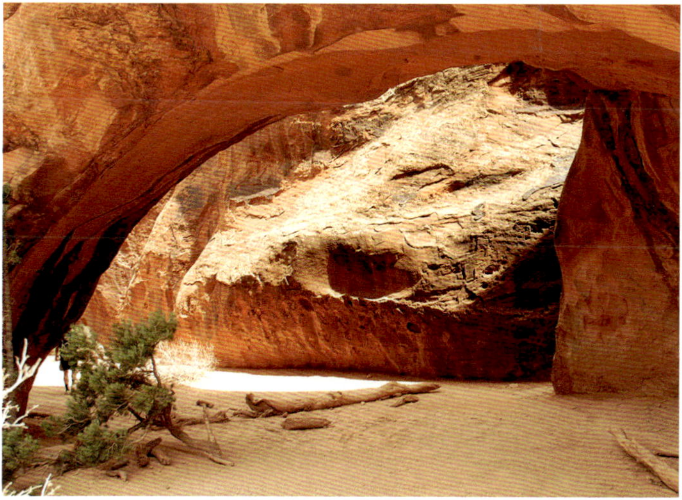

Hier wenden Sie sich nach links und knappe 100 m weiter gehen Sie geradeaus zum Navajo Arch. Der Bogen befindet sich in einer breiten Felsmauer, er wirkt dunkel und schwer. Hier gibt es Schattenplätze.

Zurück an der letzten Verzweigung wenden Sie sich nach rechts zum Partition Arch. Der Weg ist etwas steiniger als der vorherige. Der Bogen selbst befindet sich in der gleichen Felsfinne wie der Landscape Arch. Er bietet eine fantastische Weitsicht über die Wüste Richtung Osten.

Jetzt gehen Sie auf demselben Weg zurück, am Landscape Arch vorbei bis zur allerersten Verzweigung ❶, und wenden sich auf dem gekiesten Weg links abwärts. Unten an der Verzweigung gehen Sie zuerst nach links. Dort erwartet Sie der Pine Tree Arch. Es ist ein wunderschöner Bogen, umgeben von Kiefern und großen Sandflächen. Hier können Sie eine schattige Rast einlegen.

Schließlich warten noch die beiden Tunnel Arches auf Sie, wenn Sie an der letzten Verzweigung geradeaus gehen. Es handelt sich um zwei Löcher oben in der 50 m entfernten Felswand.

Von hier aus gehen Sie wieder hoch zum Hauptweg und wenden sich nach links zum Parkplatz.

Der Landscape Arch, fragil und doch tonnenschwer, gibt als fünft-längster natürlicher Felsbogen weltweit.

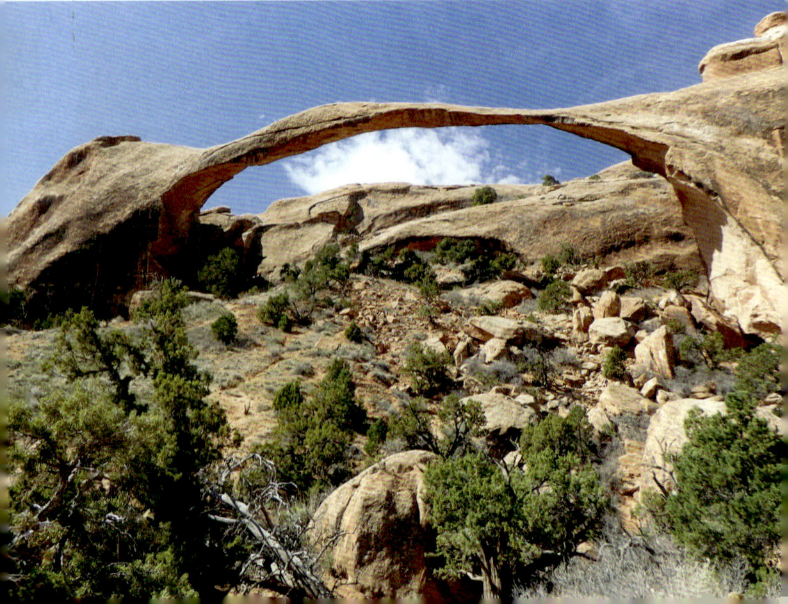

⑯ Devils Garden Loop

Tour für alle, die Arches besonders intensiv erleben wollen

Dies ist eine Wanderung für alle, die Arches intensiver und abseits der Massen erleben wollen. Gleichzeitig gilt sie als längste Wanderung dieses Nationalparks, der sich vor allem durch kurze Wege zu Besichtigungspunkten auszeichnet. Hier geht es gar nicht mehr um die maximale Anzahl an Felsbögen, sondern um die faszinierenden Täler zwischen den Felsfinnen, das Wechselspiel der Farben, die überraschende Wegführung, die Fernsicht. Eine absolut lohnenswerte und die mit Abstand schönste Tour des Parks, die allerdings etwa Trittsicherheit und Orientierungsvermögen voraussetzt.

Start/Ziel: Devils-Garden-Parkplatz am Ende der Devils Garden Road, GPS N 38°46.967' W 109°35.694'

12,6 km

4 Std.

350 m/350 m

1.525-1.670 m

zuerst betoniert, ab km 1,3 fester Grund, sandig oder auf Felsen

schöne Stellen mit Schatten bei Navajo Arch (km 2,6), Private Arch (km 7,4) und Pine Tree Arch (km 11,7)

WC am Start/Ziel

wegen der Länge nur für wandererprobte Kinder geeignet, ansonsten abwechslungsreich, keine Absturzsicherung auf der Felsfinne bei km 4

P am Start/Ziel

Bei Regen können die Felsflächen sehr rutschig werden.

Beachten Sie die Infos zur „biologischen Bodenkruste" im Kapitel „Reise-Infos/Wanderinfrastruktur".

Nehmen Sie genug Getränke mit, im Sommer wird es sehr heiß.

Jegliches Einritzen von Initialen o. Ä. in den Sandstein untersagt sich von selbst! Leider müssen die Ranger immer wieder aufwendig diese Form von Vandalismus entfernen.

Obwohl es sehr viele Parkplätze gibt, können diese in den Hauptzeiten zwischen etwa 9:00 und 16:00 völlig belegt sein. Starten Sie am besten früh.

Sie starten Ihre Wanderung mit Tour 15 (☞ die ausführliche Wegbeschreibung finden Sie dort): Durch hohe Felswände wandern Sie zu dem kleinen grünen Tal und weiter zur beschilderten Verzweigung bei km 0,4 ❶. Von dort geht es auf und ab bis zur Verzweigung bei km 1,3 ❷, wo Sie sich nach links wenden. Über das abenteuerlichere Wegstück und durch die Engpassage erreichen Sie erst den Navajo Arch und besuchen dann den Partition Arch.

Zurück am Hauptweg von Navajo und Partition Arch ❸ (km 3,6) wenden Sie sich nach links. Für knapp 1 km wandern Sie gemütlich durch wüstenhafte Umgebung. Dann wendet sich der Pfad über Felsen nach links und bei km 4 stehen Sie auf einem Felsrücken. Auf dieser im oberen Bereich 2-3 m breiten Felsmauer gehen Sie für 150 m Richtung Nordwesten. Von hier oben haben Sie eine fantastische Sicht auf die Landschaft um Sie herum, rechts erstreckt sich ein wildes Tal, das von drei Seiten von bizarren Felsfinnen gesäumt wird, sein Grund liegt fast 100 m unter Ihnen. Kurz vor Ende der Felsfinne steigen Sie nach links herunter und folgen dem Weg weiter entlang der letzten Finnenausläufer, um 20 m weiter eine Verzweigung zu erreichen, an der Sie rechts zu einem Aussichtspunkt mit Blick über das Tal und den Black Arch gelangen. Dieser befindet sich knapp 500 m entfernt auf der anderen Talseite und trägt seinen Namen aufgrund der schwarzen Felswand hinter der Bogenöffnung.

Anschließend folgen Sie dem Weg in die ursprünglich linke Richtung weiter. Er führt Sie weiter Richtung Nordwesten, zuerst über Felsen mit Steinmännchenmarkierungen, dann wieder auf sandig-erdigem Grund mit einer Felswand zur Linken. Dort folgen Sie dem leicht abfallenden Felsband mit der Felsfinne zur Linken. Einige Meter vor dem großen Felsen, der das Ende der inzwischen niedrigen Felsfinne markiert, sehen Sie links oberhalb ein Steinmännchen. Hier können Sie ohne größere Schwierigkeiten etwa 2 m links aufwärts klettern, gehen auf dieser Finne nach links ein paar Meter aufwärts und folgen dem deutlichen Pfad nach rechts. Er führt Sie auf sandigem Grund und durch einige Felsen noch gut 100 m weiter und Sie stehen vor dem Double O Arch (km 4,9). Dieser erhebt sich in zwei übereinanderliegenden Bögen.

Als wäre ein Bogen nicht genug: der bunt-gestreifte Double O Arch

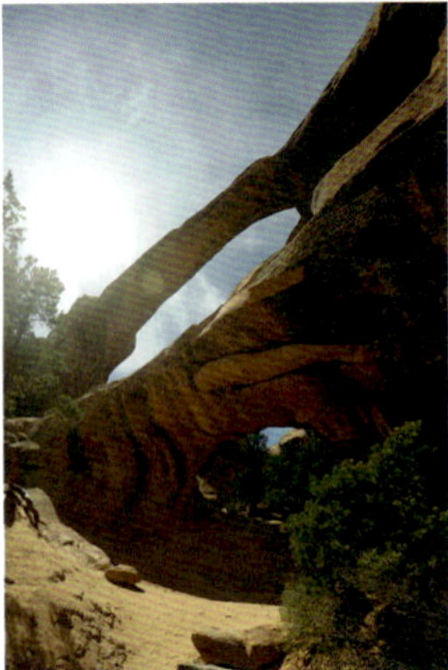

Am rechten Ende des Double O Arch beginnt der Rundweg (Primitive Trail). Wenn Sie den Weg bis hierher schwierig fanden, sollten Sie allerdings nicht weitergehen. Ansonsten stehen Sie sofort an einer Verzweigung ❹, an der es nach links zum Dark Angel geht. Etwa 400 m Luftlinie vor Ihnen erheben sich die Spitzen vieler Felsfinnen, die teilweise zu frei stehenden Säulen erodiert sind. Ganz links und einsam steht der Dark Angel, ein 50 m hoher Sandsteinfelsen.

Der Weg dorthin führt auf sandigem Grund durch einige Felsblöcke und über Felsstufen hinunter in das Tal vor Ihnen. Dort erreicht er einen Felsrücken, dem er gerade auf den dunklen Engel zu folgt. Schließlich führt er aufwärts

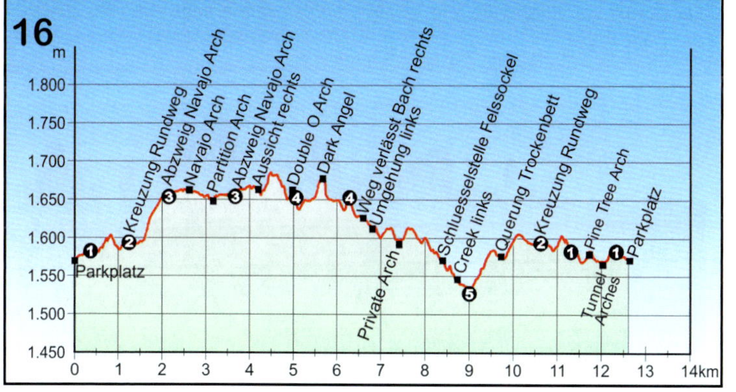

zu seinem weißen Sockel. Von hier können Sie die fantastische Weitsicht über die Finnen von Arches und die sich im Hintergrund darüber erhebenden La Sal Mountains genießen.

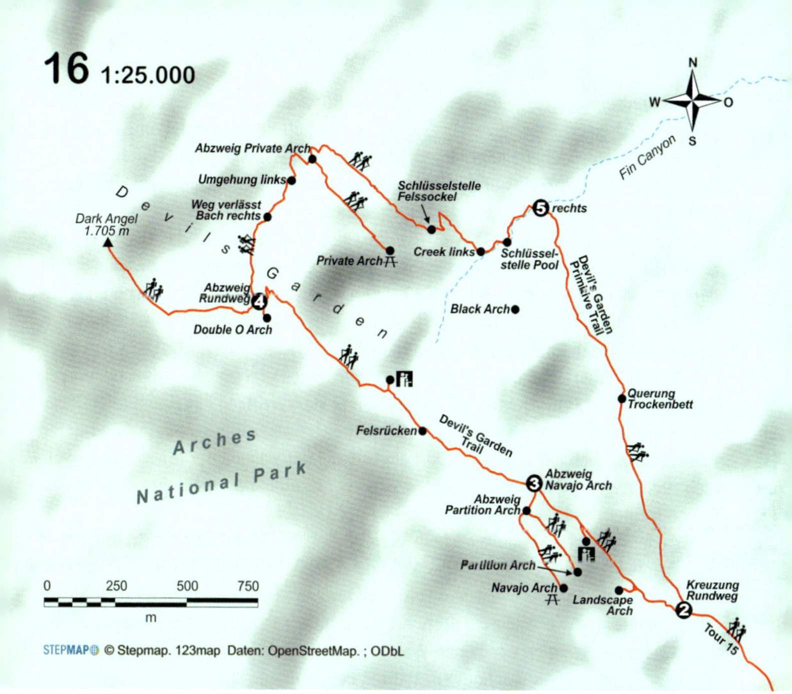

Auf demselben Weg gehen Sie zurück zum Rundweg und wenden sich an der Verzweigung ❹ nach links abwärts. 200 m weiter betreten Sie ein Wunderland aus Felsen. Sie folgen dabei einem temporären Bachbett, das Sie abwärts führt, quer zu den Finnen, die sich rechts und links erheben. Wilde Felsgestalten in Beige und Gelb, gesprenkelt mit grünen Kiefern, nach rechts können Sie durch die Finnen zudem die La Sal Mountains sehen. Bei km 6,6 verlässt der Weg kurzzeitig das Bachbett nach rechts, um sich etwa 60 m weiter wieder mit diesem zu vereinen. Nur wenig später (km 6,8) allerdings müssen Sie der mit Steinmännchen markierten Umgehung nach links über Felsen weg vom Bachbett folgen, da dieses einige höhere Stufen aufweist. Zurück beim Bach folgt bald die Abzweigung zum Private Arch nach rechts (km 6,9).

Der Weg führt auf der rechten Seite einer beeindruckenden Felswand vorbei, wechselt nach 100 m nach rechts an den Rand einer niedrigen Finne und folgt dieser immer auf ihrer rechten Seite. Etwa 300 m weiter wird sie zur Felswand, an deren Ende Sie sich nach links wenden. Dort liegt schräg unter Ihnen der Private Arch oberhalb abfallender Felsen. Hier könnten Sie im Schatten des Felsbogens tatsächlich alleine bleiben, nicht umsonst trägt dieser Bogen seinen Namen.

Wieder wandern Sie auf gleichem Weg zurück und beim Rundweg nach rechts. Nur knapp 40 m weiter verlässt der Weg das Bachbett nach rechts und verläuft mit Steinmännchen markiert auf einem Felsband abwärts. Auf diesem wandern Sie durch ein Finnental und wechseln nach etwa 150 m auf den jetzt breiter werdenden Talgrund. Hier im Schatten der hohen Wände ist es erstaunlich grün und es gibt Schattenplätze unter großen Wacholdern. Wo die Felswand zur Linken endet, wendet sich

Ein Gewirr von Felsfinnen und -säulen, und einsam erhebt sich links davon der Dark Angel

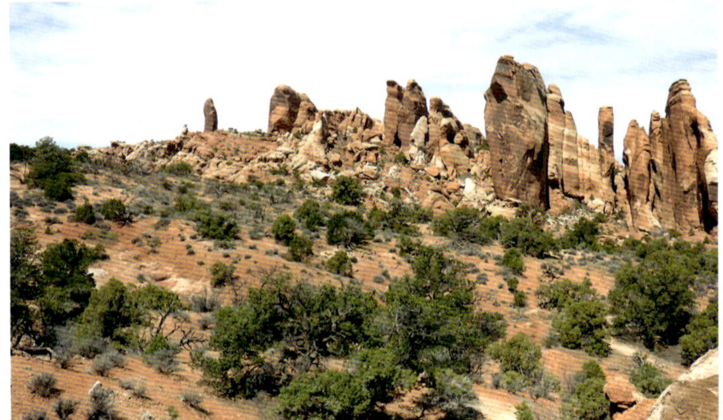

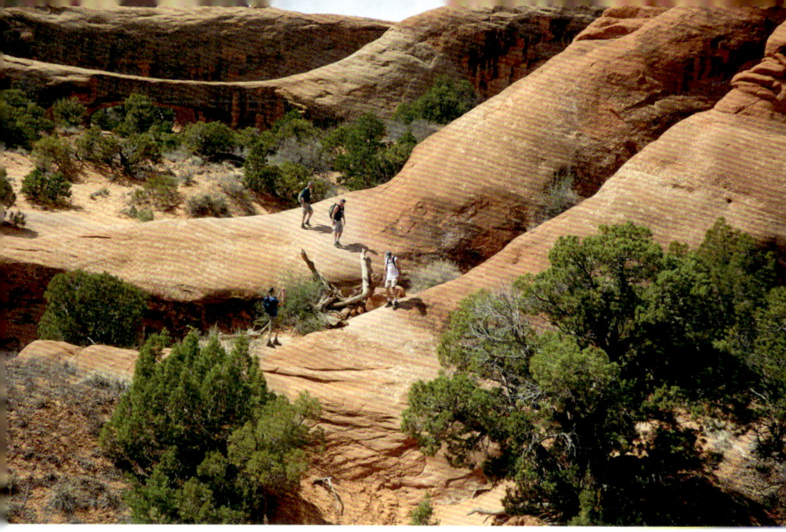

Ab km 8,4 überquert der Primitive Trail die Sockel mehrerer Felsfinnen, hier im Bild die erste Schlüsselstelle

der Weg nach links und führt Sie über zwei Felssockel abwärts. Beim ersten sollen hochgestellte Stämme die letzten drei steilen Meter vereinfachen (erste Schlüsselstelle). Im Anschluss folgen Sie dem Weg einige Meter auf eine Finne zu, wenden sich vor dieser nach links und auf der rechten Seite der gegenüberliegenden Finne abwärts. Kurz verläuft der Weg auf schrägem Fels und bringt Sie ein paar Meter hinunter zu einem Felsband. Dort wenden Sie sich nach rechts. Das Felsband führt Sie durch ein weiteres Finnental, das Sie bei km 8,7 im Bett eines Creeks nach links verlassen. 100 m weiter stehen Sie oberhalb eines von Felsen eingefassten Pools. Bei niedrigem Wasser ist die Querung kein Problem, aber wenn der Wasserstand höher ist, muss sie an der schräg abfallenden linken Felswand erfolgen (zweite Schlüsselstelle).

Sie folgen dem sandigen Bett des Creeks für weitere 200 m, um es dann rechts aufwärts zu verlassen (hier Hinweispfosten) ❺. Leicht ansteigend führt der Pfad Sie am rechten Rand einer großen Freifläche entlang durch typische niedrige Wüstenvegetation. Zwischen Felsen hindurch queren Sie in ein zweites Tal und an dessen unterem Ende bei km 9,8 ein trockenes Bachbett. Je höher Sie jetzt kommen, umso schöner wird der Blick auf die Felsformationen vor Ihnen und die La Sal Mountains dahinter. Schließlich wird der Weg tief sandig, aber den Hauptweg sehen Sie bereits und haben ihn bald erreicht ❷ (km 10,5).

Hier wenden Sie sich wieder nach links und können 700 m weiter bei km 11,2 ❶ noch den Abstecher nach links zum Pine Tree Arch und den Tunnel Arches machen (☞ Tour 15).

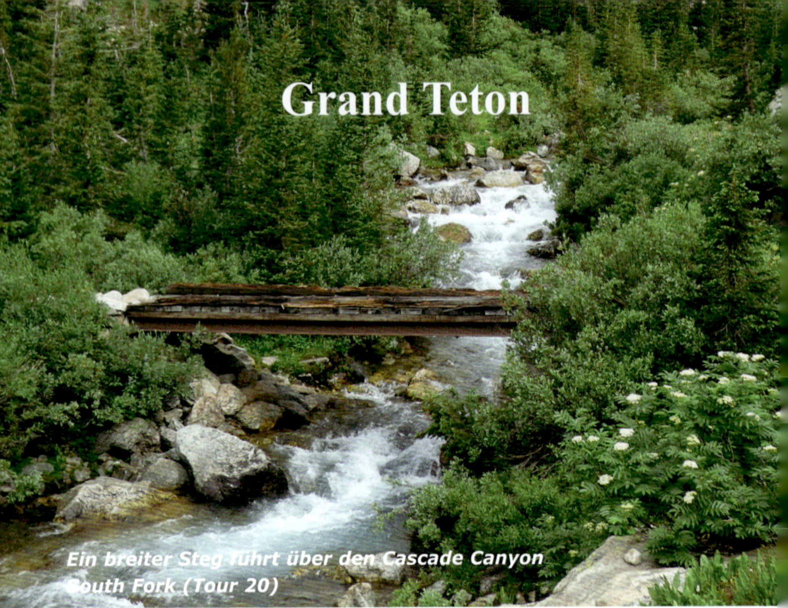

Grand Teton

Ein breiter Steg führt über den Cascade Canyon South Fork (Tour 20)

Grand Teton – ein Hochgebirge über der Prärie

Auf den ersten Blick ein Paradies für Bergwanderer und Gipfelstürmer – deshalb oder trotzdem fahren viele Touristen auf dem Weg in den Yellowstone einfach am Grand Teton vorbei. Dabei hat der Park so viel zu bieten, nicht nur für Hochgebirgsfreunde. Schillernde Seen können zu Fuß umrundet werden und bilden im Sommer kleine Badeparadiese, beeindruckende Aussichtsfelsen sind auch mit kurzen Wanderungen erreichbar, und für den, der mehr will: Die Tetons bieten alles vom Spaziergang bis zum mehrtägigen Teton Crest Trail, der über 64 km mitten durchs Hochgebirge führt.

Dass sich die Teton Range so unvermittelt und schroff über die auf 2.000 m Höhe liegende Ebene des Snake River erhebt, liegt an einer sogenannten Dehnungszone: Weil sich die Erdkruste aufgrund von tektonischen Bewegungen hier dehnte, riss sie in Nord-Süd-Richtung vor etwa 10 Mio. Jahren auf. Der östliche Bereich sank in der Folge ab und bildet heute die vorgelagerte Ebene. Der westliche Bereich dieses Dehnungsbruches wurde gleichzeitig hochgedrückt und bildet die unvermittelt 2.000 m steil aufragende Flanke der Teton-Kette. Nach Westen fällt die Gebirgskette flacher ab. Während der großen Eiszeiten war das Gebiet von Teton und Yellowstone mindestens dreimal komplett vergletschert. Die kleineren Gletscher der letzten Eiszeit schufen die U-förmigen Trogtäler der Ostflanke, wie z. B. den Cascade Canyon, und stauten mit ihren gerölligen Endmoränen die Seen zu Füßen der Berge, z. B. den Jenny Lake.

Noch vor Gründung des Nationalparks im Jahr 1929 wurde der Jackson Lake durch einen Staudamm künstlich vergrößert.

Wandern im Grand Teton National Park

Mit seinem kontinentalen Gebirgsklima ist Grand Teton ein klassisches Sommerrevier. Wanderungen sind möglich von Juni – ins Gebirge auch erst ab Ende Juni – bis Anfang Oktober. Im Winter ist Grand Teton das Revier von Skiläufern, Schneeschuhwanderern und Snowmobilfahrern. Auch die Öffnungszeiten von Straßen und Einrichtungen sind im Winter sehr beschränkt.

Dieser dauert von November bis Mitte April und bringt frostige Nachttemperaturen, Tagestemperaturen um und unter Null, sonnige Tage und heftige Schneestürme, eine dicke Schneedecke bedeckt das Land. Bis Ende Mai sind die Wanderwege im Tal schneebedeckt.

Im Juli/August erreichen die Temperaturen mit Tageswerten um 25° C und Nachtwerten um 10° C ihr Maximum. Im Sommer kommt es regelmäßig zu nachmittäglichen Gewittern. Der September bietet mildes, stabiles Wetter, ab Oktober fallen die Temperaturen und die Gefahr von Schneestürmen nimmt zu.

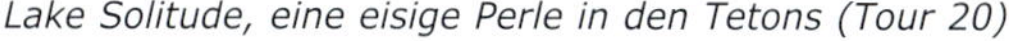

Lake Solitude, eine eisige Perle in den Tetons (Tour 20)

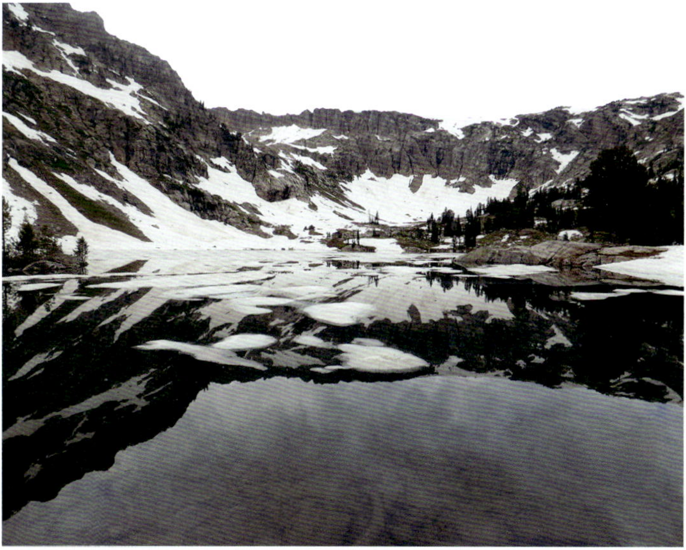

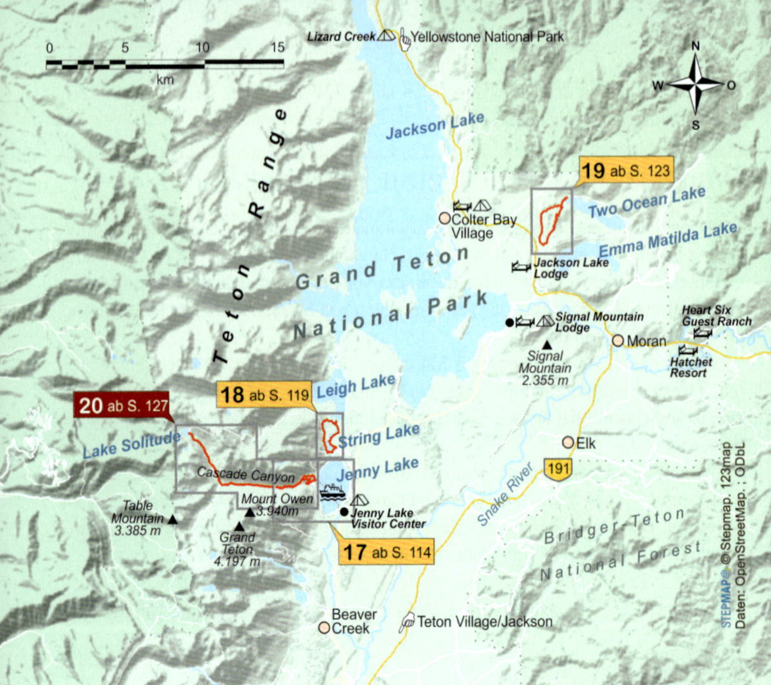

Wanderungen in Grand Teton sind wunderschön, aber keine ist ein reiner Spaziergang.

- ▷ Beachten Sie die Hinweise zum Verhalten im Bärenland im Kapitel „Reise-Infos/Naturgefahren“.
- ▷ Bringen Sie genug Getränke mit, denn Dehydrierung ist eine typische Gefahrenquelle im Park.
- ▷ Berücksichtigen Sie, dass Sie sich im Hochgebirge befinden, der Jenny Lake liegt auf 2.067 m.
- ▷ Rechnen Sie mit plötzlichen Wetterumschwüngen und nehmen Sie Regenkleidung mit.
- ▷ Starten Sie vor allem für längere Touren früh, um nachmittäglichen Wetterumschwünge zu entgehen.

Öffnungszeiten

Die Teton Park Road, die u. a. zur Signal Mountain Lodge und zum Jenny Lake führt, ist von Anfang November bis Ende April gesperrt.

Die Strecke über den Hwy. 89 nach Yellowstone ist für normale Fahrzeuge von Anfang November bis Mitte Mai geschlossen (☞ Yellowstone).

Das Jenny Lake Visitor Center ist von Mitte Mai bis Ende September geöffnet, die Jenny Lake Ranger Station (für *backcountry permits*) von Anfang Juni bis Anfang September.

Der Bootsshuttle über den Jenny Lake operiert ebenfalls ab Mitte Mai.

Unterkünfte

Insgesamt acht Campingplätze befinden sich im Park. Sechs von ihnen werden vom Nationalpark auf *first-come-first-served*-Basis betrieben, mit unterschiedlichen Öffnungszeiten von Mai bis Oktober. Zwei weitere werden von Konzessionären betrieben und können reserviert werden.

In der Nähe der Wanderungen befinden sich:

- Jenny Lake Campground, nur Zelte, liegt fantastisch am See, schon morgens voll, $ 28
- Signal Mountain Campground, $ 30, mit Strom $ 52
- Colter Bay Campground, auch für größere Wohnmobile, Mitte Mai bis Ende September, $ 30, mit Strom $ 52
- Lizard Creek Campground, 20 km nördlich der Jackson Lake Lodge, in dichtem Wald, wenige Stellplätze mit Seeblick, füllt sich, wenn überhaupt, am späten Nachmittag

für alle: ☎ Jenny Lake/Colter Bay: (001) 307-543-3100, Signal Mountain/Lizard Creek: (001) 307-543-2831, 💻 www.nps.gov/grte/planyourvisit/camping.htm

- Colter Bay RV Park, ☎ (001) 307-543-3100, 💻 www.gtlc.com/rv/colter-bay-rv-park, ab $ 61, kann reserviert werden

Im Nationalpark gibt es acht Lodges, von denen sowohl von der Lage zu den Wanderungen als auch vom Preis her Folgende halbwegs günstig sind (frühzeitig reservieren!):

- Colter Bay Village, Cabins, ☎ (001) 307-543-3100, 💻 www.gtlc.com/lodges, ab $ 170
- Signal Mountain Lodge, ☎ (001) 307-543-2831, 💻 www.signalmountainlodge.com, Motel und Cabins, Anfang Mai bis Mitte Oktober, ab $ 240

Auch die Unterkünfte in Teton Village und Jackson haben gesalzene Preise.

Östlich von Moran am Hwy. 26 befinden sich einige Unterkünfte mit Preisen um $ 200, z. B.:

- Heart Six Guest Ranch, ☎ (001) 307-543-2477, 💻 heartsix.com
- Hatchet Resort, ☎ (001) 307-543-2413, 💻 hatchetresort.com

17 Hidden Falls und Inspiration Point

WC 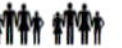

Tour für Freunde von Bergen und Wasser

Mit dem Boot auf die andere Seeseite und zu den Hidden Falls, für konditionsstärkere Ausflügler auch hoch zum Inspiration Point: Diese Tour zählt zu den beliebtesten Grand Tetons, und das nicht zu Unrecht, auch wenn viele mit der ordentlichen Steigung kämpfen. Sowohl der ungebändigte Wasserfall als auch die weite Sicht über den Jenny Lake sind die Anstrengungen wert. Einsamkeit ist hier aber nicht zu erwarten. Wer die sucht und ein bisschen mehr von den Tetons sehen möchte, folgt noch dem Cascade Canyon weniger steil aufwärts und findet sich in wilder Gebirgsszenerie wieder.

- Start/Ziel: Parkplatz nahe dem Visitor Center, GPS N 43°45.136' W 110°43.255'
- 3,3 km (Rundtour mit Inspiration Point) bzw. 6,8 km (bis zum Picknickplatz im Cascade Canyon)
- 1 Std. 15 Min. bzw. 2 Std. 15 Min.
- ↑↓ 180 m/180 m bzw. 240 m/240 m
- ⇧ 2.070-2.230 m bzw. 2.070-2.280 m
- bis zum Inspiration Point gut ausgebaute Wege mit teils kräftigem Anstieg, ab dann ebenfalls naturbelassen, aber schmaler und teilweise steinig
- schöner Platz am Creek mit Felsen zum Sitzen bei km 3,7
- WC am Start/Ziel
- für Kinder aufgrund der Weglänge und Abwechslung gut geeignet
- P am Start/Ziel, Anfahrt: auf der Teton Park Road zum Jenny Lake Visitor Center/Services fahren (dieses liegt nicht an der Jenny/String Lake Road!), dort auf den ersten großen Parkplatz

Von Startpunkt geht es mit dem Bootsshuttle, der alle 10-15 Min. fährt, über den See (hin und zurück Erwachsene $ 15, Kinder bis 11 Jahre $ 8, morning special: erste Fähre um 7:00 für $ 5, Tickets werden am Dock gelöst, jennylakeboating.com).

- Beachten Sie den Abschnitt „Sicherheit im Bärenland" im Kapitel „Reise-Infos/Naturgefahren". Gerade im Bereich des Cascade Canyon sind wegen der vielen Beeren immer wieder Bären zu sehen.
- Durch das Jenny Lake Renewal Project (☞ unten) können sich eventuell kleinere Änderungen auf dem Weg zum Bootsdock ergeben.
- ☺ Am Dock des Jenny-Lake-Shuttles können auch Kanus gemietet werden.

Alternativ zur Bootsfahrt können Sie auch am Dock über die Brücke und weiter auf dem Jenny Lake Trail um den See zu den Hidden Falls und zum Inspiration Point laufen, 3,9 km (eine Richtung). Allerdings verpassen Sie dann die schöne Aussicht vom Boot in die Berge.

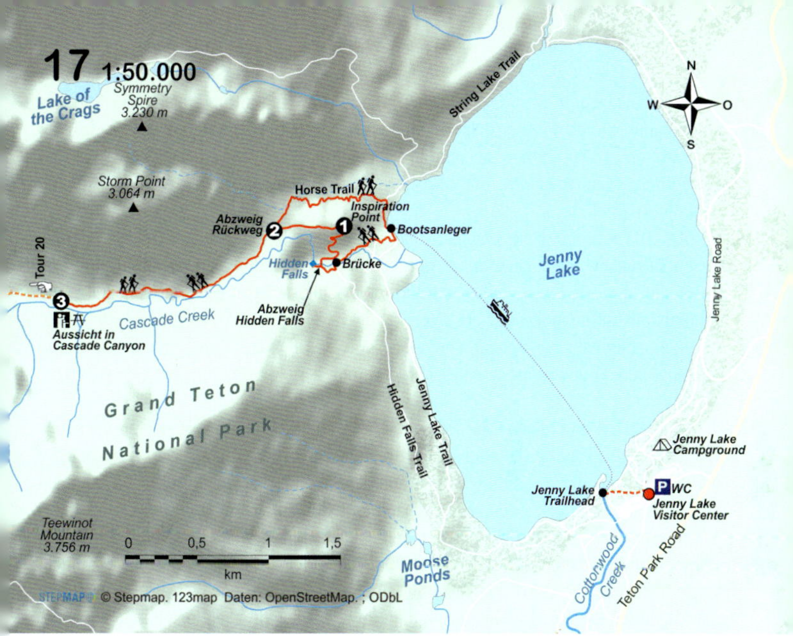

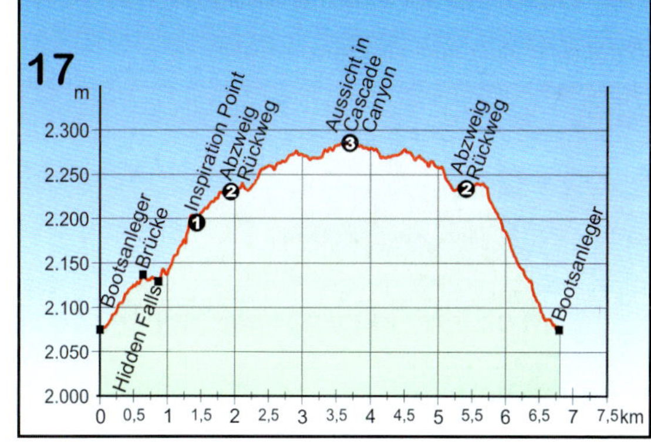

Vom Parkplatz aus gehen Sie an Store und Visitor Center vorbei und folgen den Schildern zum Jenny Lake Trailhead / Boat Dock. Beide befinden sich an bzw. auf der Brücke über den breiten Mündungsarm des Cottonwood Creek. Mit einem der offenen, schnellen Boote werden Sie in etwa 10 Minuten über den See gebracht und können dabei die faszinierende Aussicht auf die Sie umgebenden Berge und ihre Wasserspiegelungen bewundern.

Am Westende des Sees angekommen, steigen Sie die Treppen des Bootsanlegers hoch und wenden sich oben nach links.

Jenny Lake wurde von den Gletschern der Eiszeit geformt und nach einer Shoshonin benannt, die die Hayden-Expedition von 1872 bei der Versorgung mit Nachschub unterstützte. 1876 starben sie und ihre sechs Kinder an Pocken. Der Leigh Lake ist nach ihrem Mann benannt, der britischer Abstammung war und als Führer für die Expedition arbeitete.

Von 2014 bis 2018 lief das Jenny Lake Renewal Project. Mit dem Ziel, den gestiegenen Besucherzahlen gerecht zu werden, wurden Wanderwege stabilisiert und die Beschilderung verbessert, die Bootdocks und Sanitäranlagen optimiert und die Ausstellung im Visitor Center neu gestaltet. Dafür waren $ 18 Mio. veranschlagt. $ 4 Mio. trug der Nationalpark, Spenden in Höhe von $ 14 Mio. konnte die Grand Teton National Park Foundation, eine Art Förderverein, akquirieren.

Über Stufen und festen Weg steigen Sie bergan durch Nadelwald und an mit Moosen und kleinen Büschen bewachsenen Granitfelsen vorbei. Nach 400 m erreichen Sie den Cascade Creek, der zu Ihrer Rechten über viele kleine Stufen rauscht. Ihm folgen Sie weiter aufwärts und queren den schäumenden Bach bei km 0,6 über eine Brücke. 50 m weiter an der Kreuzung mit dem Jenny Lake Trail, der hier von links vom Visitor Center kommt, halten Sie sich geradeaus. Kurz bleibt der Weg eben, nach einem kurzen Stück durch Wald passieren Sie einen Geröllrutsch zur Linken und gehen an der folgenden Kreuzung geradeaus in Richtung der beeindruckenden Hidden Falls, der verborgenen Fälle. Überragt von Granithängen fällt der Cascade Creek über mehrere Stufen etwa 35 m tief laut und schäumend ins Tal.

Morgenlicht über dem stillen Jenny Lake

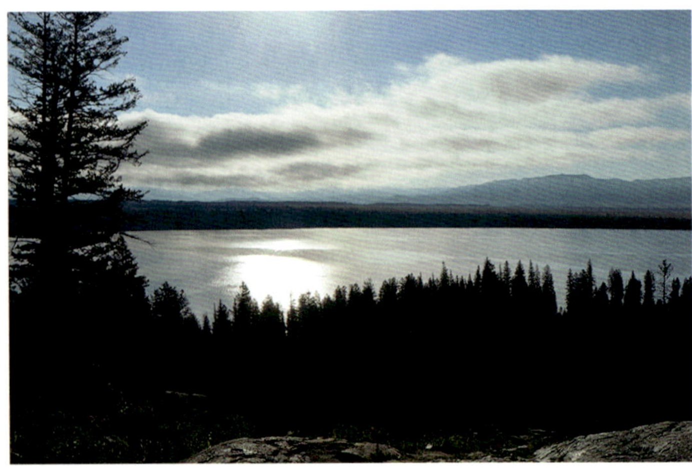

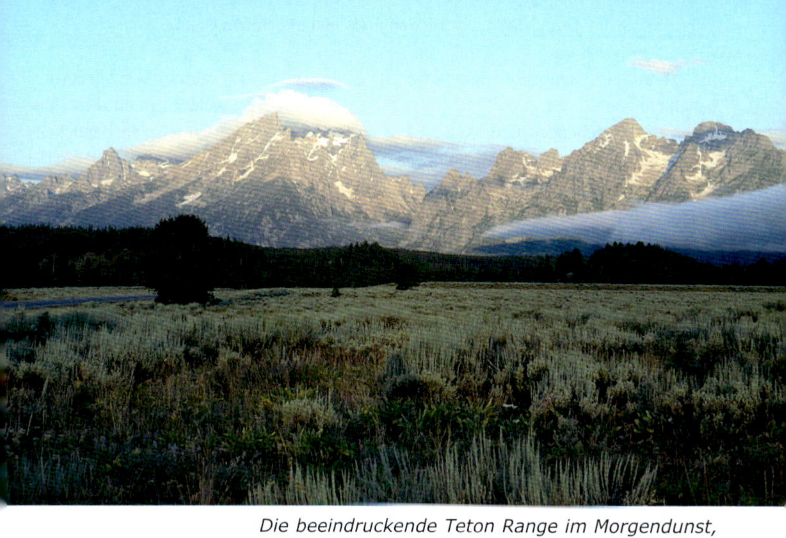

Die beeindruckende Teton Range im Morgendunst, von der Park Road aus gesehen

Der kurze Stichweg endet hier und Sie gehen zurück zur letzten Kreuzung, wenden sich dort nach links und queren den Cascade Creek, der sich nun in zwei Arme aufspaltet, über zwei Brücken. Jetzt folgt der neu instand gesetzte Anstieg hinauf zum Inspiration Point. In Serpentinen steigen Sie den Hang hoch, meist schattenlos, an vielen Granitfelsen vorbei. Die zum Jenny Lake zeigenden Wegkehren bieten eine schöne Aussicht auf den See. In der Gegenrichtung blicken Sie auf die Cathedral Group, die sich westlich von Ihnen erhebt, links der Teewinot Mountain (3.756 m), dazwischen ragt die Spitze des Grand Teton hoch (4.197 m), rechts Mount Owen (3.940 m). Kurz vor dem Ziel folgt ein in den Felsen gehauenes, schmales Wegstück, das nach den aktuellen Renovierungen sicherer sein wird. Nach 800 m Anstieg und 70 Höhenmetern stehen Sie am Inspiration Point ❶. Offene Felskuppen ermöglichen hier eine weite Sicht. Über den wunderschönen, ruhigen See blicken Sie auf die Ebenen des Snake River, hinter denen sich die Berge von Gros Ventre und Shoshone Wilderness erheben. Hier kehren die meisten Touristen um.

Ihr Weg umrundet die felsige Kuppe, wendet sich dann nach links bzw. Westen und bringt Sie über Fels und durch waldige Abschnitte zur Kreuzung bei km 2 ❷. Für die kurze Variante gehen Sie hier nach rechts über den Horse Trail erst am Hang entlang und dann in teils engen Kehren hinunter zum Seeufer und Bootsshuttle. Für die längere Variante wenden Sie sich nach links weiter talaufwärts. Es erwartet Sie ein angenehmer Wegabschnitt mit moderater Steigung. Immer mit dem rauschenden Cascade Creek zur Linken wandern Sie durch kurze waldige Abschnitte, Geröllrutsche und viele Flächen mit Amerikanischer Heidelbeere (*huckleberry*), Himbeere (*raspberry*) und Schwarzer Himbeere (*thimbleberry*). Hier halten sich gerne Schwarzbären, manchmal auch Grizzlys auf und es kann zu einem Problem werden, wenn diese Sie wegen des rauschenden Creeks nicht frühzeitig bemerken. In den felsigen Bereichen können Sie mit etwas Glück Murmeltiere beobachten, in den Auenbereichen die hochbeinigen Elche. Sie passieren einen Abschnitt, in dem der Bach durch sumpfiges Marschland mäandriert und Sie durch teilweise hohes Buschwerk wandern. Nach den folgenden zwei kurzen Waldpassagen erreichen Sie wieder einen Geröllrutsch an einem ruhigen, mit Inseln durchsetzten Abschnitt des Creeks, überragt von den steilen Flanken des Storm Point zur Rechten. Hier bietet sich ein idealer Picknickplatz auf den Felsen am Weg ❸ mit großartigem Blick über den romantischen Creek mit seinem hohen Uferwald und den teilweise schneebedeckten Bergen der Tetons.

Creekaufwärts erheben sich der aus dieser Perspektive spitze Table Mountain (3.385 m) und links davon der breitere Gebirgsstock von The Wigwams (3.297 m), hinter dessen rechter Flanke sich die Reste des Petersen-Gletschers verbergen.

Nachdem Sie diese Szenerie ausgiebig genossen haben, kehren Sie auf gleichem Weg zurück. An der Kreuzung oberhalb des Inspiration Point ❷ wenden Sie sich nach links. Der feste, steinige Weg führt Sie erst am Hang entlang und dann über Serpentinen durch Wald hinab zum Bootsanleger.

Ein Traumplatz: Der hier ruhige Cascade Creek, gesäumt von den Gipfeln der Tetons

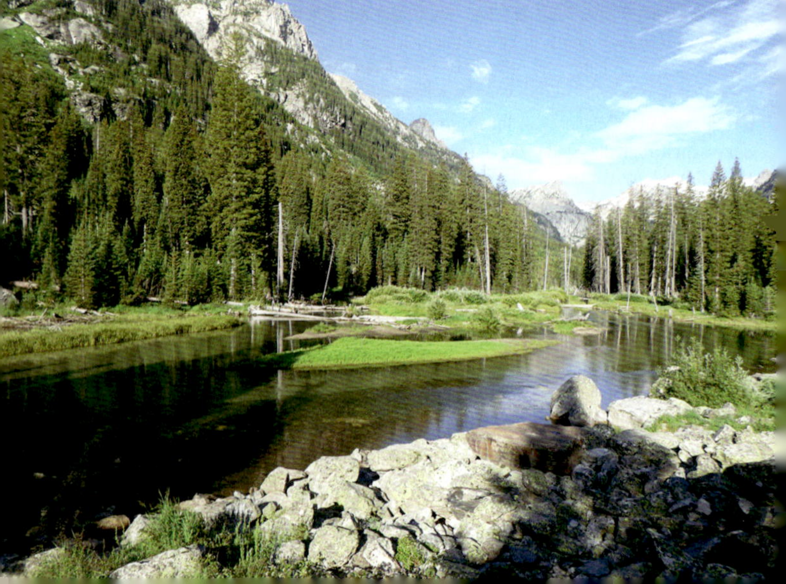

⑱ String Lake Loop

Tour für Liebhaber von Seen und Gipfeln

Die schönste Kurzwanderung Grand Tetons und vieles, was den Nationalpark ausmacht, können Sie auf dieser beschaulichen und einfachen Runde erleben: Sie umrunden den String Lake, die lang gestreckte Verbindung zwischen Jenny und Leigh Lake, der sich in romantischen Kehren windet und von schroffen Gipfeln überragt wird. Dabei erwarten Sie grüne Bergwiesen und dunkle Nadelwälder. Auch die Tierwelt Grand Tetons kommt hier zu Besuch: Maultierhirsche grasen an den Hängen, Elche können am See stehen, Murmeltiere leben hier und auch Schwarzbären werden regelmäßig gesichtet. Zum Abschluss ein Picknick am Seeufer mit Blick auf See und Berge: Grand Teton zum Genießen!

Start/Ziel: Parkplatz nahe dem String Lake, GPS N 43°47.098‘ W 110°43.679‘

6,2 km

1 Std. 45 Min.

100 m/100 m

2.090-2.170 m

guter, fester Weg, stellenweise etwas steinig

Ab km 4,7 finden Sie wunderschöne Plätze am Seeufer auf der Ostseite mit Blick auf See und Bergkette. Nehmen Sie am besten eine Sitzunterlage (z. B. eine Tüte) mit, da der sandige Grund hier oft feucht ist.

Ab km 4,7 gibt es viele kleine Stellen unter Bäumen, an denen das Seeufer flach ist und man ins Wasser gehen kann.

eine angenehme Tour mit Kindern: Wiesen, Wald und Wasser

im Bereich des östlichen Ufers mit geländegängigem Buggy möglich, einige Wurzeln

P Parkplatz am Start/Ziel, Anfahrt: von der Teton Park Road in die String Lake/Jenny Lake Road fahren (dies ist nur von Norden möglich, die Straße ist ab Jenny Lake Lodge Einbahnstraße!), nach 2,5 km rechts Richtung String Lake, auf den ersten Parkplatz. Falls dieser voll ist: Entlang der Stichstraße folgen noch zwei weitere Parkplätze, die auch an der Wanderung liegen (km 5,4 und 5,9).

Beachten Sie den Abschnitt „Sicherheit im Bärenland“ im Kapitel „Reise-Infos/Naturgefahren“.

Vom Parkplatz aus laufen Sie auf den See zu, der hier eher den Eindruck eines weiten, flachen Baches macht, und folgen dem breiten Uferweg nach links. An zwei Kreuzungen bleiben Sie auf dem Uferweg und überqueren den Auslauf des Sees nach 150 m auf einer großen Holzbrücke in Richtung „String Lake Picnic Area“. Von hier haben Sie einen wunderschönen Blick auf die Berge seitlich des Cascade Canyon, der

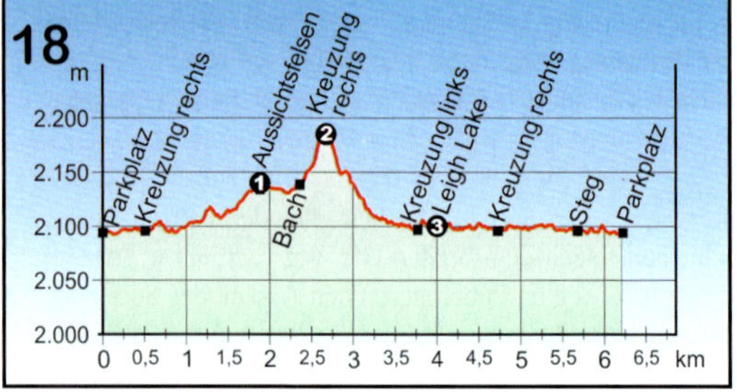

sich in Verlängerung des Bachlaufes befindet. Links davon erhebt sich mit Teewinot Mountain (3.735 m) einer der drei Gipfel der Cathedral Group, nach rechts folgen auf der anderen Canyonseite Symmetry Spire und genau in Verlängerung der Brücke Mount Saint John und Rockchuck Peak (3.484 m und 3.396 m). Durch offenes Grasland erreichen Sie bei km 0,5 eine Kreuzung und gehen nach rechts. Der Weg führt durch ein kurzes Waldstück und verläuft dann oberhalb des Sees durch offenes, mit Felsen durchsetztes Gelände. Unter Ihnen liegt der See mit seinen geschwungenen Ufern, auf dem Seerosen leuchten und dessen Ruhe nur von ein paar Kanuten sowie im Sommer von Badegästen zwischen den Bäumen am anderen Ufer gestört wird. Erneut durchwandern Sie auf dem jetzt deutlich ansteigenden Pfad ein kleines Waldstück. Am folgenden Hang sollten Sie auf den großen

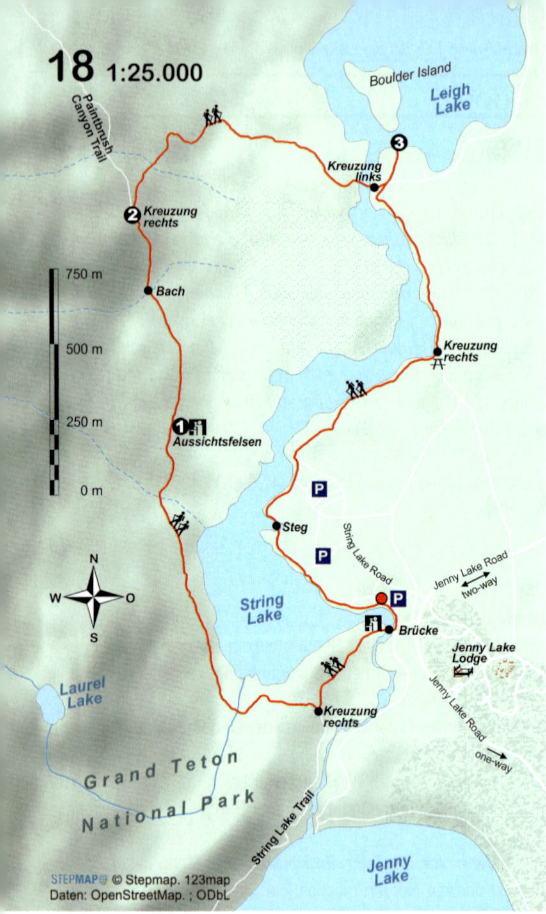

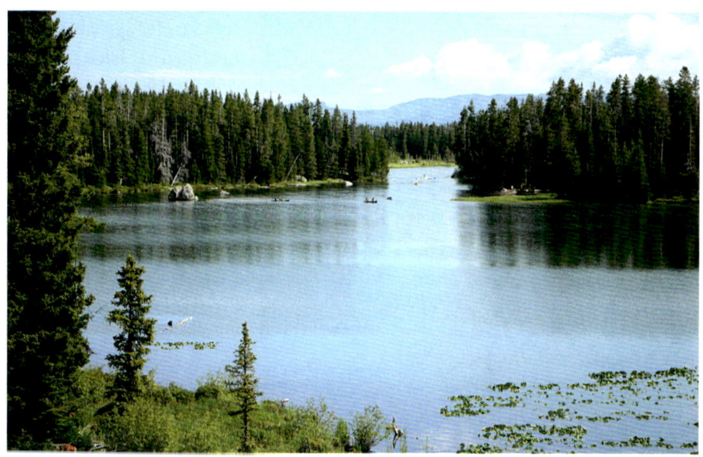

Am Westufer eröffnen sich immer neue Ausblicke auf den romantischen String Lake

Felsen ober- und unterhalb nach Murmeltieren Ausschau halten, die hier in großer Zahl leben. Wenig später bei km 1,9 führen zwei Trampelpfade nach rechts zu einem Aussichtsfelsen ❶, der dazu einlädt, sich niederzulassen und die Szenerie auf sich wirken zu lassen.

Huckleberrys, Amerikanische Heidelbeeren, säumen hier den Weg. Nach einem kurzen ebenen Abschnitt steigt Ihr Pfad wieder an und bei km 2,4 überqueren Sie einen Creek, den man in seinem üppig grünen Bachbett mehr hört als sieht, auf einem breiten Steg. An einem steilen Hang entlang gehen Sie weiter aufwärts und tauchen in hohen Nadelwald ein. Einen zweiten kleinen Bach überqueren Sie über ein paar Felsen und stehen 200 m weiter an einer Kreuzung ❷. Nach rechts Richtung „String Lake Picnic Area" geht es zuerst steiler und stellenweise ausgewaschen bergab, durch dichten Nadelwald und an einer wunderschönen Blumenwiese vorbei. Dann ebnet sich der Weg und führt Sie durch lichten Wald. Bei km 3,8 queren Sie über einen breiten Steg den wildromantischen Auslauf vom Leigh Lake zum String Lake. Hinter der Brücke wenden Sie sich nach links Richtung „Leigh Lake" und halten sich an den folgenden zwei Verzweigungen links. 200 m weiter stehen Sie am Ufer des Sees, zu dem es keinen Straßenzugang gibt ❸. Nordisch anmutende, fast unberührte Wildnis erstreckt sich vor Ihnen, eine beeindruckende Ruhe liegt über der Szenerie. Kanuten nutzen die breiten Treppenstufen für eine Portage, um die Kanus in den String Lake zu tragen.

Sie gehen zurück in Richtung der letzten Brücke, bis Sie kurz vorher auf den Hauptweg entlang des östlichen Ufers des String Lake treffen. Diesem jetzt sehr breiten, teilweise etwas sandigen Weg durch den Wald folgen Sie nach Süden. Die Bäume

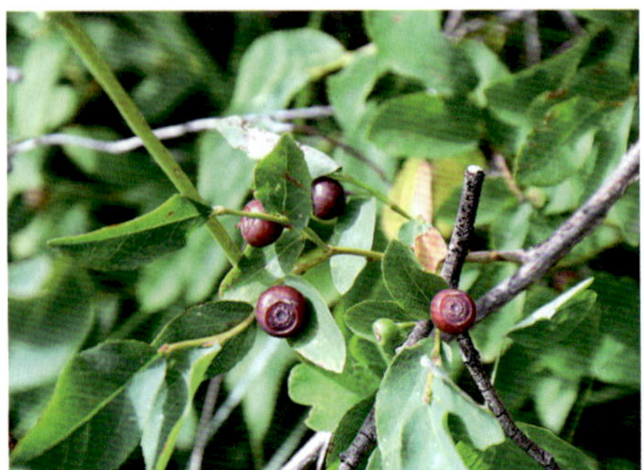

Am Weg wachsen Huckleberries, Amerikanische Heidelbeeren

am Seeufer geben immer wieder den Blick auf die andere Seeseite und die schroffen Berge darüber frei. Bei km 4,7 bleiben Sie an einer Kreuzung rechts am See. Spätestens jetzt nimmt die Besucherzahl zu. Vor allem an Wochenenden kommen Familien mit Kühlboxen und Stühlen an das Seeufer, um Sonne, Wasser und Berge zu genießen. Immer wieder treffen Sie auf *bear boxes*, bärensichere Metallkästen, in die alle Lebensmittel gelegt werden sollen, damit Bären sich hier niemals etwas holen können und nicht lernen, dass es bei Menschen Leckeres gibt. Bei km 5,4 passieren Sie den letzten Parkplatz der String-Lake-Stichstraße, 250 m weiter überqueren Sie einen flachen Seitenarm auf einem Steg und bei km 5,9 liegt links ein weiterer Parkplatz. Auch hier gehen Sie am Seeufer weiter auf Sand, genießen nochmals die Aussicht auf die Berge und sind nach weiteren 300 m zurück an Ihrem Auto.

Rockchuck Peak und Mount Saint John (von rechts) erheben sich fast 1.500 m über den String Lake

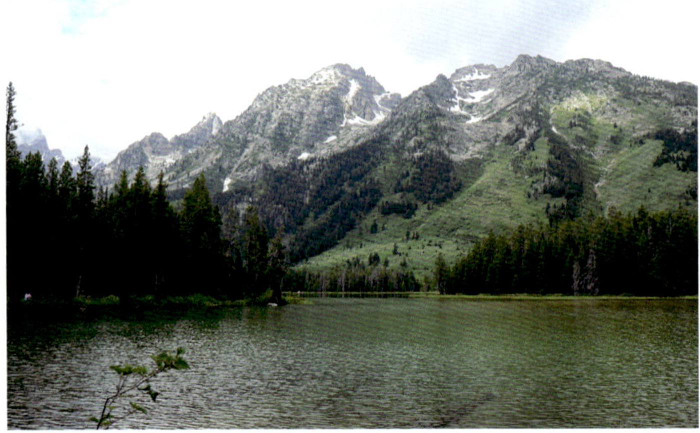

19 Grand View Point

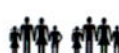

Tour für Wildnisfans und Freunde schöner Aussichten

Die Runde zum Grand View Point führt Sie ein Stück in die Wildnis Grand Tetons und belohnt mit großartigen Blicken auf die schroffe Bergkette! Sie starten auf einem breiten Wiesenweg, dann folgt ein schmaler Pfad, der sich durch dichten, urtümlichen Wald schlängelt. So erreichen Sie einen der still ruhenden, einsamen Seen. Nach dem Anstieg zum Gipfel des Observation Point erwartet Sie eine fantastische Aussicht über das Tal des Snake River auf die Teton Range und die weite, hügelige Waldlandschaft.

Start/Ziel: großer Parkplatz an einem Abzweig des Hwy. 191 (Anfahrt ☞ unten), GPS N 43°53.653' W 110°34.141'

8,5 km

2 Std. 30 Min.

280 m/280 m

2.095-2.312 m

teils gute, teils überwachsene schmale Pfade

Rastplätze bei km 3,9 und km 6

für wandererprobte Kinder kein Problem, für kleine Kinder zu weit und nicht abwechslungsreich genug

großer Parkplatz am Start/Ziel (wegen Baumaßnahmen 2017 teilweise gesperrt), Anfahrt: vom Hwy. 191 knapp 1,5 km nördlich der Jackson Lake Lodge unbeschildert nach rechts abbiegen (erkennbar am Stoppschild für Herausfahrende), der Schotterstraße für 250 m folgen und links auf dem großen Parkplatz parken

Beachten Sie den Abschnitt „Sicherheit im Bärenland" im Kapitel „Reise-Infos/Naturgefahren".

Nehmen Sie Mückenspray mit.

Mit weniger Zeit können Sie vom zweiten Parkplatz aus zum Grand View Point und wieder zurück laufen, die geschotterte Zufahrtsstraße ist allerdings recht holperig (2,8 km, 160 m/160 m).

Vom Parkplatz aus starten Sie auf dem Fahrweg, der Richtung Norden führt. Durch die Bauarbeiten an Erdleitungen war im Sommer 2017 der größte Teil des riesigen Parkplatzes gesperrt und östlich/hinter dem Parkplatz ein „Trail Reroute" nach links Richtung Bug Canyon ausgeschildert, der auf schmalem Pfad am Parkplatz vorbeiführte und erst dahinter auf den Fahrweg traf, dort rechts.

Der Fahrweg führt durch lichten Kiefernwald und ist von bunten Wiesen gesäumt. Nach ruhigen und schönen 1,7 km verliert er sich vor Ihnen in einer langen Wiese und nach rechts führt ein Pfad auf den Waldrand zu ❶. Nur ein kleines Hinweisschild weist

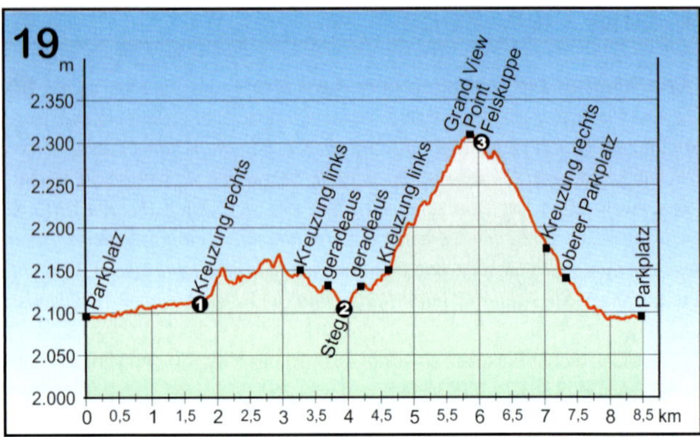

hier nach rechts in Richtung „Lake / View Point". Sie folgen dem Pfad in den Wald hinein. Durch dichten Fichtenwald mit üppig grünem Unterwuchs verläuft er ansteigend am Hang. Immer wieder mal liegen umgestürzte Bäume im Weg. Über einen Steg und vorbei an einem kleinen Tümpel mitten im dichten Urwald erreichen Sie einen steilen, im Sommer bunt blühenden Wiesenhang. Nach der Umrundung des Hanges wenden Sie sich bei der Kreuzung bei km 3,2 nach links. Noch ein Stück entlang des Hanges durch Wiese und von hohen Fichten umgeben führt der jetzt etwas breitere Weg nach Norden, in offeneren Wald und über viele Wurzeln. An der Kreuzung bei km 3,7 gehen Sie geradeaus und erreichen 200 m weiter einen breiten Steg, von dem aus Sie durch dichtes Schilf über den Two Ocean Lake blicken können ❷. Nur wenige Meter zuvor befindet sich auf der südlichen Seite des Weges ein schöner Picknickplatz unter Bäumen. Stammscheiben dienen als Sitzplätze und durch die Stämme fällt der Blick über den einsamen Bergsee. ☝ Hier ist Mückenspray notwendig.

Dann gehen Sie auf demselben Weg zurück, an der ersten Kreuzung geradeaus und an der zweiten bei km 4,6 links hoch. Felsig und steil führt der deutliche Weg für gut 500 m bergauf und flacht nach der Überquerung eines Baches über eine Brücke etwas ab. Der bald folgende Anstieg zum Grand View Point erklimmt gut ausgebaut und in Serpentinen die steile Flanke des Berges. In den letzten Kehren geben die Bäume den Blick nach Osten frei: weiter, wilder Bergwald, in dem zu Ihren Füßen Moorwiesen und die beiden Seen Two Ocean Lake und Emma Mathilda Lake schimmern. Schließlich erreichen Sie den Kamm des Berges, auf dem der Weg jetzt nach Süden verläuft, und 100 m weiter den Grand View Point. Zwar ist die Sicht durch die Bäume durchaus beeindruckend, aber Sie sollten dem Weg noch knapp 100 m weiter folgen, dann sehen Sie rechts eine baumlose Felsenkuppe, zu der ein deutlicher Pfad hochführt ❸ (km 6). Hier blicken Sie über die zentrale Ebene des Grand Teton National Park und den Jackson Lake, der den Snake River speist, auf die schroffe

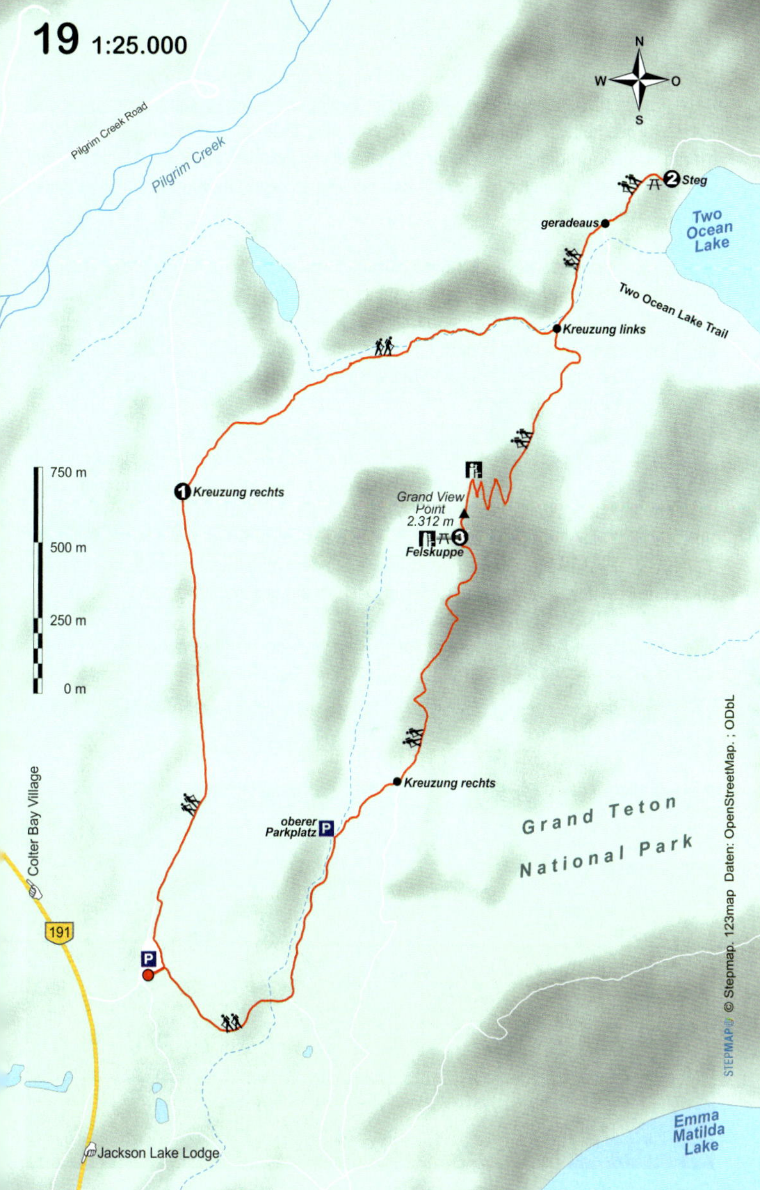
19 1:25.000
N
W
O
S
Pilgrim Creek Road
Pilgrim Creek
Steg
geradeaus
Two Ocean Lake
Two Ocean Lake Trail
Kreuzung links
750 m
500 m
250 m
0 m
Kreuzung rechts
Grand View Point 2.312 m
Felskuppe
Kreuzung rechts
oberer Parkplatz
Grand Teton National Park
Colter Bay Village
191
Jackson Lake Lodge
Emma Matilda Lake
STEPMAP © Stepmap. 123map Daten: OpenStreetMap. ; ODbL

Ostflanke der Teton Range, die sich 2.000 m über den See erhebt – ein majestätischer Anblick. Deutlich erkennen Sie den spitzen Gipfel des Grand Teton in der Ferne, mit 4.197 m der höchste Gipfel. Weiter rechts erhebt sich der breite Sockel des Mount Moran 3.842 m hoch, gut sichtbar ist der Skillet-Gletscher an seiner Ostflanke. Bei schönem Wetter können Sie sich auf den geröllig-felsigen Untergrund für eine Pause niederlassen.

Mount Moran wurde nach Tomas Moran benannt, einem Mitglied der Hayden-Expedition. 1950 wurde der Berg Schauplatz einer Katastrophe, als eine C-47-Frachtmaschine der New Tribes Mission, besetzt mit 21 Passagieren, während eines Sturmes am Berg zerschellte. Zwar konnte das Flugzeug vier Tage später von Rettungsmannschaften lokalisiert werden, aufgrund der völlig unzugänglichen Lage wurden die Toten aber nie geborgen.

Zurück von der Felskuppe wenden Sie sich auf den Hauptweg nach rechts und folgen ihm bergab. Zuerst geht es über Bergwiesen mit lockeren Baumgruppen, dann betreten Sie wieder den Wald. An der Kreuzung bei km 7 halten Sie sich rechts Richtung „GVP Parking (Grand View Point)“ und erreichen die Schotterfläche am Ende der Zufahrtsstraße 300 m weiter. Ab jetzt folgen Sie der wenig befahrenen Schotterstraße abwärts für weitere 1,2 km und stehen wieder an Ihrem Parkplatz.

Die schroffe und majestätische Teton Range, von der Kuppe beim Grand View Point aus gesehen

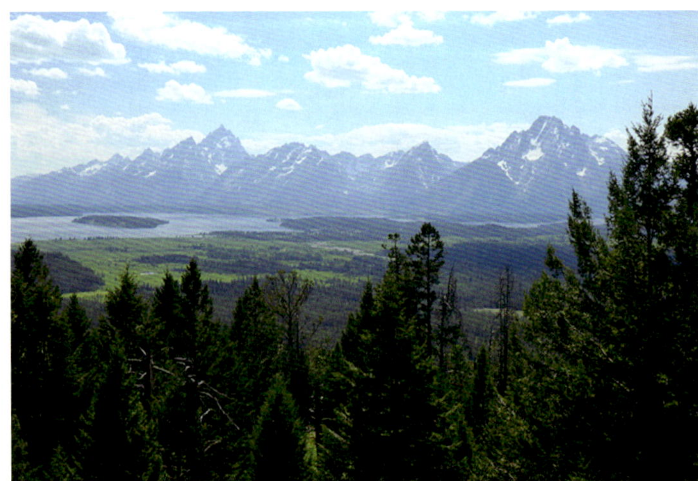

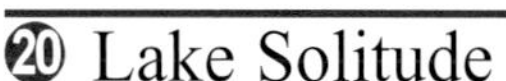

⑳ Lake Solitude

WC

Tour für Wanderer, die das Hochgebirge lieben

Mit der Tour zum Lake Solitude erwartet Sie ein faszinierender Ausflug ins Herz des Hochgebirges! Ein beeindruckendes, von Gletschern geschliffenes Tal, überragt von den höchsten Gipfeln der Gebirgskette, führt Sie hoch an die Baumgrenze. Dort oben, umgeben von 500 m hohen Felswänden, ruht der Lake Solitude in den Bergen, ein oft bis weit in den Hochsommer hinein vereistes Juwel. Aufgrund der guten Wege und meist moderaten Anstiege ist dieser Weg in die Bergeinsamkeit vergleichsweise einfach zu gehen, trotzdem sollten Weglänge und Gefahren vor allem durch umschlagendes Wetter nicht unterschätzt werden!

⇆ Start/Ziel: Parkplatz nahe dem Visitor Center, GPS N 43°45.136‘ W 110°43.255‘

➲ 22,5 km

⌛ 5-6 Std.

↑↓ 710 m/710 m

⇧ 2.070-2.755 m

naturbelassene Wege und Pfade, teilweise steinig

Rastplätze bei km 3,7 bzw. 19,4, km 5,3 bzw. 18, km 11,6

WC am Start/Ziel

P am Start/Ziel, Anfahrt: auf der Teton Park Road zum Jenny Lake Visitor Center/Services fahren (dieses liegt nicht an der Jenny/String Lake Road!), dort auf den ersten großen Parkplatz

Von Startpunkt geht es mit dem Bootsshuttle, der alle 10-15 Min. fährt, über den See (hin und zurück Erwachsene $ 15, Kinder bis 11 Jahre $ 8, *morning special*: erste Fähre um 7:00 für $ 5, Tickets werden am Dock gelöst, jennylakeboating.com).

Beachten Sie den Abschnitt „Sicherheit im Bärenland“ im Kapitel „Reise-Infos/Naturgefahren“.

Erkundigen Sie sich im Visitor Center nach den Schneeverhältnissen.

Starten Sie früh, damit Sie etwa um die Mittagszeit umkehren können (wegen der häufigen Nachmittagsgewitter).

Sie starten Ihre Wanderung wie Tour 17 (☞ die ausführliche Wegbeschreibung finden Sie dort): Nach der Fahrt über den See wandern Sie zunächst zum Cascade Creek aufwärts zu den Hidden Falls und steigen danach zum Inspiration Point ❶ hoch. Richtung Westen geht es über Fels und durch waldige Abschnitte zur Kreuzung bei km 2 ❷ und dort links talaufwärts weiter. Mal durch waldige Abschnitte, mal durch sumpfiges Gebiet erreichen Sie bei km 3,7 ❸ den schönen Rastplatz auf Geröll am Fluss.

Ab hier gehen Sie weiter flussaufwärts, zuerst durch waldige Bereiche, dann am unteren Rand eines großen Geröllrutsches entlang, der den Blick auf die Gipfel der

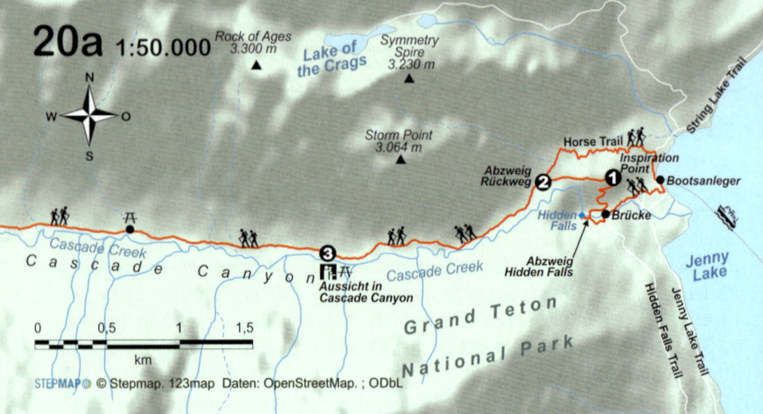

Cathedral Group freigibt. Nach einem weiteren waldigen Stück erreichen Sie bei km 5,3 eine weitere schöne Rastmöglichkeit auf Felsen am Fluss. Ab jetzt begleitet Sie vermehrt buschige Vegetation und zur Linken fließt beständig der Cascade Creek, mal rauschend über Steine, mal ruhig mäandrierend durch feuchte Wiesen. Ab km 6,6 nehmen waldige Abschnitte wieder zu und bei km 7,3 überqueren Sie den North Fork Cascade Creek auf der ersten Brücke nach den Hidden Falls. Parallel zum Südarm des Bergbaches gehen Sie noch 1 km weiter, dann begrenzen die vor Ihnen aufragenden

Durch das raue und doch grün bewachsene Hochtal des Cascade Canyon North Fork geht es aufwärts

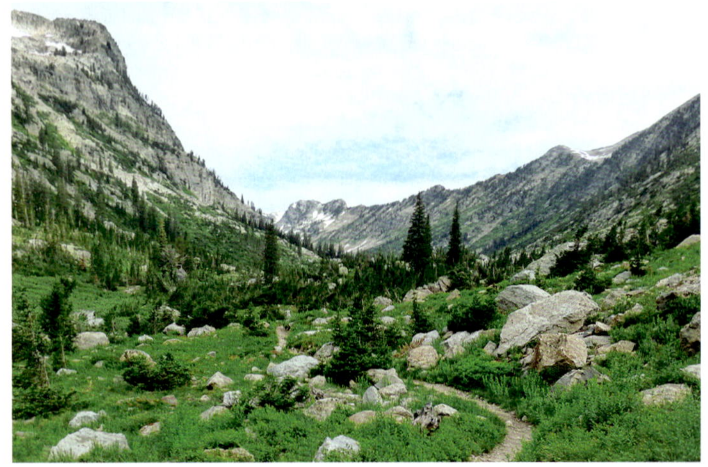

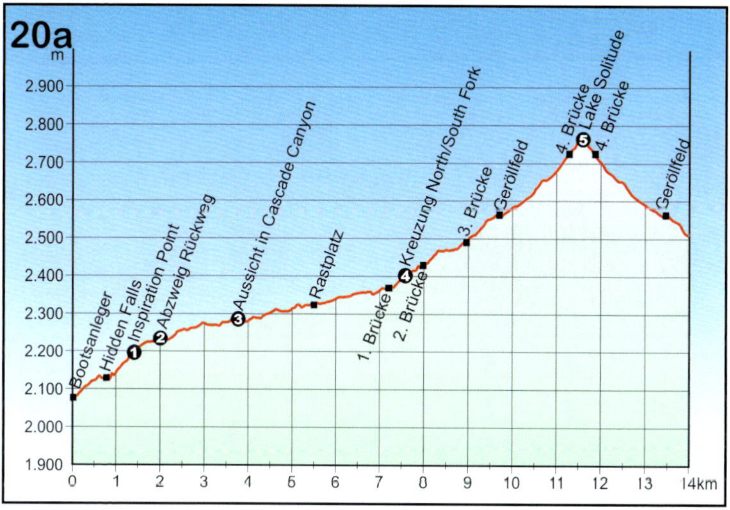

20a

m
2.900
2.800
2.700
2.600
2.500
2.400
2.300
2.200
2.100
2.000
1.900
0 1 2 3 4 5 6 7 8 9 10 11 12 13 14km
Bootsanleger
Hidden Falls
1 Inspiration Point
2 Abzweig Rückweg
3 Aussicht in Cascade Canyon
Rastplatz
1. Brücke
4 Kreuzung North/South Fork
2. Brücke
3. Brücke
Geröllfeld
4. Brücke
5 Lake Solitude
4. Brücke
Geröllfeld

Berge Table Mountain und The Wigwams die Schlucht und Sie erreichen die Kreuzung Cascade Canyon North Fork – Cascade Canyon South Fork ❹. Hier wenden Sie sich nach rechts Richtung „Lake Solitude".

War der bisherige Weg durch die Schlucht – abgesehen vom Anfang bis Inspiration Point – durch sehr angenehme Steigung gekennzeichnet, so wird es jetzt deutlich steiler. Weiter durch dichten Wald queren Sie den Cascade Creek bei km 8 zum zweiten Mal und wandern 400 m weiter durch eine wunderschöne Bergwiese. Nachdem Sie den schmalen Baumstreifen an ihrem oberen Ende durchquert haben, erreichen Sie endgültig hochalpine Wiesen, die nur noch von einzelnen Nadelbäumen durchsetzt sind. Ab hier kann der Weg teilweise bis in den Juli mit Schnee bedeckt sein, nach der Schneeschmelze aber beginnt die Blüte der Bergkräuter und die Wiesen leuchten in vielen Farben. Höhepunkt dieser Farbenpracht ist etwa Ende Juli bis Anfang August.

Mehrfach wird der North Fork Cascade Creek überquert

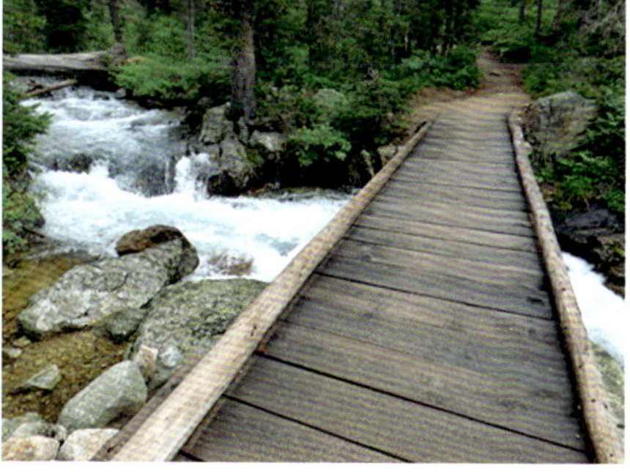

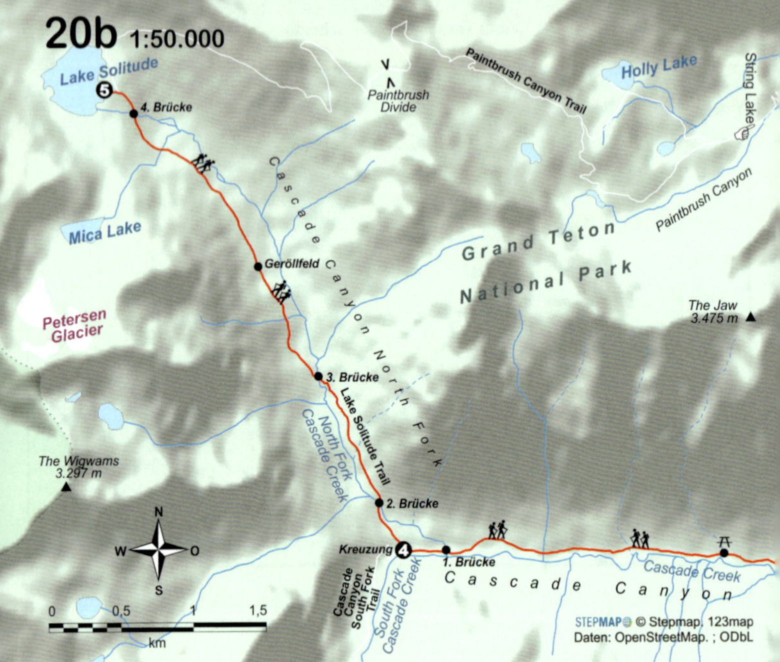

Bei km 9 queren Sie den Cascade Creek auf der dritten Brücke erneut nach links. Stellenweise wird es jetzt stufig und bei km 9,9 durchqueren Sie ein großes Geröllfeld, weiterhin auf einem deutlichen und ordentlich ausgebauten Weg. Ab jetzt nimmt die Steigung noch einmal zu, die Schlucht wird enger und beim Zurückschauen bieten sich großartige Blicke auf Mount Moran und Grand Teton. Bei km 10,9 sprudelt von links der Auslauf des Mica Lake ins Tal, der sich unterhalb des Petersen-Gletschers am Berg The Wigwams befindet. Schließlich queren Sie bei km 11,3 den Cascade Creek auf der vierten Brücke und erreichen an dem vor Ihnen das Tal querenden Baumstreifen die Endmoräne, die den Lake Solitude aufstaut.

Nach 11,6 km stehen Sie am Lake Solitude ❺. Eisreste auf dem See und Schneereste an den Berghängen oft bis weit in den Hochsommer hinein, einige erstaunlich robuste Nadelbäume und der tundra-ähnliche Bewuchs rund um den See, dazu die tiefe Stille des Hochgebirges: Sie befinden sich an einem wahrlich außergewöhnlichen und faszinierenden Ort. An drei Seiten ist der See von schroffen Felswänden umgeben, die ihn fast 500 m überragen.

Auf dem Rückweg blicken Sie über das obere Tal des Cascade Canyon North Fork auf die drei Gipfel der Cathedral Group und aus dieser Perspektive stellen sich auch die Höhen richtig dar: Mit 4.197 m überragt Grand Teton den zweithöchsten Berg

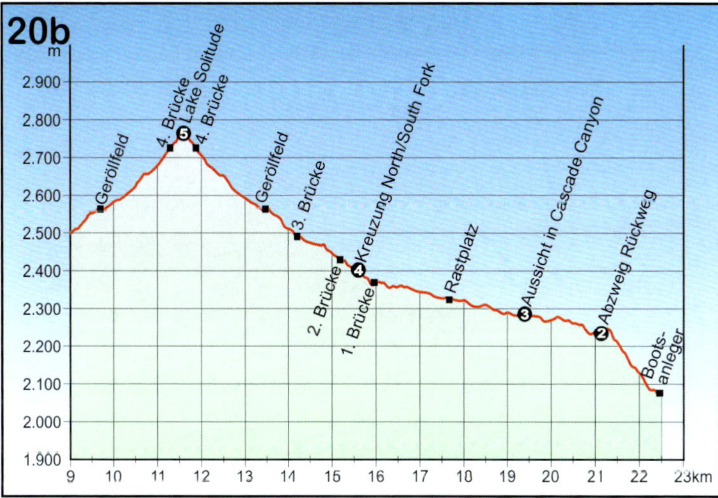

der Kette, den 3.940 m hohen Mount Owen. Der Teewinot Mountain links davon schafft es mit 3.756 m auf Platz 6 der höchsten Gipfel der Tetons.

Zurück gehen Sie auf demselben Weg. Bei der Kreuzung bei km 21,1 oberhalb des Inspiration Point haben Sie die Wahl, den etwas kürzeren, steileren und steinigeren Horsetrail nach links oder den bereits bekannten, eher überlaufenen Weg über Inspiration Point und Hidden Falls zu nehmen.

☺ Die beschriebene Wanderung kann auch als Zweitagestour mit Übernachtung im Zelt unterhalb des Lake Solitude gegangen werden, eine besondere Bergerfahrung. Neben der kompletten Zeltausrüstung wird ein bärensicherer Lebensmittelkanister gebraucht, der beim Visitor Center geliehen werden kann. Außerdem ist eine *backcountry camping permit* notwendig. Ein Drittel der Plätze kann frühzeitig reserviert werden, zwei Drittel werden kurzfristig vergeben. Neben der Rückkehr über denselben Weg ist es bei einer Übernachtung auch möglich, am östlichen Ufer des Lake Solitude zum Pass Paintbrush Divide hochzusteigen und über Paintbrush Canyon und String Lake zurückzuwandern. Auch im Paintbrush Canyon darf mit *permit* gezeltet werden. Damit bei Schwierigkeiten an der Paintbrush Divide eine schnellere Rückkehr möglich ist, wird der Weg oft in umgekehrter Richtung gegangen: der Anstieg über den Paintbrush und die Rückkehr über den Cascade Canyon. Holen Sie unbedingt aktuelle Informationen bei der Visitor Information ein!

♦ Rundtour Paintbrush/Cascade Canyons: ⮌ 32 km, ↑ ↓ 1.220 m/1.220 m,

💻 www.nps.gov/grte/planyourvisit/back.htm

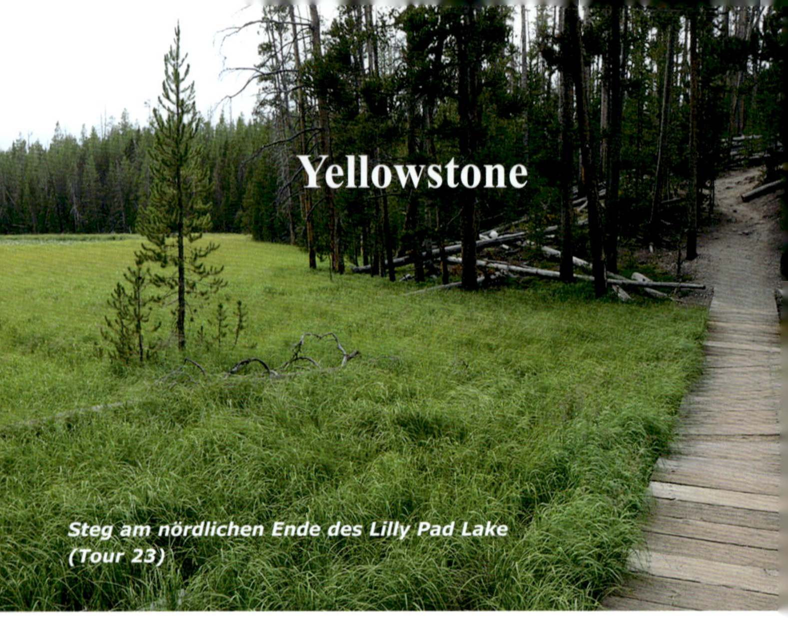

Steg am nördlichen Ende des Lilly Pad Lake (Tour 23)

Greater Yellowstone und Y2Y – Naturschutzträume für den Norden

Zusammen mit dem Grand Teton National Park und den südöstlich gelegenen Wilderness- und National-Forest-Gebieten von Gros Ventre, Shoshone, Bridger Teton und weiteren Gebieten bildet der nördliche Yellowstone heute das Schutzgebiet Greater Yellowstone. Mit einer Fläche von 80.000 km², mehr als die Größe Bayerns, schützt es das letzte weitgehend intakte Ökosystem der nördlichen gemäßigten Zone. In dem Gebiet leben Schwarz- und Braunbären, Bisons, Elche, Wapitihirsche und seit 1995 auch wieder Wölfe. Der riesige Schutzbereich ermöglicht, dass Gabelböcke und Maultierhirsche im Winter von Grand Teton über 260 km nach Südosten zum Oberlauf des Green River ziehen können.

Sieben der großen amerikanischen Flüsse haben ihr Einzugsgebiet in diesem Gebiet und sie sind unersetzbar als Wasserlieferanten für die Menschen und die Agrarwirtschaft sowie als Lebensraum und -spender für die Natur. Zu ihnen zählen:

- ▷ Missouri, gespeist u. a. vom Yellowstone, fließt in den Golf von Mexiko (Atlantik)
- ▷ Colorado, gespeist u. a. vom Green River, bewässert den Südwesten und fließt in den Golf von Kalifornien (Pazifik)

▷ Columbia River, gespeist u. a. vom Snake River, das gesamte Einzugsgebiet erstreckt sich im Nordwesten der USA und Südwesten Kanadas und ist etwa so groß wie Frankreich, fließt südlich von Seattle in den Pazifik

Mit Erbschaften, Stiftungen und anderen Spenden finanziert die private Naturschutzorganisation Greater Yellowstone Coalition seit 1983 die Arbeit für diesen Großraum, 2017 stand ihr ein Budget von $ 5 Mio. zur Verfügung. Sie und andere Organisationen verhinderten zwischen 2003 und 2010 erfolgreich, dass auf teils privatem Land im Wanderbereich der Tiere Lizenzen für die Bohrungen nach Erdgas vergeben wurden.

www.greateryellowstone.org

Naturschützer arbeiten heute an einem größeren Traum, dem Y2Y, Yellowstone to Yukon. Durch Zusammenschluss und Erweiterung der verschiedenen geschützten Naturräume zwischen Yellowstone und Yukon würde ein riesiges Naturreservat entstehen, in dem große Säugetiere frei ziehen könnten und Natur wieder wirklich wild sein dürfte. Ein Traum, der vielleicht Wirklichkeit werden kann?

y2y.net

Yellowstone – Mythos Wildnis

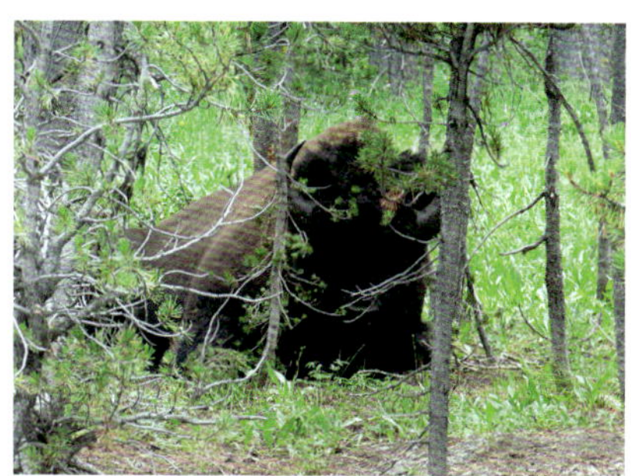

Bisons, Symbol für die Weite des amerikanischen Westens, ziehen in großen Herden durch Yellwostone

Weite Wälder, ungezähmte Tierherden, harte Winter und Kampf ums Überleben, dampfende heiße Quellen – für viele verkörpert Yellowstone den Mythos der Wildnis des Nordens mit ihrer ungezähmten Schönheit und Härte. Und wirklich, mit einer Fläche von fast 9.000 km² – fast viermal so groß wie das Saarland! – entspricht der Nationalpark tatsächlich weitestgehend diesem Bild. Hier leben Bisonherden, der Inbegriff ursprünglicher weiter Prärien, und die 1995 wieder angesiedelten Wölfe. Bären, Elche, Wapitihirsche, Gabelböcke, Weißkopfseeadler und viele mehr streifen in den weiten Nadelwäldern umher. Kiefern, Fichten, Douglasien und Espen bedecken etwa 80 % des Parks, Wiesen und Steppen mit *sagebrush*, Beifuß, machen 15 % der Fläche aus und auf immerhin 5 %, das sind 450 km², erstrecken sich Wasserflächen, zu denen der Yellowstone Lake alleine schon 354 km² beiträgt.

Einzig die Vorstellung, schon weit im Norden zu sein, stimmt nicht. Mit 44° nördlicher Breite befindet sich der Yellowstone-Nationalpark etwa auf der Höhe von Genua! Allerdings beträgt seine Höhe über dem Meeresspiegel durchschnittlich 2.440 m.

Yellowstone liegt in einer der weltweit größten Calderen mit einem Durchmesser von 72 x 48 km² und auf dem Gebiet eines aktiven Supervulkans. Dies ist auch die Ursache für die hydrothermalen Aktivitäten, die vielen heißen Quellen und 300 aktiven Geysire.

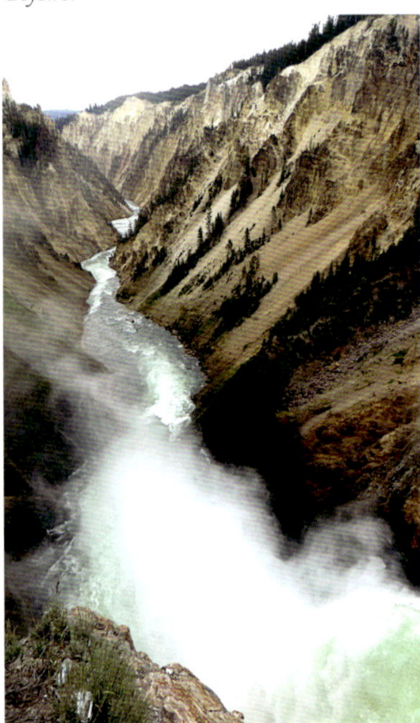

Der Grand Canyon of the Yellowstone, von den Lower Falls aus gesehen

Außerdem ist der Park für seine Wasserfälle bekannt, deren höchster mit 94 m Fallhöhe die Lower Falls des Yellowstone River sind.

Knapp 500 km asphaltierte Straßen führen durch die Wildnis und erschließen vor allem die Hydrothermalgebiete, das Nordwestufer des Yellowstone Lake und die Schlucht des Yellowstone River mit seinen Fällen. Entlang dieser Straßen offenbart sich an manchen Stellen ein zweites Gesicht Yellowstones: An den beliebten Thermalgebieten, allen voran dem Upper Geysir Basin mit dem bekanntesten Geysir Old Faithful, kann man sich auch in einen Freizeitpark versetzt fühlen. Regelrechte Menschenmassen pilgern in der Hauptsaison zu den wichtigsten Attraktionen. Aber auch eine Herde Bisons, die die Straße überquert, führt bei allem berechtigten Staunen zu ein bisschen Jahrmarktsatmosphäre, bei der schnell in Vergessenheit gerät, dass die Tiere wild sind und sich auch so verhalten können.

Um den Westen weiter zu erforschen, startete der Geologe Ferdinand Vandevver Hayden 1871 eine große Expedition, bekannt als Hayden-Expedition. Von Ogden in Utah, 400 km weiter südlich, startete sie in die unbekannten Wälder des Nordens, mit dem Ziel, den Erzählungen über Geysire und vulkanische Aktivitäten nachzuforschen, die damals als frei erfunden galten. Hayden stellte ein interdisziplinäres Forschungsteam mit Geologen, Ökologen und Biologen, aber auch dem Maler Thomas Moran

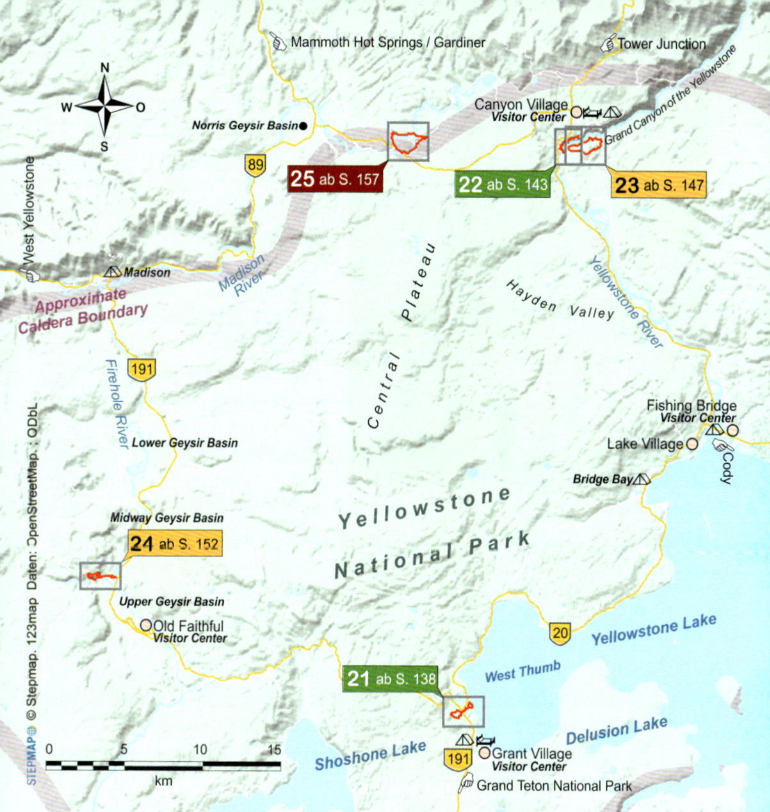

und dem Fotografen William Henry Jackson zusammen. Vor allem ihre Bilder und Fotos bildeten die Grundlage für die Ausrufung des ältesten Nationalparks der Welt, des Yellowstone-Nationalparks, im Jahr 1872.

Wandern im Yellowstone National Park

Das Wetter im Yellowstone ähnelt durchaus dem im Grand Teton, mit dem Unterschied, dass es noch harscher ist, die Temperaturen noch weiter fallen. Trotzdem bietet Yellowstone warme Sommer, die die ideale Wanderzeit darstellen. Von Mitte Juni bis Mitte September ist hier mit angenehmem Wanderwetter zu rechnen.

Die Winter von November bis März sind klirrend kalt mit Temperaturen von -5 bis -20° C. Die tiefste je gemessene Temperatur betrug -54° C am Westeingang (1933). Schneefälle gibt es auch im Frühling und Herbst regelmäßig, die Nachttemperaturen

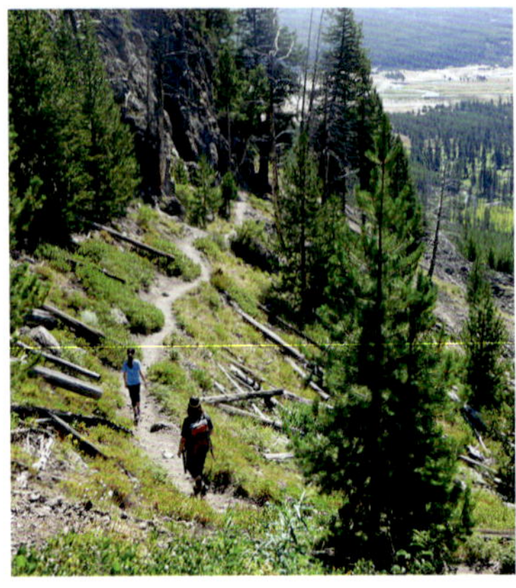

Abstieg vom Observation Point (Tour 24)

fallen weiter deutlich unter Null. Im Sommer von Mitte Juni bis Ende August wartet Yellowstone mit Tagestemperaturen um die 25° C auf. Auch hier kommt es regelmäßig zu Nachmittagsgewittern. Ab Anfang September wird es ruhiger im Park und Ende September/Anfang Oktober verwandelt der Indian Summer die Laubbäume des Parks in eine Farbenpracht. Unabhängig von der Jahreszeit ist ganzjährig mit plötzlichen Wetterumschwüngen, Temperaturstürzen und Schneefall zu rechnen.

Die Wanderwege im Yellowstone sind zwar grundsätzlich beschildert, jedoch teilweise eher spärlich.

Auch im Yellowstone gelten Vorsichtsmaßnahmen:

▷ Beachten Sie die Hinweise zum Verhalten im Bärenland. Nähern Sie sich niemals wilden Tieren. Halten Sie zu Wölfen und Bären mindestens 92 m (100 yards) Abstand, zu allen anderen Tieren mindestens 23 m (25 yards).
▷ Berücksichtigen Sie, dass Sie sich im Hochgebirge befinden, der Lake Yellowstone liegt auf 2.357 m.
▷ Rechnen Sie mit plötzlichen Wetterumschwüngen und nehmen Sie Regen- und warme Kleidung mit.
▷ Jegliches Sammeln von Steinen, Pflanzen oder anderen Objekten ist verboten.
▷ Bleiben Sie in Hydrothermalgebieten auf den gekennzeichneten Wegen und Stegen. Teilweise befindet sich nur eine dünne Kruste über gefährlichen heißen Quellen.
▷ Werfen Sie nichts in die Wasser- und Schlammtöpfe, denn diese können verstopfen und damit dauerhaft versiegen.
▷ In Hydrothermalgebieten können toxische Gase austreten, z. B. Schwefelwasserstoff und Kohlendioxid. Verlassen Sie das Gebiet sofort, wenn Sie sich nicht gut fühlen.
▷ Rauchen ist in Hydrothermalgebieten verboten.

Öffnungszeiten im Winter

Von Anfang November bis Mitte April sind alle Straßen geschlossen, dann dürfen nur noch Schneemobile und -busse fahren. Einzige Ausnahme stellt der ganz nördliche Bypass abseits der klassischen Touristenrouten dar.

Die Straßen öffnen folgendermaßen wieder (ausgehend vom Westeingang):

▷ Ende April Richtung Süden bis Old Faithful und über Norris zum Canyon/Yellowstone Falls

▷ Anfang/Mitte Mai bis West Thumb/Lake Yellowstone und von dort zum Canyon

Die neun Visitor und Information Center des Parks öffnen entsprechend.
Diese Zeiten hängen auch von den aktuellen Bedingungen ab, siehe:

www.nps.gov/yell/planyourvisit/parkroads.htm

Unterkünfte

Auch bei der Wahl der Unterkunft gilt: Verschätzen Sie sich nicht bei den Entfernungen im Nationalpark. Feste Unterkünfte sollten Sie auf jeden Fall sehr frühzeitig buchen.

Im Yellowstone stehen zwölf Campingplätze mit über 2.000 Stellplätzen zur Verfügung.

www.nps.gov/yell/planyourvisit/campgrounds.htm

Sieben Plätze operieren auf *first-come-first-served*-Basis, sie kosten $ 15-20 und füllen sich in der Hauptsaison schon am frühen Vormittag.
Fünf Campingplätze können reserviert werden, es sind:

- Madison an der westlichen Zufahrt, $ 25
- Grant Village am westlichen Seeufer, $ 30
- Fishing Bridge RV Park am nördlichen Seeufer, einziger Platz mit Stromanschluss/*hook-up*, $ 48
- Canyon an den Yellowstone Falls, $ 30
- Bridge Bay am nördlichen Seeufer, $ 25

www.yellowstonenationalparklodges.com/stay/camping

Im Nationalpark gibt es neun Lodges, von denen die Grant Village Lodge (Ende Mai bis Ende September) und die Canyon Lodge (Mitte Mai bis Mitte Oktober) mit Preisen ab $ 300 pro Nacht die günstigsten sind.

www.yellowstonenationalparklodges.com/stay/summer-lodges/

Der Ort West Yellowstone außerhalb des Nationalparks bietet Unterkünfte in verschiedenen Preisklassen.

21 West Thumb Geysir Basin und Overlook

Tour für Freunde von Seen und heißen Quellen

Diese kurze Wanderung ist eine abwechslungsreiche Kombination vieler Highlights, die Yellowstone ausmachen. Das kleine Thermalgebiet am Anfang Ihrer Runde liegt direkt am Lake Yellowstone, wartet mit verschiedenfarbig leuchtenden heißen Quellen und über Kalkterrassen bunt glitzernden Wasserläufen auf und zieht wesentlich weniger Besucher an als das überlaufene Upper Geysir Basin. Im Anschluss machen Sie sich auf den Weg ins Hinterland, das Sie in der Regel weitgehend alleine genießen können, und damit in eine ganz andere Welt. Ihr Ziel ist eine freie Kuppe mit fantastischer Sicht über den Yellowstone-See.

Start/Ziel: Parkplatz „West Thumb Geysir Basin", GPS N 44°24.947' W 110°34.452'

4,1 km

1 Std. 15 Min.

95 m/95 m

2.360-2.440 m

Stege im Bereich des Hydrothermalgebietes, feste Naturwege in der Runde des Overlook, nur am Anfang des Abstieges vom Aussichtspunkt etwas steiler und eventuell etwas rutschig

Picknickbänke am Start/Ziel bzw. bei km 1,2, Bank am Overlook (km 2,8)

WC am Parkplatz am Start/Ziel bzw. bei km 1,2

Die Wanderung ist ideal für Kinder: kurz, abwechslungsreich, viele Baumstämme zum Klettern und Balancieren.

Nur der Bereich des Thermalgebietes mit den Stegen ist buggytauglich.

P am Start/Ziel, Anfahrt: im Süden der Grand Loop Road an der Verzweigung Grand Teton (Hwy. 191 nach Süden) - Old Faithful/West Yellowstone (Hwy. 191 nach Westen) in Richtung Lake/Canyon Village (Hwy. 20 nach Osten) fahren, nach 200 m nach rechts zum Parkplatz

Beachten Sie den Abschnitt „Sicherheit im Bärenland" im Kapitel „Reise-Infos/Naturgefahren".

Beachten Sie die Hinweise zum Verhalten in Hydrothermalgebieten im Kapitel „Wandern im Yellowstone National Park"

Aus der Luft gesehen erscheint der Yellowstone-See wie eine riesige Hand mit drei Fingern und einer großen Bucht Richtung Westen als Daumen. Dies gab der Bucht ihren Namen: West Thumb – westlicher Daumen. Die Bucht hat einen Durchmesser von 6-9 km, der gesamte See ist in Nord-Süd-Richtung bis zu 32 km lang und bis zu 125 m tief. Auch im Sommer beträgt seine Temperatur durchschnittlich nur 7° C,

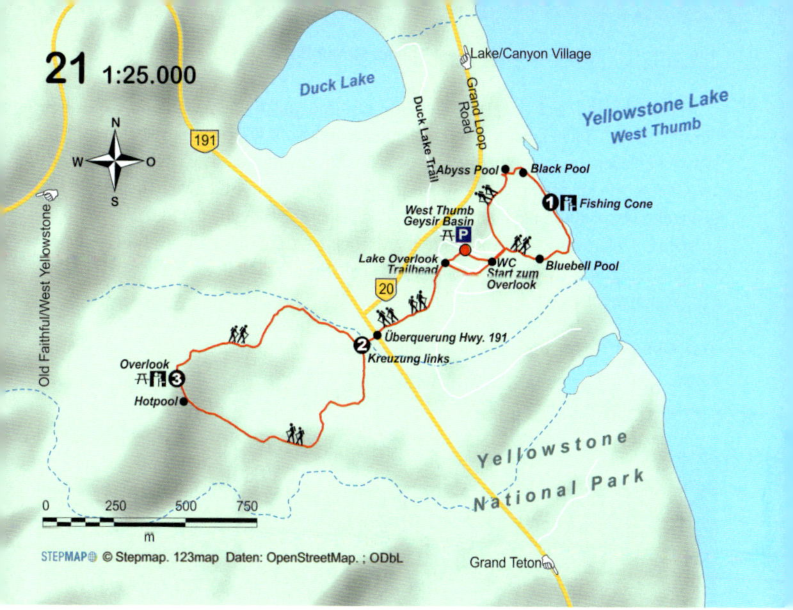

21 1:25.000

Duck Lake
Lake/Canyon Village
Grand Loop Road
Duck Lake Trail
Yellowstone Lake
West Thumb
191
Abyss Pool
Black Pool
Fishing Cone
West Thumb Geysir Basin
Lake Overlook Trailhead
WC Start zum Overlook
Bluebell Pool
20
Überquerung Hwy. 191
Kreuzung links
Overlook
Hotpool
Old Faithful/West Yellowstone
Yellowstone National Park
0 250 500 750
m
Grand Teton

wobei sich die obersten Wasserschichten stärker erwärmen können. Im Winter friert er zu, die Eisdecke kann bis zu 1 m dick werden. Erst Ende Mai/Anfang Juni taut der See wieder auf.

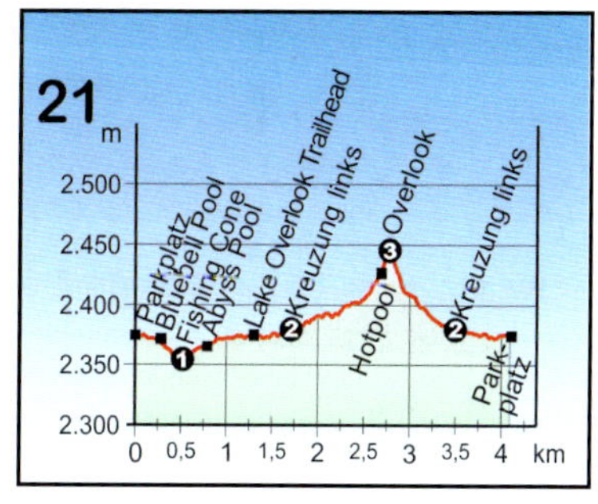

Vom Parkplatz aus gehen Sie auf die historische Rangerstation zu, in der heute im Sommer ein kleiner Andenken- und Buchladen untergebracht ist. Rechts daran vorbei bringt ein asphaltierter Weg Sie zum Thermalgebiet, das Sie schon riechen und dessen Dampf Sie sehen können. Sie erreichen das Feld oberhalb vieler kleiner Pools und Schlammquellen, die im Sonnenlicht in verschiedenen Grün-, Blau- und Grautönen leuchten. Dort wenden Sie sich an der T-Kreuzung nach rechts. Nach 300 m leuchtet links der Bluebell Pool cyanblau zwischen einigen Büschen. Der Steg führt Sie weiter in Richtung Yellowstone Lake und dann direkt oberhalb des Ufers entlang. Mit fantastischen Aussichten über den See erreichen Sie den Fishing Cone, eine heiße Quelle, deren Kalkkegel sich im Ufergestein des Sees erhebt ❶.

Früher befand sich hier ein Geysir. Er wurde durch die Washburn-Expedition bekannt, deren Teilnehmern aus Versehen ein Fisch vom Haken in das kochend heiße Wasser gefallen und innerhalb weniger Minuten gegart war. Dies führte Ende des 19. Jh. zu einem regelrechten Angel-und-Koch-Tourismus: Der vom Kalkkegel aus geangelte Fisch wurde noch am Haken in den Fishing Cone gehalten und anschließend verspeist. 1912 wurde dies verboten. Inzwischen gilt der Fishing Cone als heiße Quelle, denn aufgrund des gestiegenen Pegelstandes des Yellowstone-Sees gibt es keine Eruptionen mehr.

Der Fishing Cone, eine heiße Quelle im Lake Yellowstone

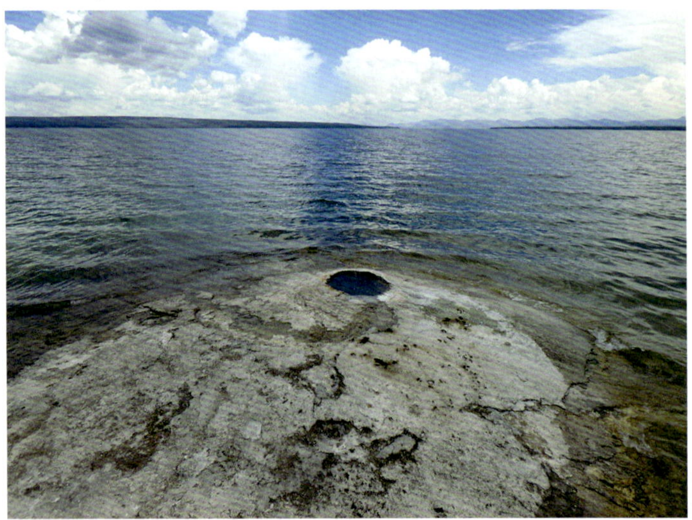

Wo der Weg wieder vom Ufer wegführt, erwartet Sie der tiefe, grünlich blau schimmernde Black Pool. Früher mit niedrigeren Wassertemperaturen war er wirklich schwarz. Sein Ausfluss bildet wunderschön rotorange leuchtende Streifen zum Seeufer hinunter. Nur 100 m weiter erreichen Sie den Abyss Pool, dessen faszinierender und geheimnisvoller Kalktrichter in vielen Schattierungen von Weiß bis Saphirblau schimmert und in 16 m Tiefe reicht. Folgen Sie dem Rundweg weiter, so bringt er Sie an weiteren dampfenden, stinkenden und spritzenden Quellen vorbei und wieder zum alten Rangerhäuschen. Von dort gehen Sie am Toilettenhäuschen und den Picknickbänken vorbei und folgen einem Kiesweg um den Parkplatz herum. Erst kurz vor der Parkplatzzufahrt biegen Sie am Schild „Lake Overlook Trailhead“ nach links ab (km 1,3). Nach 400 m durch Kiefernbestand überqueren Sie den Hwy. 191 an einem

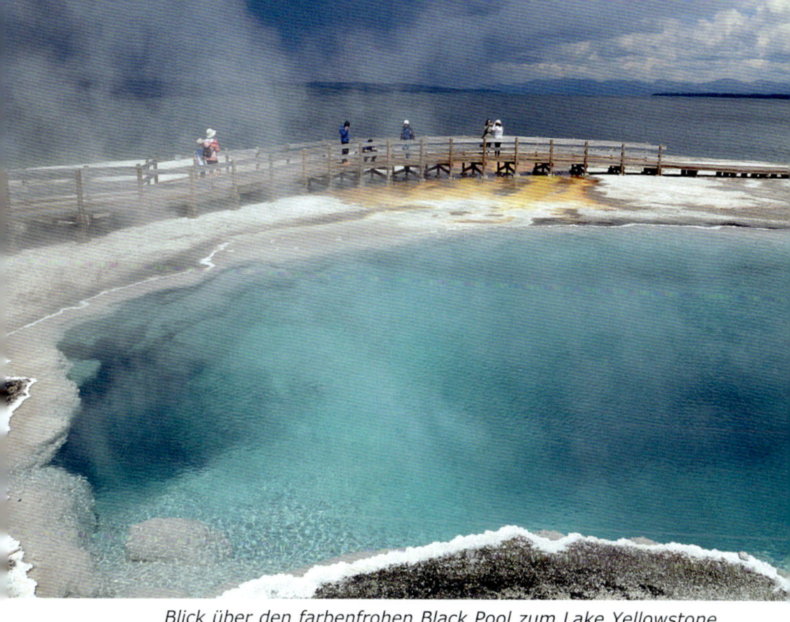

Blick über den farbenfrohen Black Pool zum Lake Yellowstone

Zebrastreifen. An der Kreuzung bei km 1,8 ❷ folgen Sie dem kleinen Schild „To Overlook" nach links. Ihr Weg führt durch nachwachsenden Kiefernwald und steigt langsam an. Nach und nach nehmen die Wiesenflächen zu und bei km 2,5 sehen Sie den Aussichtspunkt auf dem vor Ihnen liegenden Hügel. Sie passieren eine heiße Quelle zur Linken bei km 2,7 und erreichen 100 m weiter die offene Kuppe mit einer einfachen Bank ❸. Weit erstreckt sich der See mit den ihn umgebenden Bergen vor Ihnen. Ein wunderschönes Plätzchen, um Yellowstone ungestört und in Ruhe zu genießen und seine Größe erahnen zu können.

Das illegale Aussetzen der Seeforelle im Yellowstone-See in den 1970ern zeigt, wie komplex Ökosysteme reagieren. Die auch in tieferem Wasser lebende Seeforelle verdrängte die heimische Cutthroat-Forelle, die die flachen Uferregionen bevorzugte. Dadurch fehlte den Grizzlys im Frühjahr nach dem Winterschlaf eine wichtige Nahrungsquelle, denn die Seeforellen waren für sie unerreichbar. Um ihren wahrhaften Bärenhunger zu besänftigen, fingen sie an, die Jungtiere von Wapitihirschen zu fressen, wodurch deren Bestand wesentlich dezimiert wurde. Zuerst wurde der Rückgang der Wapitis den wieder eingeführten Wölfen zugeschrieben und erst nach jahrelangen Nachforschungen stießen die Wissenschaftler auf den tatsächlichen Zusammenhang. Seit 2006 werden die Seeforellen massiv abgefischt und zugleich die Bedingungen für die Cutthroat-Forelle verbessert. Das aus dem Gleichgewicht geratene Gefüge scheint sich wieder zu stabilisieren.

Mit der ebenfalls eingeschleppten Regenbogenforelle können Cutthroat-Forellen Hybriden bilden, die in den betroffenen Gewässern etwa ein Drittel der Population bilden und so ebenfalls den ursprünglichen Bestand extrem gefährden.

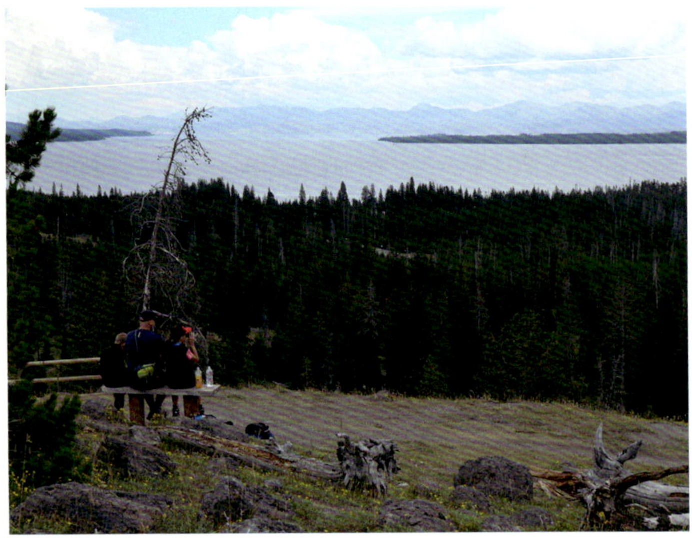

Am Overlook: weite Sicht über die Wildnis Yellowstones

Vom Aussichtspunkt aus folgen Sie dem Weg weiter, der links um die unterhalb liegenden heißen Quellen führt. Anfangs etwas steiler und nach Regen eventuell etwas rutschig wird der Weg schnell wieder fester und führt über einen blumenbestandenen Hang hinunter in den lichten Nadelwald, in dem dicke Stämme, die Überreste eines Waldbrandes, wie riesige Mikadostäbe verstreut liegen (☞ Tour 24, Feuersbrunst von 1988). Bei km 3,6 erreichen Sie über einen kleinen Steg die Kreuzung, an der der Rundweg begann ❷, und gehen nach links zur Straße. Dann trennt Sie nur noch der kleine, bekannte Waldstreifen vom Parkplatz.

22 Yellowstone Falls, North Rim

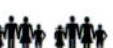

Tour für Wasserfallliebhaber

Mit dieser einfachen Wanderung schlagen Sie zwei Fliegen mit einer Klappe: Sie umgehen den Stau am oft völlig überfüllten Parkplatz der Lower Falls, der die Einbahn-Zufahrtsstraße North Rim Drive gleich mit verstopft, und verbinden die Besichtigung der Fälle mit einer angenehmen und im ersten Teil meist einsamen Tour durch den Kiefernwald am Rand der Schlucht des Yellowstone. So erreichen Sie ohne Stress und mit vielen Eindrücken alle drei wichtigen Aussichtspunkte mit Blick auf die Fälle: die Terrassen oberhalb der Upper Falls und der flussabwärts gelegenen, aber höheren Lower Falls (Brink of Upper/Lower Falls) sowie den Blick schluchtaufwärts auf die Lower Falls (Lookout Point).

Start/Ziel: Parkplatz „Brink of Upper Falls", GPS N 44°42.850' W 110°30.047'
5,3 km
1 Std. 30 Min.
195 m/195 m
2.270-2.370 m
teilweise asphaltiert/betoniert, teilweise naturbelassener fester Weg
Bänke bei km 1,8, Rastmöglichkeit auf Felsen bei km 3,6
WC am Start/Ziel, am Westende des Parkplatzes „Lower Falls" (km 2,4)
verschiedene Aussichten und Wasserfälle, deshalb nicht langweilig
P am Start/Ziel (Anfahrt: von der Grand Loop Road in „Brink of Upper Falls" (zwischen South Rim Drive und North Rim Drive des Grand Canyon of the Yellowstone) abbiegen), am Brink of Lower Falls, am Lookout Point
Beachten Sie den Abschnitt „Sicherheit im Bärenland" im Kapitel „Reise-Infos/Naturgefahren".

Der hier bereits große Yellowstone hat erst einen kurzen Weg hinter sich! Er entspringt in zwei Armen südlich des Yellowstone Lake am Younts Peak (3.694 m), mäandriert durch sumpfige Täler und fließt nach 55 km in den See. Diesen verlässt er nach Norden. Direkt an seinem Ausfluss wurde im Jahr 1902 die Fishing Bridge aus Holz gebaut, von der aus Hunderte Angler Jagd auf Forellen machten. Die heutige Brücke stammt aus dem Jahr 1937. Dann durchfließt der inzwischen breite Fluss die Stromschnellen der LeHardy Rapids und das Hayden Valley, ein idealer Platz für Tierbeobachtungen ähnlich dem dafür bekannten Lamar Valley im Nordosten des Parks. Mit dem Grand Canyon of the Yellowstone erreicht er seine zwei größten Wasserfälle. Nach insgesamt 1.114 km fließt der Yellowstone als rechter Nebenfluss in den Missouri, der seine Wasser südwärts in den Mississippi und den Golf von Mexiko leitet.

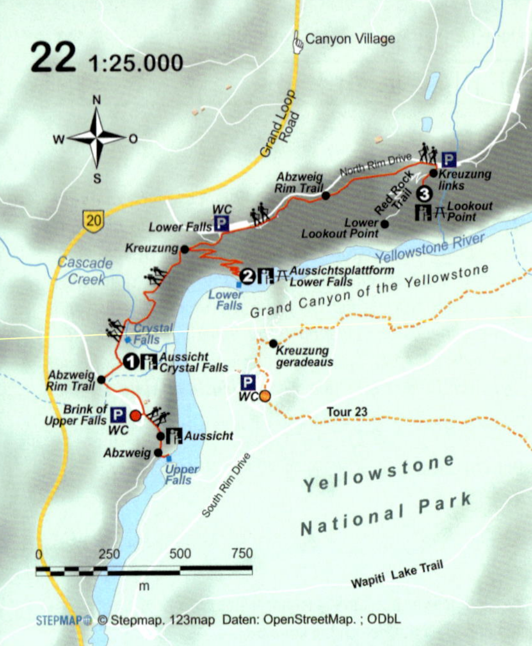

Vom Parkplatz aus folgen Sie der asphaltierten, gesperrten Straße, die 20 m südlich des Toilettenhäuschens zum „View of Brink of Upper Falls“ führt. Nach 100 m erreichen Sie einen ersten Aussichtspunkt. Direkt danach folgen Sie dem Fußweg links neben der Straße. Er zweigt 50 m weiter nach links ab und führt auf eine Plattform direkt oberhalb der Fälle. Absolut beeindruckend rauscht der Yellowstone zu Ihren Füßen 33 m in die Tiefe. Auf etwa 20 m, die Hälfte seiner Breite, wird der Fluss hier zwischen Felsen zusammengezwängt und schießt mit unglaublicher Wucht in ein großes Felsenrund. Während der Schneeschmelze beträgt der Durchfluss bis zu 240 m³ pro Sekunde, im späten Herbst sinkt er auf etwa 20 m³ pro Sekunde. In der Gischt schimmern oft wunderschöne Regenbogen. Aber auch der Blick flussaufwärts auf den Strom, der hier schnell und wuchtig auf die Fälle zufließt, ist beeindruckend.

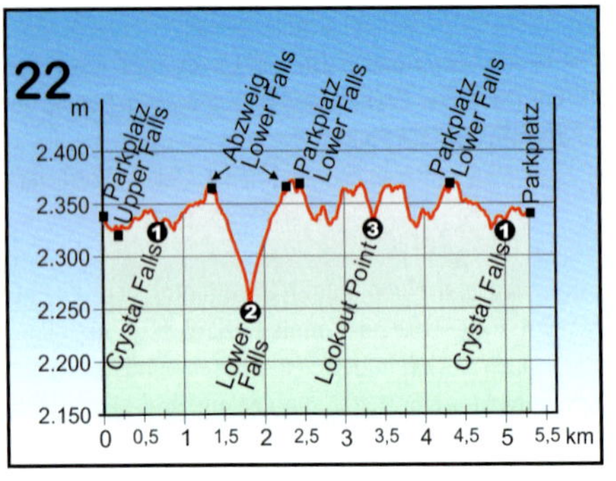

Von hier gehen Sie zurück zum Parkplatz und in Richtung Zufahrtsstraße. 60 m hinter dem Parkplatz, nachdem die Straße eine kleine Schlucht überquert hat, biegen Sie nach rechts auf den North Rim Trail ab. 100 m weiter biegt der Weg nach links ab, aber nur wenige Schritte weiter geradeaus haben Sie zwischen den Bäumen am

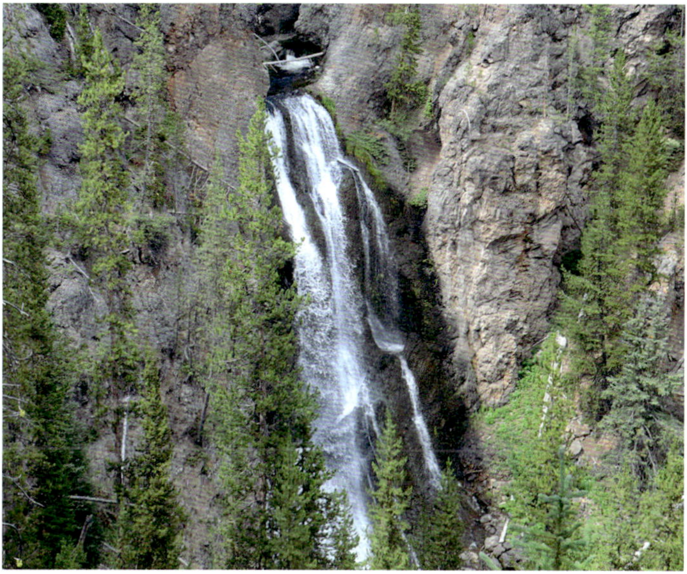

Die Crystal Falls, romantisch und einsam am Wegesrand gelegen

Rand einer kleinen freien Fläche eine schöne Aussicht auf die romantischen Crystal Falls ❶. 40 m fällt der Cascade Creek hier in einem felsigen Einschnitt in die Tiefe und bricht sich an einzelnen Felsvorsprüngen. Von dort gehen Sie die paar Schritte zurück zum North Rim Trail und folgen ihm jetzt nach rechts. Er führt in einem langen Bogen zum Cascade Creek und überquert ihn oberhalb der Fälle auf einer Brücke. Dann geht es weiter durch Wald aufwärts und für einen kleinen Haken vom Canyonrand weg.

Wieder am Schluchtrand bietet sich zurück eine tolle Sicht auf den Nebel der Upper Falls, die gelben Felsen des Canyons und die

Über den Upper Falls: wuchtige Wassermassen, reichlich Gischt und ein bunter Regenbogen

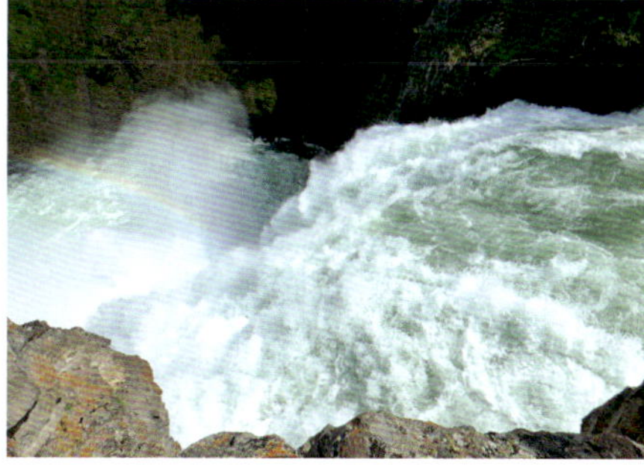

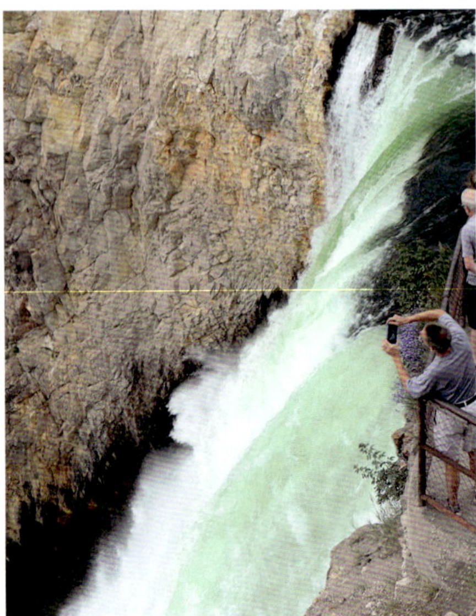

Brink of Lower Falls: tosende Wassermassen, faszinierende Fallhöhe und ein weiter Blick in die Schlucht

Abbruchkante der Lower Falls, dazu ist das Dröhnen beider Fälle zu hören. Der Weg quert eine Wiese auf einem kleinen Steg, führt kurz aufwärts und erreicht bei km 1,3 den betonierten Weg zu den Lower Falls und deutlich größere Besucherströme. In Serpentinen geht es jetzt auf den nächsten 500 m 70 Höhenmeter abwärts, dann stehen Sie auf der Aussichtsplattform oberhalb der Lower Falls ❷. Beeindruckende 94 m fällt der Yellowstone in die Tiefe und wieder fasziniert die Wucht der Wassermassen.

Nachdem Sie auch dieses Schauspiel genossen haben, folgt der Rückweg hoch zur letzten Kreuzung, dort geht es rechts zum Parkplatz. An diesem wenden Sie sich nach rechts und folgen dem Bürgersteig für 500 m. Dann zweigt der North Rim Trail leicht rechts beschildert auf naturbelassenem Boden in den lichten Wald am Canyonrand ab. Teils lehmig-sandig, teils etwas felsig bringt er Sie zum nächsten Parkplatz bei km 3,3, wo Sie nach 30 m rechts zum „Lookout Point“ abbiegen. Sie folgen dem asphaltierten Weg, ignorieren den Abzweig „Red Rock Trail“ nach rechts und stehen 250 m weiter auf der Spitze einer Felsnase über dem Canyon of the Yellowstone, die eine fantastische Sicht über die Schlucht auf die Lower Falls bietet ❸.

↳ Der Red Rock Trail führt hinunter auf eine Holzplattform, den „Lower Lookout Point“ etwa auf halber Höhe der Schlucht.

Schließlich wandern Sie auf gleichem Weg zurück, wenden sich auf dem ersten Parkplatz bei km 4,3 nach links in Richtung „Brink of Lower Falls“, biegen in der ersten 180°-Kehre nach rechts auf den North Rim Trail ab und folgen diesem bis zur Zufahrtsstraße Ihres Parkplatzes bei km 5,1, auf der Sie die letzten Meter nach links gehen.

23 Clear Lake und Yellowstone Falls WC 

Tour für alle, die die Besonderheiten von Yellowstone kennenlernen wollen

Sie wollen die Wasserfälle sehen, aber bitte auch die einsame Natur Yellowstones erleben? Dann machen Sie sich auf diesen Rundweg! Über Bergwiesen, auf denen oft die beeindruckend großen Wapitihirsche grasen, und vorbei an kleinen Seen und der weißen Mondlandschaft eines Thermalgebietes mit blubbernden Schlammtöpfen wandern Sie zum Grand Canyon of the Yellowstone. Der farbenfrohen Schlucht des „Gelben Steins" folgen Sie aufwärts und erst kurz vor dem Artist Point nimmt die Anzahl der Besucher zu. Von dort haben Sie einen ersten Blick auf die Fälle weit schluchtaufwärts, denen Sie sich auf dem weiteren Rückweg immer mehr annähern.

- Start/Ziel: Parkplatz „Uncle Tom's Trail, Upper Falls", GPS N 44°42.883' W 110°29.731'
- 5,8 km
- 2 Std.
- 160 m/160 m
- 2.330-2.410 m
- feste naturbelassene Pfade, ab Artist Point besser ausgebaut
- Möglichkeit zum Rasten bei km 3,9
- WC Toiletten am Start/Ziel und bei km 4,4 (Artist Point)
- Abwechslungsreiche Rundtour, Kinder dürfen die Wege im Bereich des Thermalgebietes und am Rim nicht verlassen.
- P Parkplätze am Start/Ziel (Anfahrt: von der Grand Loop Road in den South Rim Drive abbiegen und nach 1 km links auf den Parkplatz), und am Artist Point
- Beachten Sie den Abschnitt „Sicherheit im Bärenland" im Kapitel „Reise-Infos/Naturgefahren".
- Bleiben Sie v. a. im Bereich des Thermalgebietes auf den Wegen.
- Vor allem im Bereich des Lily Pad Lake brauchen Sie Mückenspray.
- Bei der letzten Recherche waren im Bereich des Uncle Tom's Trail bis Artist Point umfangreiche Instandsetzungsmaßnahmen im Gange, dadurch kann es zu kleinen Änderungen bei der Wegführung kommen.

Am südöstlichen Ende des Parkplatzes, schräg gegenüber dem Toilettenhäuschen, führt ein breiter Naturweg schräg in Richtung Rim Drive. Diesen überqueren Sie an einem Zebrastreifen und erklimmen auf der anderen Seite eine Bergflanke. Nach 700 m erreichen Sie lockere Baumgruppen. Ihr Weg führt links an einer Kuppe vorbei, vor und unter Ihnen erstreckt sich eine für Yellowstone typische, wunderschöne Bergwiese, auf der oft die stolzen Wapitihirsche weiden. Gleichzeitig wird immer wieder der Blick auf die Berge frei, die sich nördlich über den Canyon des Yellowstone

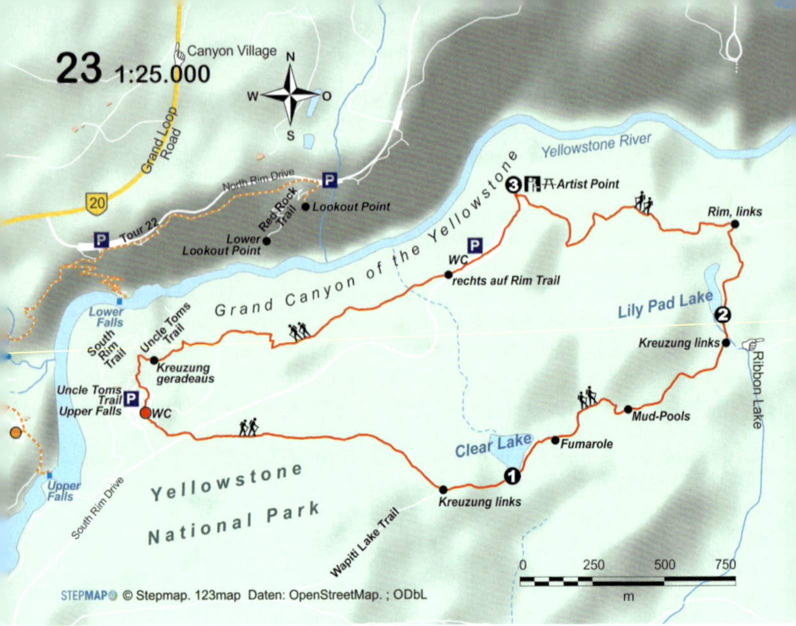

23 1:25.000

Canyon Village
N
W O
S
Grand Loop Road
20
North Rim Drive
Tour 22
Red Rock Trail
Lookout Point
Lower Lookout Point
Yellowstone River
Grand Canyon of the Yellowstone
3 Artist Point
Rim, links
WC
rechts auf Rim Trail
Lily Pad Lake
2
Kreuzung links
Ribbon Lake
Lower Falls
South Rim Trail
Uncle Toms Trail
Kreuzung geradeaus
Uncle Toms Trail Upper Falls
WC
Mud-Pools
Fumarole
Clear Lake
1
Kreuzung links
Upper Falls
South Rim Drive
Yellowstone National Park
Wapiti Lake Trail
0 250 500 750
m

erheben. Dazu gehören Hedges Peak (2.926 m), Dunraven Peak (3.018 m) und Mount Washburn (3.122 m).

Bei km 1,1 erreichen Sie die Kreuzung mit dem Wapiti Trail und wenden sich nach links in Richtung „Clear Lake". 300 m weiter stehen Sie an dem See ❶, der zwar nicht besonders klar ist, aber mit seinen sandigen, kiefernbestandenen Ufern und dem Wildnisflair eine besondere Romantik ausstrahlt.

Stille am Lilly Pad Lake

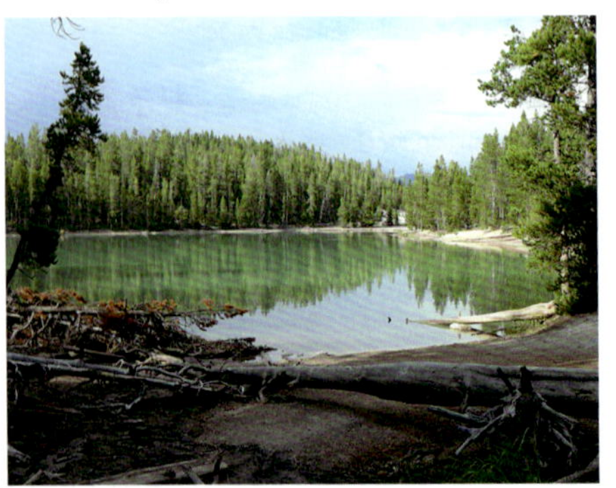

Ihr Weg führt an seinem östlichen Ufer entlang, zweigt nach rechts ab und erreicht bei km 1,6 eine Fumarole, in deren Tiefe es dumpf blubbert. Jetzt durchwandern Sie die Mondlandschaft eines Thermalgebietes, deren weiße Kalk-Sand-Oberflächen in starkem Kontrast zum umgebenden Nadelwald stehen. Der Weg ist deutlich sichtbar, teils mit

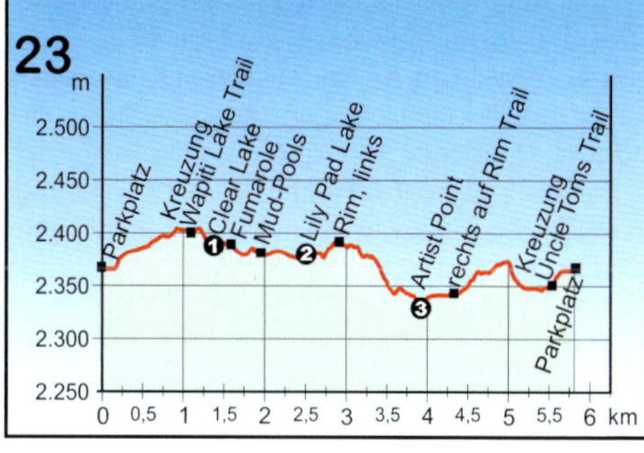

orangen Täfelchen an den Bäumen markiert, teils mit Totholz begrenzt. Verlassen Sie ihn nicht!

Bei km 1,9 quert der Weg die fremdartige Landschaft von links nach rechts, dann wandern Sie an zwei *mud pools*, mit Schlamm gefüllten heißen Becken, zur Linken vorbei. 300 m weiter tauchen Sie wieder in den Wald ein und halten sich an der Kreuzung bei km 2,4 links (* hier rechts geht es zum Ribbon Lake). 100 m weiter schimmert links der Lily Pad Lake durch die Bäume, ein unglaublich stiller kleiner See mitten im Wald, über und über von Seerosen bewachsen f. Einzig das Summen der Mücken stört hier die Ruhe.

Urwüchsige Romantik am Clear Lake

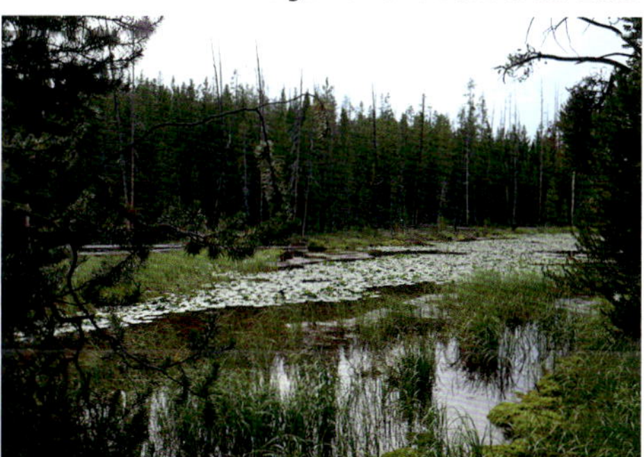

Der Weg führt Sie an seinem östlichen Ufer vorbei und nach einem kurzen Anstieg nach rechts queren Sie die sumpfige Wiese am See-Ende auf einem Steg. Erneut geht es kurz aufwärts, dann stehen Sie unvermittelt an der Kante des Grand Canyon of the Yellowstone. Vor Ihnen erstreckt sich die Schlucht mit ihren beigegelben, ausgewaschenen Wänden. Schwefel und Eisen im Gestein erzeugen diese Färbung. 260 m unter Ihnen rauscht der Yellowstone in vielen Stromschnellen nach Nordosten, auf der anderen Seite blicken Sie über das dicht bewachsene Plateau und die es überragenden Berge.

Sie wenden sich nach links und folgen dem Rim Trail in leichtem Auf und Ab. Ab km 3,4 führt er deutlich abwärts, vollführt eine Kehre weg vom Rim und kommt wieder zurück. Dann werden Sie wahrscheinlich auch auf andere Wanderer treffen und bei km 3,9 erreichen Sie den Artist Point ❸. Hier haben Sie eine wunderschöne Sicht in die Schlucht und auf die Lower Yellowstone Falls, die sich 1,3 km vor Ihnen in den Canyon stürzen.

Vom Artist Point aus folgen Sie Straße und Parkplatz für 500 m und wenden sich hinter dem Toilettenhäuschen wieder nach rechts auf den Rim Trail. Durch Nadelwald geht es erst aufwärts, ab km 5 in kurzen Kehren abwärts. Die Bäume geben immer wieder den Blick auf die faszinierende Schlucht vor Ihnen und die Lower Falls frei – vielleicht die schönste Art, sich diesen Fällen zu nähern.

Bei km 5,5 zweigt der Uncle Tom's Trail nach rechts ab, Sie gehen geradeaus, wenden sich 40 m weiter nach links und stehen nach weiteren 200 m wieder am Parkplatz.

Die mächtigen Lower Yelowstone Falls, vom Artist Point aus gesehen

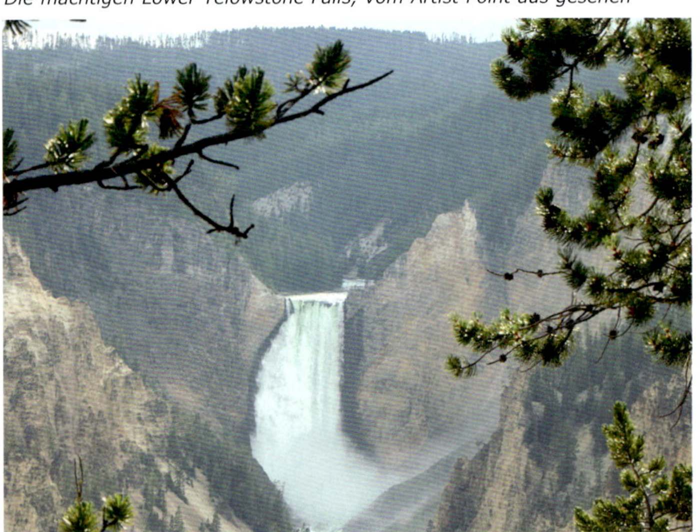

↳ Uncle Tom's Trail bringt Sie in den Canyon hinunter, zuerst über einige asphaltierte Kehren, dann folgen Stahlleitern mit insgesamt 328 Stufen und mehrere Plattformen und Bänke.

Von 1898 bis 1905 brachte H. F. Richardson, auch Uncle Tom genannt, Touristen mit einer kleinen Fähre vom Nord- an den Südrand des Yellowstone, führte sie am Südrand der Schlucht entlang und dann an Seilen und Seilleitern hinunter in die Schlucht – nichts für schwache Nerven. Es heißt, dass er Klammern für die Damen hatte, damit diese ihre Kleider hochstecken konnten. 1903 wurde die Chittenden-Brücke als Verbindung zwischen Nord- und Südrand gebaut und führte schließlich zum Ende seines Geschäftes.

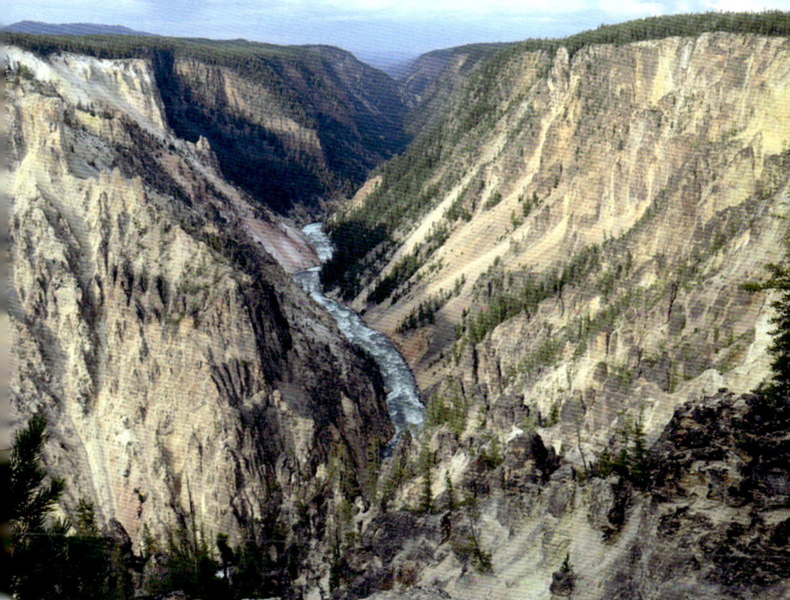

Größe der Schlucht und Weite der Landschaft beeindrucken bei Erreichen des Grand Canyon of the Yellowstone

↳ An der Kreuzung von Uncle Tom's Trail können Sie weiter dem Rim Trail folgen. Sie umrunden den Parkplatz in einem großen Bogen und kommen zum Upper Falls View.

☺ Mit großem Gepäck loswandern und eine Nacht in der Wildnis Yellowstones zelten? Am Ribbon Lake liegen zwei der über 300 *backcountry campsites* Yellowstones. Wenn Sie an der Kreuzung bei km 2,4 nach rechts abbiegen, erreichen Sie den wunderschönen See nach knapp 2 km. Es handelt sich um eine Kette zweier Seen in einer feuchten Senke, deren Wasser nur gut 250 m weiter in der Silver Cord Cascade in den Grand Canyon of the Yellowstone stürzt. In einem der *backcountry offices* müssen Sie sich eine Erlaubnis (*permit*) sowie alle Infos zur Sicherheit im Bärenland bei Zeltwanderungen besorgen und dann: viel Spaß und bleibende Erinnerungen!

💻 www.nps.gov/yell/planyourvisit/backcountryhiking.htm,

💻 www.nps.gov/yell/planyourvisit/upload/bctrip-planner_2015.pdf

24 Mystic Falls

W

Tour für Fans von Geysiren und Ausblicken

Auch diese Wanderung bietet eine Kombination verschiedener Highlights von Yellowstone! Sie führt zu Beginn durch das kleine Thermalgebiet Biscuit Basin, wo Sie neben prächtigen Farben ein kleiner Geysir ohne Jahrmarktsatmosphäre erwartet. Dann folgen Sie dem Little Firehole River zu einem wunderschönen, mehrstufigen Wasserfall. Dort lassen Sie die anderen Besucher endgültig hinter sich und überblicken vom Observation Point das Tal der Geysire mit dem Upper Geysir Basin und dem Old Faithful, den Sie mit etwas Glück als einsamer Beobachter aus der Ferne bestaunen können.

- Start/Ziel: Parkplatz „Biscuit Basin", GPS N 44°29.102' W 110°51.129'
- 5,5 km
- 1 Std. 45 Min.
- ↑ ↓ 210 m/210 m
- ⇧ 2.210-2.380 m
- Stege im Thermalgebiet, dann naturbelassene gute Wege
- Rastmöglichkeiten bei km 1,8 und km 3,5
- kurz, ungefährlich und abwechslungsreich: ideal für Kinder, an wenigen Stellen im Bereich des Observation Point bitte aufpassen
- P am Start/Ziel, Anfahrt: an der Grand Loop Road 3,2 km nördlich der Ausfahrt zum Old Faithful beschildert auf den Parkplatz
- Beachten Sie den Abschnitt „Sicherheit im Bärenland" im Kapitel „Reise-Infos/Naturgefahren".
- Nehmen Sie Mückenspray mit.
- ☺ Die Mystic Falls sind ein beliebtes und trotzdem nicht überlaufenes Ziel, die meisten Wanderer kehren von dort auf gleichem Weg zurück.

Vom Parkplatz aus starten Sie über die Brücke über den Firehole River, dessen Wasser hier durch den Zufluss des warmen Wassers aus dem Thermalgebiet deutlich erwärmt wird. Anschließend folgen Sie dem Holzsteg geradeaus durch das Thermalgebiet. Sie kommen am milchig blau leuchtenden Black Opal Pool vorbei, der mit seinen roten Rändern und weißen Dampfschwaden schön mit den Kiefern kontrastiert, die das Gebiet umrahmen. Dann überqueren Sie den weit gefächerten, roten Auslauf des Sapphire Pool, der weiter oben ein leuchtendes Gelbgrün annimmt. Der Pool selbst ist kristallklar, leuchtet in seinem Inneren tiefblau und ist über 90° C heiß.

Die Farben der Pools werden von thermophilen, d. h. wärmeliebenden Mikroorganismen erzeugt. Grün und braun zeigt kühleres Wasser an, orange und gelb

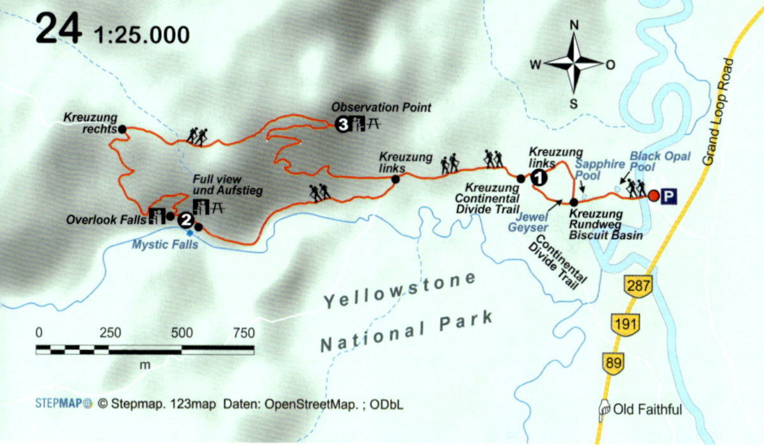

heißeres. In kochenden Quellen überleben fast keine Mikroorganismen, das klare Wasser reflektiert nur den blauen Anteil des Sonnenlichts.

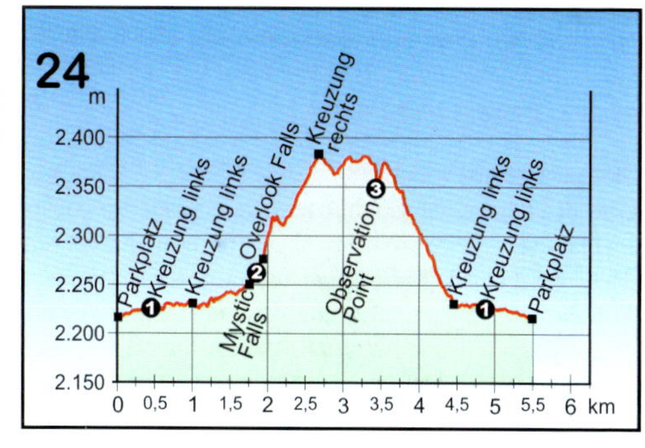

An der Verzweigung des Steges gehen Sie weiter geradeaus und sollten beim nächsten Kalkhügel ein paar Minuten warten. Der Jewel Geyser trägt seinen Namen wegen der perlmuttfarben schimmernden Sinterterassen, die ihn umgeben. Alle 5-10 Minuten sprüht er eine 3-9 m hohe Wasserfontäne, deren Anblick Sie oft mit nur wenigen anderen Menschen genießen können. Sie folgen dem Steg weiter bis zur Avoca Spring in der Rechtskurve, ebenfalls ein Geysir, der bis zu 5 m Höhe erreichen kann und in Intervallen von bis zu 18 Minuten aktiv ist.

An der direkt folgenden Kreuzung ❶ (km 0,45) verlassen Sie das Thermalgebiet und wenden sich nach links. Kurz darauf erreichen Sie einen sandigen Weg und folgen diesem nach schräg rechts in Richtung „Mystic Falls“. Sie wandern auf einem breiten Pfad durch Kiefernwald und erreichen bei km 1 eine Verzweigung, an der Sie sich links halten. In der Folge bleiben Sie auf dem Hauptweg und nähern sich dem Little Firehole River zur Linken an. Dann wird der Wald lichter, das Gelände offener, vor Ihnen liegt

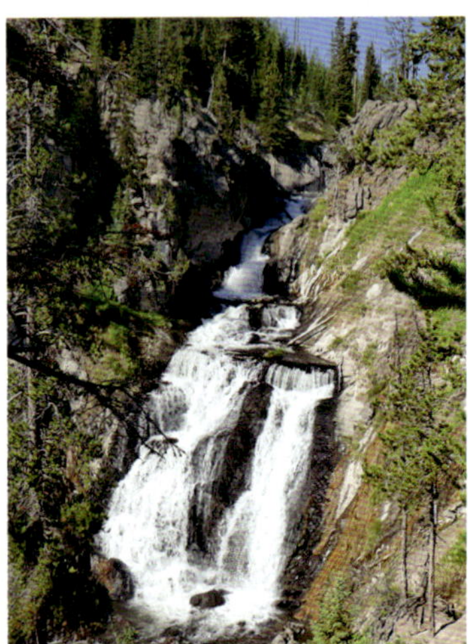

Mystic Falls, über mehrere Stufen stürzt der Little Firehole River aus einem Felseinschnitt ins Tal

ein schönes, eng gerahmtes Tal und links sprudelt der Bach über Felsen. Bei km 1,75 sehen Sie die unterste und höchste Stufe der Mystic Falls vor sich, die in mehreren Kaskaden 21 m in die Tiefe stürzen. 80 m weiter wird der Blick auf die gesamte Kaskade frei und ein steiler und etwas rutschiger Pfad führt hinunter an den Bach, wo Steine zu einer Rast einladen ❷.

Der Weg führt ab jetzt in wenigen Serpentinen am Hang aufwärts. Bereits in der zweiten Kehre haben Sie noch einmal einen schönen Blick auf den gesamten Wasserfall. Bei km 2,2 wendet sich der Weg dann nach Norden von der Schlucht weg. Weiter geht es durch jungen Kiefernwald und über viele Stufen hoch zum Kamm. Die überall verstreut liegenden Holzstämme zeugen von der Wut der 1988er-Feuersbrunst.

Die Feuersbrunst von 1988

Viele der Bäume der geschützten Kiefernwälder des Yellowstone hatten mit 200 bis 250 Jahren fast ihr maximales Alter erreicht und waren durch den Befall von Borkenkäfern geschwächt. Nach einem extrem trockenen Winter folgten ein kurzes feuchtes Frühjahr mit kräftigem Pflanzenwuchs und dann wieder extreme Trockenheit.

Zwischen Juni und August 1988 begannen fast 250 kleinere Feuer in und um Yellowstone, die sich aufgrund von Wind und viel trockenem Pflanzenmaterial zu mehreren Feuersbrünsten zusammenschlossen und 36 % des Parks, über 3.000 km², verbrannten. Sie übersprangen Feuerschutzschneisen und Straßen, die Flammen schlugen bis zu 60 m hoch und wanderten pro Tag bis zu 16 km, glühende Asche flog bis zu 1,6 km weit, um dort neue Feuer auszulösen. Bis zu 9.000 Feuerwehrmänner und Soldaten bekämpften die Feuer an ihrem Höhepunkt. In ihren 14-Stunden-Schichten bauten sie fast 1.300 km Feuerschutzschneisen, davon den größten Teil in Handarbeit. 120 Hubschrauber und kleine Flugzeuge verteilten 5,3 Mio. Liter feuerhemmende Substanzen und 38 Mio. Liter Wasser in den Brandgebieten. Letztlich führte erst der Wetterumschwung Mitte November dazu, dass die Feuer unter Kontrolle gebracht werden konnten.

Die gewaltige Feuersbrunst verursachte außerdem ein damals noch neues Phänomen: eine massive weltweite, teilweise sensationsheischende Berichterstattung. Der

National Park Service erhielt über 3.000 Anfragen der Medienhäuser und die beiden Pressereferenten und zeitweise bis zu 56 Angestellten kamen kaum nach.

Wider Erwarten erholte sich die Natur nach den Bränden schnell. Die meisten der großen Tiere hatten sich retten können. Die Hänge leuchteten im nächsten Frühjahr rosa vom *fire weed*, einer Weidenröschenart, die sich als erste in toten Freiflächen ausbreitet. Die schneller wachsenden Espen breiteten sich stärker aus als zuvor, die Kiefern folgten langsamer.

Im Bereich der Wanderung am West Thumb Geysir Basin hat 1988 das Shoshone Fire gewütet.

Mystic Falls und Ice Lake waren vom größten Einzelfeuer, dem North Fork Fire, betroffen. Obwohl inzwischen 30 Jahre vergangen sind, zeugen die wie Mikadostäbe durcheinandergeworfenen Stämme noch heute von der Zerstörungskraft des Feuers. Ihre Verrottung wird durch die langen, kalten Winter verzögert, ebenso wie das Wachstum der schon nicht mehr jungen Kiefernwälder.

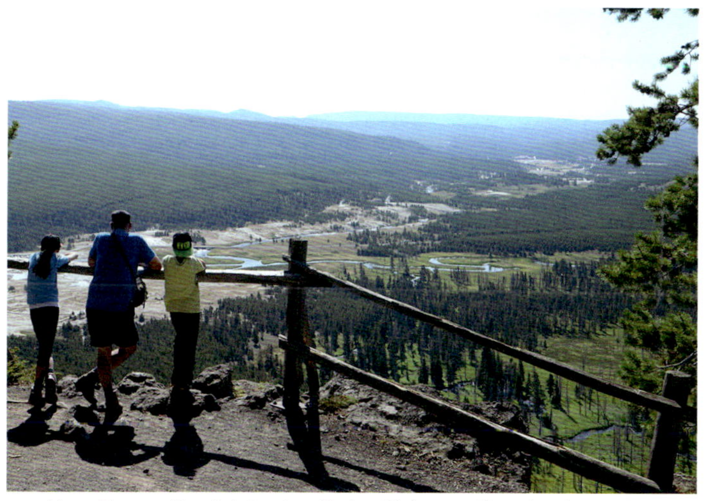

Vom Observation Point schweift der Blick weit über die Thermalgebiete Richtung Upper Geysir Basin

Oben angekommen treffen Sie auf eine Kreuzung, an der Sie sich nach rechts wenden (km 2,7). Weiter wandern Sie durch den nachwachsenden Nadelwald, jetzt nur noch leicht ansteigend, und dann ein Stück entlang der felsigen Abbruchkante zum Tal. Schließlich erreichen Sie bei km 3,5 den Observation Point, einen Aussichtspunkt hoch über dem Tal der Geysire ❸. Die Aussicht ist großartig! Hier oben stehen Sie meist alleine, das Gewimmel der Touristen in den Thermalgebieten scheint weit weg.

Zu Ihren Füßen windet sich der Little Firehole River durch Gras und Kiefern und fließt südlich des Biscuit Basin in den Firehole River. An dessen Ufern flussaufwärts können Sie auch von hier oben die dampfenden Wasserspiele in den vegetationslosen Bereichen der Thermalgebiete sehen. Im entferntesten freien Bereich des Tals der Geysire, nur 4 km Luftlinie entfernt, wartet der Old Faithful auf seine Besucher und mit etwas Glück oder Geduld können Sie seine beeindruckende Fontäne von hier oben bewundern.

Zur richtigen Zeit am richtigen Ort: Old Faithful, vom Observation Point aus gesehen

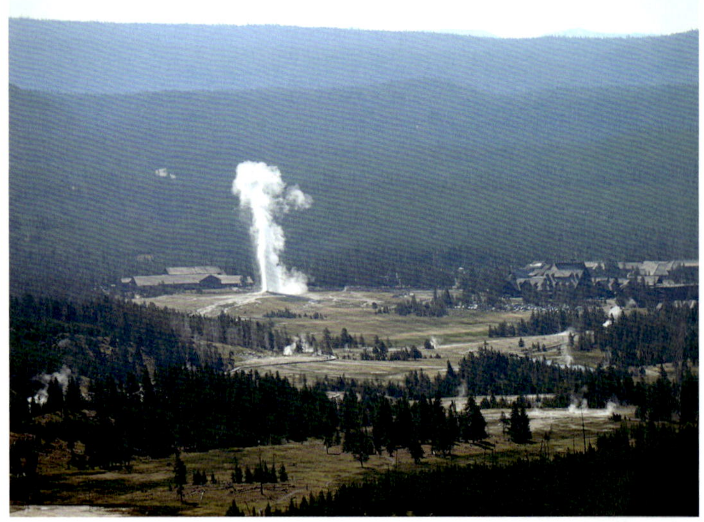

Vom Aussichtspunkt gehen Sie zuerst einige Schritte zurück, bis Sie den breiten Weg erreichen, auf dem Sie hier ankamen. Dort erst wenden Sie sich schräg nach links und gehen ein kurzes Stück bergauf, um im Anschluss am Steilhang entlang und in Serpentinen bergab zu wandern. Immer noch ist die Sicht über das Tal beeindruckend, aber der Abstieg wartet auch mit anderen landschaftlichen Schönheiten auf. Unter einer Felswand entlang, über einen Kiesrutsch und durch kleine blühende Wiesenflecken erreichen Sie schließlich wieder den Kiefernwald und bei km 4,5 die Kreuzung im Tal. Dort wenden Sie sich nach links und betreten 400 m weiter die Stege des Biscuit Basin. Sie folgen ihnen zur oberen T-Kreuzung und sollten diesmal die nördliche, von hier aus linke Runde wählen. An der T-Kreuzung am Ende des Bogens kehren Sie nach links zum Parkplatz zurück.

25 Ice Lake und Little Gibbon Falls

Tour für Wildnisfans

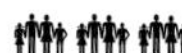

Yellowstone besteht vor allem aus Wald – Kiefernwald –, so weit das Auge reicht. Und aus Wasserläufen und Seen. Genau in diese Szenerie führt Ihre Wanderung! Schnell lassen Sie die Straße hinter sich, fühlen sich nur noch vom lichten Wald, den verstreuten Überbleibseln der 1988er-Brände und von Wildnis umgeben, genießen die Blicke auf den still ruhenden Ice Lake. Eine Bachüberquerung, balancierend über dicke Holzstämme, ein Wasserfall, sumpfige Wiesen – Sie durchwandern die typischen Naturräume Yellowstones. Auch das letzte Stück des Rückwegs entlang der Straße kann dem bleibenden Eindruck dieses kleinen Abstechers in die Wildnis keinen Abbruch tun.

Start/Ziel: große Parkbucht an der Norris Canyon Road (mittlerer Steg der „Straßen-8“ von Yellowstone), 2,7 km östlich der Einfahrt in die Einbahnstraße zur Virginia Cascade bzw. 280 m nordwestlich der Ausfahrt, GPS N 44°43.005' W 110°38.032'

6,1 km

2 Std.

110 m/110 m

2.380-2.435 m

Pfade, teilweise mit Wurzeln/Steinen, zwei Bachüberquerungen auf runden Holzstämmen, letzte 700 m entlang der Straße. Vor allem im Bereich des Wiesentals ab km 4,5 kann es nach Regenfällen matschig werden.

Möglichkeiten zum Rasten bei km 1 und km 4,2

Eine schöne kleine Rundtour mit Kindern, die beiden Bachüberquerungen über Stämme machen Kindern viel Spaß.

am Start/Ziel

Beachten Sie den Abschnitt „Sicherheit im Bärenland“ im Kapitel „Reise-Infos/Naturgefahren“.

Nehmen Sie Mückenspray mit.

Aufgrund der harten klimatischen Bedingungen auf dem Plateau ist bis Mitte Juni mit Schnee zu rechnen.

Weniger Trittsicheren helfen Wanderstöcke bei der Überquerung der Stämme über den Gibbon River.

Ihr Weg beginnt mit einem Steg, der von der westlichen Seite des Parkplatzes über einen kleinen Graben in den lichten Kiefernwald führt. Nach 200 m erreichen Sie eine Verzweigung, der Pfad nach rechts führt hier zu einem Übernachtungsplatz am Ice Lake, Sie gehen nach links weiter. Der Weg verläuft am Westufer des Sees entlang, an manchen Stellen geben die Bäume traumhafte Blicke auf den nordisch anmutenden

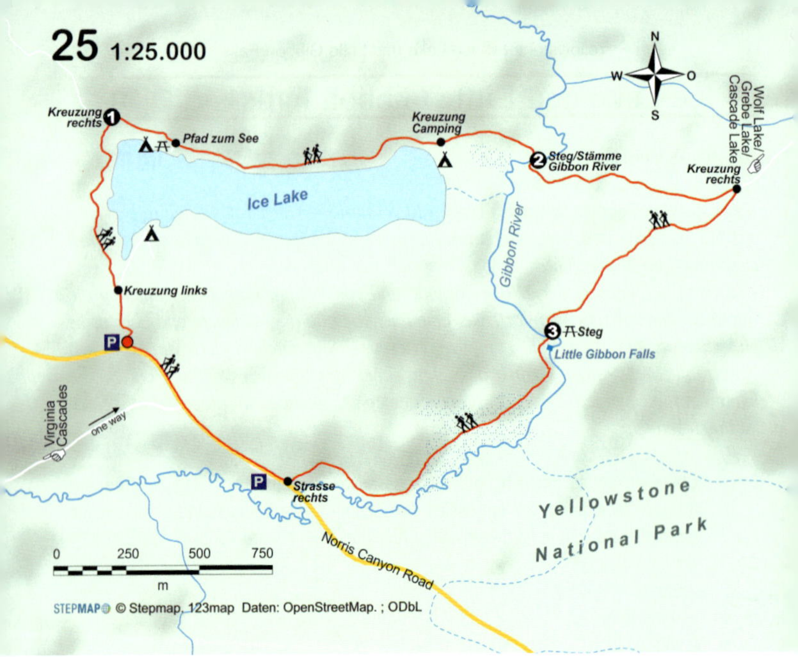

25 1:25.000

N
W
O
S
Kreuzung rechts ❶
Pfad zum See
Kreuzung Camping
❷ Steg/Stämme Gibbon River
Wolf Lake/ Grebe Lake/ Cascade Lake
Kreuzung rechts
Ice Lake
Gibbon River
Kreuzung links
P
❸ Steg
Little Gibbon Falls
Virginia Cascades
one way
P
Strasse rechts
Yellowstone National Park
Norris Canyon Road
0 250 500 750
m

STEPMAP © Stepmap, 123map Daten: OpenStreetMap. ; ODbL

Die Little Gibbon Falls ergießen sich in eine wildromatische Schlucht

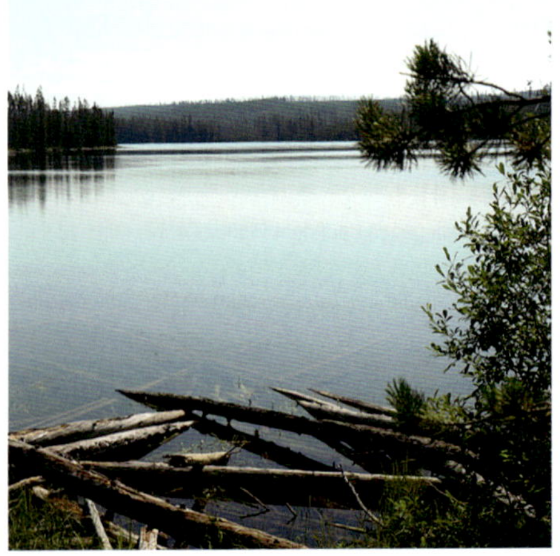

See frei. An der T-Kreuzung bei km 0,9 ❶ wenden Sie sich nach rechts Richtung „Wolf, Grebe & Cascade Lakes“ und folgen jetzt dem nördlichen Seeufer. Hier sind die Spuren früherer Waldbrände besonders deutlich, dicke Baumstämme liegen wie Mikadostäbe durcheinandergeworfen da.

Etwa 100 m weiter führen zwei Pfade nach rechts ans Seeufer. Hier befindet sich ein zweiter *wilderness campground* und auf den umherliegenden Stämmen lässt sich die Ruhe über dem See wunderbar genießen. Sie

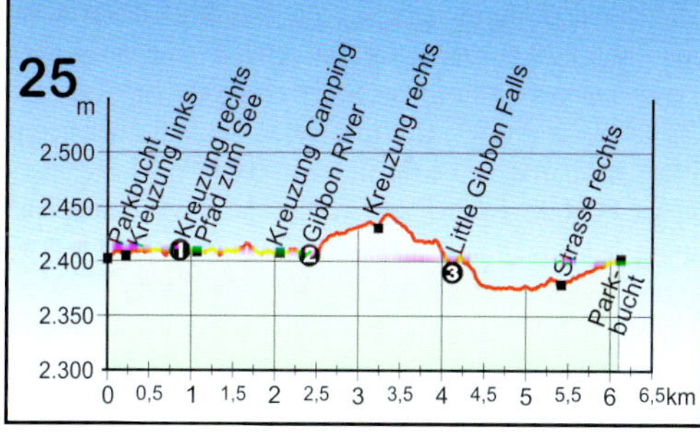

folgen weiter dem Weg am Seeufer entlang, gehen an seinem östlichen Ende an der Kreuzung bei km 2,1 weiter geradeaus (rechts: wilderness campground) und wandern in das sumpfige Wiesental des Gibbon River. Am Gibbon Creek liegen Baumstämme quer über den Bach, auf denen Sie ihn überqueren können ❷ (km 2,4). Auf der anderen Seite führt der Weg zuerst nach rechts und steigt dann am Hang hoch durch nachwachsenden Kiefernwald.

Schließlich erreichen Sie bei km 3,3 eine T-Kreuzung und wenden sich nach rechts Richtung „Little Gibbon Falls". Noch ein kleines Stück wandern Sie leicht ansteigend, dann wird der Blick durch die Bäume auf die weite, hügelige Waldlandschaft frei, die Sie umgibt.

Stille und Weite über dem nordischen anmutenden Ice Lake

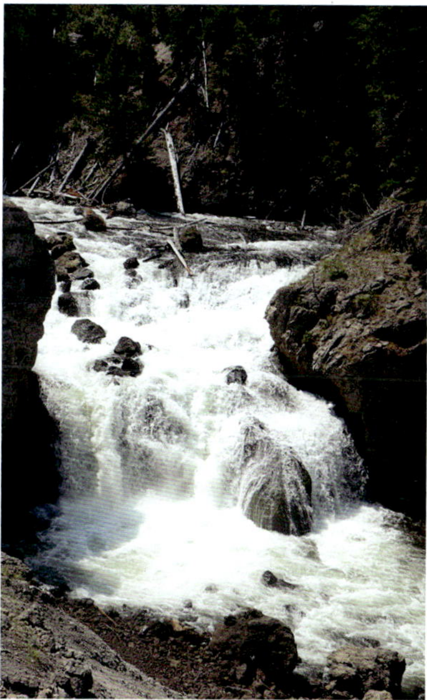

Der folgende Abstieg führt Sie wieder hinunter zum Gibbon River. Sie erreichen ihn oberhalb der Little Gibbon Falls ❸ (km 4,2), die am Ende der Rechtskehre links von Ihnen über Felsstufen 8 m tief in eine kleine Schlucht rauschen. Vor der Überquerung des Gibbon River besteht die Möglichkeit, auf einem sehr schmalen Pfad am linken Ufer den Bach entlangzugehen und an seiner linken Seite in die Schlucht hinunterzusteigen.

Wenn Sie den Gibbon River auf Stämmen überquert haben, steigt Ihr Weg auf den Kamm oberhalb der Schlucht an und Sie sehen den Fall und die felsige, mit Kiefern bewachsene Schlucht von oben. Ab jetzt bleibt der Weg immer in der Nähe des Gibbon River. 250 m nach den Fällen erreichen Sie ein wunderschönes Wiesental, durch das sich links von Ihnen der Bach schlängelt. Hier halten sich oft Tiere auf. Wo sich das Tal etwas verengt, wandern Sie wieder unter Bäumen und steigen schließlich zur Straße hoch, die Sie bei km 5,4 erreichen.

Jetzt wenden Sie sich nach rechts und müssen leider die letzten 700 m entlang der Straße laufen.

☺ Auch hier besteht die Möglichkeit, mit Zelt und entsprechender Ausrüstung für eine oder mehrere Nächte in die Wildnis zu ziehen. Die Kette Ice Lake, Wolf Lake, Grebe Lake und Cascade Lake bietet insgesamt zwölf *wilderness campgrounds*, allerdings muss der Rücktransport entlang der Straße organisiert werden.

www.nps.gov/yell/planyourvisit/backcountryhiking.htm,

www.nps.gov/yell/planyourvisit/upload/bctrip-planner_2015.pdf

Durch ein blühendes Wiesental führt der Weg zurück zur Straße

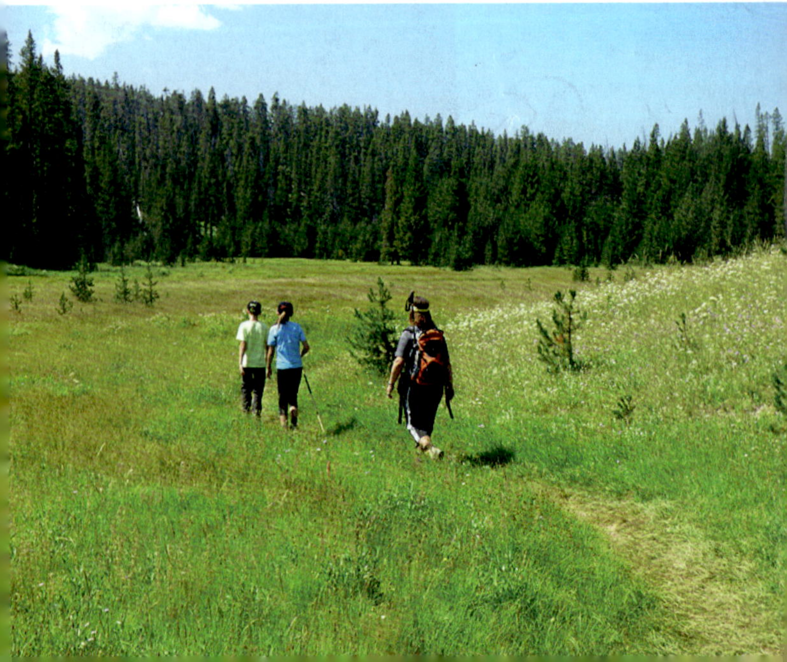